FAUNE POPULAIRE

DE

LA FRANCE

EUGÈNE ROLLAND

FAUNE POPULAIRE

DE

LA FRANCE

—

TOME IV

—

LES MAMMIFÈRES DOMESTIQUES

PREMIÈRE PARTIE

NOMS VULGAIRES, DICTONS, PROVERBES, LÉGENDES,

CONTES ET SUPERSTITIONS.

PARIS

MAISONNEUVE & Cⁱᵉ, LIBRAIRES-ÉDITEURS,

25, QUAI VOLTAIRE, 25.

—

1881

OUVRAGES CITÉS

Acclimatation (L'). — Journal hebdomadaire des Agriculteurs, etc. publié à Paris par Deyrolle, naturaliste.

ADAM (L.). — Les patois lorrains. Nancy, 1881, in-8.

AFFRE (H.). — Simples récits sur Espalion. Villefranche, 1850, in-8.

Almanach de Carlsbad. — Prague, 1841, in-12.

ANDREWS (J. B.). — Vocabulaire français-mentonais. Nice, 1877.

ARBOIS DE JUBAINVILLE (d'). Origine des voyelles et des consonnes du breton mod. (*Mém. de la Soc. de Ling.* 1880).

—   Les suffixes nominaux du breton moderne (*Mém. de la Soc. de Ling.* 1880).

ARRIVABENE (Gaetano). — Dizionario domestico. Brescia, 1809.

AYRAULT (Eugène). — De l'industrie mulassière en Poitou. Niort, 1867, in 8.

AZAÏS. — Dictionnaire des idiomes languedociens. Paris, 1877 et suiv.

BAGRÉEFF-SPERANSKY (Mme de). — Les pélerins russes à Jérusalem. Bruxelles, 1854, in-8.

BANFI (G.). — Vocabolario milanese. Milano, 1870.

BARDOU (Jean). — Histoire de Laurent Marcel ou l'observateur des préjugés. Lille, 1779, 4 vol. in-12.

BARJAVEL. — Dictons et sobriquets des villes, etc., du département de Vaucluse. Carpentras, 1849, in-8.

BAUDRIMONT (A.). — Vocabulaire de la langue des Bohémiens habitant les pays basques français. Bordeaux, 1862.

BESSIÈRES (Émile). — Les préjugés sur les maladies de l'enfance. Paris, 1876, in-8.

BEURARD (J. B.). — Dict. all.-français contenant les termes propres à l'exploitation des mines, etc. 1809, in-8.

BIKÉLAS (D.). — Nomenclature moderne de la Faune grecque. Paris, 1878, in-8.

BLAAS. — Volksthümliches aus Niedercesterreich über Thiere. 1875.

BLADÉ (J. F.). — Proverbes et Devinettes dans l'Armagnac et l'Agenais. Paris, 1880, in-8.

BLAVIGNAC. — L'empro genevois. Genève, 1875, in-8.

BLAZE (Elzéar). — Le chasseur au chien d'arrêt.

BOEHTLINGK (Otto). — Indische Sprüche. Saint-Pétersbourg, 1870-73, 3 vol. in-8.

BOGROS (Edmond). — A travers le Morvand, mœurs, types, etc. Château-Chinon, 1873.

Bonne response à tous propos contenant aucuns prouerbes, etc. Paris, 1547, in-18.

BOUTHORS (A.). — Coutumes locales du bailliage d'Amiens. 1854.

BOWEN (Rev. T. S.) — Grammar and Dictionary of the Yoruba Language. Washington, 1858, in-4.

BRITTEN (James). — Proverbs and Folklore from William Ellis's modern husbandman (1750) (dans le vol. III du *Folklore Record*).

BRIVET (V.). — Nouveau traité des robes ou nuances chez le cheval, l'âne et le mulet. Paris, 1844, in-8.

CALLET (P. M.). — Glossaire vaudois. Lausanne, 1861.

Canard poitevin (Le). — Melle, 1876.

CANEL (A.). — Blason populaire de la Normandie. Rouen, 1859.

CARR (W.). — A collection of telugu Proverbs. Madras, 1860, in-8.

CASSAN (Armand). — Statistique de l'arrondissement de Mantes (Seine-et-Oise). Mantes, 1833, in-8.

CASSANI. — Saggio di proverbi Triestini. Trieste, 1860, in-8.

CASTELLI (R.). — Credenze ed usi popolari siciliani. Palermo, 1878.

CERNY (Mme Elvire de). — Saint Suliac et ses traditions. Dinan, 1867.

CHABANEAU. — Grammaire limousine. Paris, 1871-72, in-8.

CHABRAND ET DE ROCHAS. — Patois des Alpes cottiennes. 1877.

CHAMBURE (E. de). — Glossaire du Morvan. Paris, 1878.

CHAPELOT (J.). — Contes balzatois (en patois de la Charente). Paris, 1877.

CHENAUX ET CORNU. — Proverbes fribourgeois (dans *Romania*, 1877).

CIHAC (A. de). — Dictionnaire d'étymologie daco-romane. Francfort, 1870 et 1879, 2 vol. in-8.

COELHO (F. A.). — Contos populares portuguezes. Lisboa, 1879.

Comédie des proverbes (La). — Paris, 1715, in-12, 5ᵉ édition.

CONTEJEAN. — Glossaire du patois de Montbéliard. Montbéliard, 1876.

CORBLET (l'abbé). — Glossaire du patois picard. Paris, 1851, in-8.

CORDIER. — Coumédies en patois meusien. Paris, 1870, in-8.

CORNU (J.). — Chants et contes de la Gruyère (*Romania*, 1875).

— Phonologie du Bagnard (*Romania*, 1877).

COTGRAVE. — A french and english Dictionary. London, 1660, in-fol.

DARD. — Dict. français-wolof et Grammaire wolofe. Paris, 1825-1826.

DAUMAS (le général). De la civilité chez les Arabes (dans *Revue de Paris*, 1ᵉʳ octobre 1853).

— Le grand Désert. Paris, 1856, in-8.

DEJARDIN (Joseph). — Dictionnaire des spots ou proverbes wallons. Liège, 1863, in-8.

DELBOULLE (A.). — Glossaire de la vallée d'Yères. Paris, 1876.

DESAIVRE (Leo). — Croyances, Présages, etc. Niort, 1881.

DEVIC (Marcel). — Dict. étymologique des mots d'origine orientale (à la suite du *Dictionnaire* de Littré).

Dictionnaire portatif des proverbes françois. — Utrecht, 1751, in-12.

DIEZ (F.). — Etymologisches Worterbuch. Bonn, 1869, in-8.

Diseur de Vérités (le). — Almanach du Perche, etc., pour 1844. Évreux, in-12.

Ducatiana ou Remarques de Le Duchat. Amsterdam, 1738.

DUEZ. — Dictionnaire ital.-franç. et franç.-ital. Genève, 1678.

DUVAL (Jules). — Proverbes patois en dialecte du Rouergue. Rodez, 1845, in-8.

Éléments de la langue russe. Saint-Pétersbourg, 1791, in-8. (Cet ouvrage contient un recueil de proverbes russes.)

ESPAGNE (Ad.). — Proverbes et Dictons popul. recueillis à Aspiran.

ESTIENNE (Henri). — De la précellence du langage françois. Paris, 1579.

FABRE (M. H. L.). — Guide de la conversation française-basque. Bayonne, 1862, in-18.

— Dictionnaire français-basque. Bayonne, 1870, in-8.

FERAUD. — Dict. critique de la langue française. 1787, in-4.

FOURTIER (A.). — Les dictons de Seine-et-Marne. Provins, 1873.

FRET (l'abbé L. J.). — Antiquités et Chroniques percheronnes. 1838, 3 vol. in-8.

— Scènes de la vie percheronne. La Ferté-Macé, 1873, in-12.

FREUND (W.). — Wörterbuch der lateinischen Sprache. Leipzig, 4 vol.

FREYER. — Fauna der in Krain bekannten Voegel, etc. Laibach, 1842.

FRISCHBIER (H.). — Preussische Sprichwörter.

— Hexenspruch und Zauberbann. Berlin, 1870, in-8.

GALLET (Ch. Ed.). — La ville de Beauvoir-sur-Mer. 1868.

GASCON (E.). — Expressions usitées en Franche-Comté. Besançon, 1872.

GILLIÉRON. — Patois de Vionnaz (Bas Valais). Paris, 1880, in-8.

Glossaire de l'ancien théâtre français (forme le Xe vol. de la *Collect. de l'ancien théâtre français*). Paris, 1857, in-12.

GLYDE (J.). — The Norfolk Garland. London, 1872.

GONZENBACH (Laura). — Sicilianische Märchen. Leipzig, 1870.

GRANDGAGNAGE. — Dictionnaire wallon. Liège, 1846.

— Vocabulaire des noms d'animaux. 1857.

GRANGIER (L.). — Glossaire fribourgeois. Fribourg, 1864-1868.

GRAS. — Dictionnaire du patois forézien. Lyon, 1863.

GREGOR (W.). — The dialect of Banffshire. London, 1866, in-8.

GREY (Sir George). — Proverbial and popular Sayings of the Ancestors of the New Zealand Race. Cape Town, 1857, in-8.

GRIMM (J. und W.). — Deutsches Woerterbuch.

Grivoisiana ou Recueil facétieux. Paris, 1807.

GUENEBAULT (L. J.). — Dictionnaire iconographique des monuments de l'antiquité chrétienne. Paris, 1843.

H... (J. C.). — The slang Dictionary. London, 1869, in-12.

HALBERT D'ANGERS. — Dictionnaire du jargon de l'argot. 1840.

HALLIWELL. — Nursery rhymes and nursery tales of England.

Hécart. — Dictionnaire rouchi-français. Valenciennes, 1834, in-8.

Hock (A.). — Œuvres complètes. Liège, 1872, 4 vol. in-8.

Hoefer (Ed.). — Wie das Volkspricht. Stuttgart.

Jaclot. — Le Lorrain peint par lui-même. Metz, 1853-1854.

Jaubert. — Glossaire du centre de la France. Paris, 1864-1869.

Joret. — Essai sur le patois normand du Bessin. 1879 et suiv.

Joubert (Laurent). — Erreurs populaires au fait de la médecine. Bordeaux, 1578, in-12.

—   Erreurs populaires et propos vulgaires touchant la médecine. Rouen, 1600, in-18.

Justi (F.). — Les noms d'animaux en kurde. Paris, 1878, in-8.

Kerardven (L.). — Guionvac'h. Études sur la Bretagne. Paris, 1835, in-8.

Klaproth (J.). — Chrestomathie mandchoue. Paris, 1828, in-8.

Lagravère (P. Th.). — Poésies en gascon. Bayonne, 1865, in-8.

Lancereau (Ed.). — Pantchatantra. Paris, 1871, in-8.

Latham (Mrs Ch.). — Some West Sussex Superstitions. London, 1878.

Lefillastre (P.). — Superstitions populaires du canton de Bricquebec (dans Annuaire de la Manche, 1832).

Léger (E.). — Cinq mois en Moldavie. Paris, 1860.

Legrand (P.). — Dictionnaire du patois de Lille. Lille, 1856, in-8.

Leoprechting. — Aus dem Lechrain. München, 1855.

Leroux (Ph. J). — Dictionnaire comique. 1787, 2 vol. in-8.

Leroux de Lincy. — Le livre des proverbes français. Paris, 1859.

Lespy (V.). — Proverbes et dictons du Béarn. Montpellier, 1876, in-8.

Lewysohn (Dr L.). — Die Zoologie des Talmuds. Frankfurt, 1858, in-8.

Liebrecht (F.). — Zur Volkskunde. Heilbronn, 1879.

Lorrain (D.). — Glossaire du patois lorrain. Nancy, 1876.

Lütolf. — Sagen aus Lucern, Uri, etc 1862.

Malaspina. — Vocabolario parmigiano-italiano. Parma, 1859.

Marin (P.). — Dict. franç.-holl. et holl.-franç. Dordrecht, 1728.

MATTEI (A.). — Proverbes de la Corse. Paris, 1867, in-18.

Médecin des pauvres (le) ou recueil de prières, etc. Paris, s. d., in-32.

MEDIKUS. — Das Thierreich im Volksmunde. Leipzig, 1880.

MELCHIORI (G. B.). — Vocabolario bresciano-italiano. 1817-1820.

MÉTIVIER (de). — De l'agriculture des Landes. Bordeaux, 1839.

MEYER (L. E.). — Glossaire de l'Aunis. La Rochelle, 1870, in-8.

MICHEL (Francisque).—Études de philol. sur l'argot. Paris, 1856, in-8.

MICHEL (J. F.). — Dictionnaire des expressions vicieuses úsitées en Lorraine. Nancy, 1807, in-8.

MOLARD. — Le mauvais langage corrigé. Lyon, 1810, in-8.

MONTEL et LAMBERT. — Chants populaires du Languedoc. Paris, 1880, in-8.

NEMNICH.— Catholicon od. allg. Polyglotten-Lexicon der Naturgesch. Hamburg, 1793-1798, 3 vol. in-4.

NUCÉRIN (J.). — Proverbes communs. Rouen, 1612.

OBERLIN. — Essai sur le patois lorrain du Ban de la Roche. Strasbourg, 1775, pet. in-8.

PASPATI (A.). — Études sur les tchinghianès ou bohémiens de l'empire ottoman. Constantinople, 1870, in-8.

PASQUALIGO (Cr.). — Raccolta di proverbi veneti. Venezia, 1857, in-12.

PEREYRA. — Prosodia in voc. bil. lat. et lusitanum dig. Evorae, 1723.

PERRON. — Le Nâcéri, la perfection des deux arts ou traité complet d'hippologie et d'hippiâtrie arabe. Paris, 1852, 3 vol. in-8.

PERRON (le Dr). — Proverbes de la Franche-Comté. Besançon, 1876, in-8.

PESCETTI (Orlando). — Proverbi italiani. Venetia, 1611, in-12.

PIET. — Mémoires laissés à mon fils. Noirmoutier, 1806, in-4.

PIHAN. — Revue zoologique du Coran. Paris, 1857, in-8.

PIÑOL (D. Juan Cuveiro). — Diccionario gallego. Barcelona, 1876.

PITRÉ (G.). Biblioteca delle tradizioni popolari siciliane. Palermo.

Poëtevin. — Dict. franç-all. et all.-français. Basle, 1754.

Poppleton (G.). — Phraséologie française et anglaise. Paris, 1812.

Poulet. — Patois de Plancher-les-Mines (Haute-Saône). 1878.

Poumarède. — Manuel des termes usuels. Toulouse, 1860.

Proverbiana ou Recueil choisi de proverbes français. In-12, s. d.

Quiquerez (A.). — Souvenirs et traditions des temps celtiques, etc. Porrentruy, 1856.

Raynouard. — Lexique roman. Paris, 1833-1844, 6 vol. in-8.

Reinsberg. — Sprichwörter der germ. und rom. Sprachen. Leipzig, 1872.

Rigaud (L.). — Dictionnaire du jargon parisien. Paris, 1878.

Riis. — Gramm. outline of the Oji Language. Basel, 1854.

Rochet (L.). — Sentences et proverbes mandchoux. Paris, 1875, in-8.

Rothenbach. — Volksthümliches aus dem kanton Bern. Zurich, 1876.

Rousseau. — Glossaire poitevin. Niort, 1869.

Sauvé (L. F.). — Proverbes de la Basse-Bretagne. Paris, 1874, in-8.

Scheler (A.). — Dict. d'étymologie. Bruxelles et Paris, 1873, in-8.

Schiefner (A.). Versuch über das Awarische. Saint-Pétersbourg, 1862, in-4.

Schleicher. — Litauische Märchen, Sprichwörter, etc. Weimar, 1857.

Schuhl (Moïse). — Sentences et proverbes du Talmud. Paris, 1878, in-8

Spano (G.). — Vocabolario sardo-italiano. Cagliari, 1851, 2 vol. in-8.

Statistique générale de la France. — Paris, in fol. (Le t. XVI, 1868 contient des *proverbes agricoles*).

Strackerjan. — Abergl. und Sag. aus d. Herz. Oldenburg. 1867.

Talbert. — Du dialecte blaisois. Paris, 1874, in-8.

Tendlau (A.). — Sprichwörter und Redensarten deutsch-jüdischer Vorzeit. Frankfurt, 1860.

Texier. — Patois du canton d'Escurolles (Bourbonnais). 1869.

Thiriat. — La vallée de Cleurie. Mirecourt, 1869, in-12.

THORBURN. — Bannu or our afghan Frontier. London, 1876.

TISSOT. — Le patois des Fourgs (Doubs). Besançon, 1865, in-8.

TOEPPEN (M.). — Aberglauben aus Masuren. Danzig, 1867.

TOSELLI. — Recuei de prouverbi. Nissa, 1878, in-12.

TOUBIN (Ch.). — Recherches sur la langue Bellau. 1867.

TOURTOULON (de.). — Étude sur la limite géogr. de la langue d'oc et de la langue d'oïl. Paris, 1876, in-8.

TOUSSENEL (A.). — L'esprit des bêtes. Paris, 1862.

TROUDE (A. E.). — Nouveau dict. breton-français. Brest, 1876.

TURIAULT. — Étude sur le langage créole de la Martinique.

VAN EYS (W. J.). — Dictionnaire basque-français. Paris, 1873, in-8.

VASCHALDE. — Proverbes du Vivarais. Montpellier, 1875, in-8.

—   Croyances du Vivarais. Montpellier, 1876, in-8.

VASSALLI (Michel Antonio). — Motti, aforismi e proverbii maltese. Malta, 1828, in-8.

WACKERNAGEL (W.). — Voces variae animantium. Basel, 1869.

WENZIG (J.). — Westslawischer Märchenschatz. Leipzig, 1870.

ZALLI (C.). — Dizionario piemontesc-italiano. Carmagnola, 1830.

Zeitschrift für die deutsche Mythologie. Göttingen, 1853-1859.

ZIMMERMANN. — A Grammatical sketch of the Akra or Ga Language Stuttgart, 1858, 2 vol. in-8.

ERRATUM

Page 16, ligne 9 : au lieu de *acheter quelques chiens* lisez *acheter quelque chose.*

FAUNE POPULAIRE

DE

LA FRANCE

LES MAMMIFÈRES DOMESTIQUES

CANIS FAMILIARIS. — LE CHIEN.

I.

1. Du latin *canis* (¹) viennent :

CAN, provençal ancien et moderne. — languedocien. — Armagnac. — Landes. — Bayonne.

CÁA, béarnais.

CA, Bagnères-de-Bigorre.

CO, Aveyron.

KIEN, QUIEN, normand. — picard.

QUIÉ, Mons.

TIEN, rouchi. — Boulonais, communiqué par M. E. Deseille.

THIÉ, Borinage.

CIEN, Morvan, Chambure.

CHIEN, français.

CHIAN, Blois, Talbert. — Laas (Loiret), c. par M. L. Beauvillard.

TSÂIN, Bas Valais, Gilliéron.

TSEN, Gruyère, Cornu.

TCHIN, Bessin, Joret. — Montbéliard, Contejean.

---

(1) Pour l'étymologie du latin *canis* et du grec χύων, voy. *Mémoires de la Société de Linguistique* 1873, p. 185.

DCHIN, Ban de la Roche, Oberlin.

CHIN ([1]), CHEIN, Poitou. — Saintonge. — Centre. — wallon. — Auxois. — Vosges. — Pays messin. — Alpes cottiennes. — provençal moderne.

CHI, Gard. — Béziers. — Haute-Loire.

CHE, limousin, Chabaneau.

CHÈ, CHIÈ, CHIE, Vosges, Thiriat.

CHÉ, Barrois. — Vosges.

TCHI, TÇI, Creuse, communiqué par M. F. Vincent.

TCHO, Saint-Flour, *Romania* Tome VIII, 405.

2. Autres noms du chien :

GOUS ([2]), Lauragais, communiqué par M. P. Fagot.

TOUTOU ([3]), français (terme enfantin).

TOTO, Deux-Sèvres (terme enfantin).

TÉTET ([4]), Pays messin (terme enfantin).

OUA-OUA, (*onomatopée*) terme enfantin, Deux-Sèvres, communiqué par M. L. Desaivre.

KI, breton.

PCTZO, PJTCHO, basque labourdin, Van Eys.

CHAKÜRRA, basque, Fabre.

CHAKEL, SHOUKELA ([5]), tsigane des pays basques, Baudrimont.

TAMBOUR, ALARMISTE, CABE, CABOT, HAPPIN, HABIN ([6]), HUBIN, argot, suivant différents auteurs.

RUCHE, RUCHI ([7]), LARBIO ([8]), argot bellau, Toubin.

« A Bagnères-de-Bigorre un gros chien est appelé *canias* (comm. de M. A. Cazes) ; cf. *cagnazzo*, même sens, en italien selon Duez. »

([1]) Dans quelques dialectes *chin* doit se prononcer *chi* suivi d'une résonnance nasale.

([2]) Sur l'étymologie de *gous* voy. Diez à l'article *Cuccio*.

([3]) Ce mot vient de ce que, dans certaines provinces, on appelle un chien en prononçant les syllabes *tou, tou*. L'enfant a tout naturellement pris ces interjections pour en faire le nom du chien. — Cf. *totò*, même sens, milanais, Banfi.

([4]) Même explication que pour *toutou*.

([5]) Cf. *tchukel, djukel,* nom du chien en tsigane ottoman, selon Paspati.

([6]) D'où *habiner* = mordre, argot, Halbert d'Angers.

([7]) Les mots *rouchi* m. = gredin, homme de rien, *rouchie* f. = femme de mauvaise vie, ont peut-être une parenté avec ces noms de l'argot bellau.

([8]) Faut-il rapprocher de *larbio* le mot *larbin*, = domestique de grande maison qui appartient au bas langage ?

Les mots *caignon, gaignon* (= gros chien) que Diez croyait ne plus exister dans les dialectes, se trouvent dans le *Vocabulaire du patois du pays messin* de M. D. Lorrain.

3. Les noms qui précèdent servent à désigner le chien d'une manière générale. Les suivants s'appliquent exclusivement au chien mâle :

GO, wallon, Grandgagnage.

KOTSHOA, tsigane des pays basques, Baudrimont.

4. Noms donnés à la chienne :

CAGNA, mentonais, Andrews.

CANIO, Bagnères-de-Bigorre, communiqué par M. A. Cazes.

CAGNE, Landes, Métivier. — Bayonne, Lagravère. — Plancher-les-Mines, Poulet.

CAIGNE, Montbéliard, Contejean. — Ban de la Roche, Oberlin.

TCHÉNE, Bessin, Joret.

CHEINE, Pamproux, communiqué par M. B. Souché.

CHINO, Creuse, communiqué par M. P. Vincent. — Queyras, Chabrand. —Haute-Loire.

CHINE, Centre, Jaubert.

CHIENNE, français.

LICE (femelle du chien de chasse), français.

LAÏSSE, Pamproux (Deux-Sèvres), com. par M. B. Souché.

LÈHE, wallon, Grandgaguage.

GOUSSO, Lauragais, communiqué par M. P. Fagot.

HABINE, argot, Halbert d'Angers.

USHÉLA, tsigane des pays basques, Baudrimont.

5. Noms donnés au jeune chien :

CAGNOT, Landes, Métivier.—Bayonne, Lagravère. — Lauragais, communiqué par M. P. Fagot.

CAGNAIS, CAGNOT, Auxois, communiqué par M. H. Marlot.

QUENOT, normand.

CAGNOC, Pamproux (Deux-Sèvres), com. par M. B. Souché.

CANYON, Bagnard, Cornu.

CANIOU, Bagnères-de-Bigorre, communiqué par M. A. Cazes.

CANIOR, CAGNIOR, Queyras, Chabrand.

CHENÀ, Deux-Sèvres, communiqué par M. B. Souché.

CHENARD, Centre, Jaubert.

CADEL, CADÉOU (= lat. *catellus*), provençal.

CHADÉ, Creuse, communiqué par M. F. Vincent.

CHAEL, ancien français.

CHIOU, Allier, communiqué par M. E. Olivier.

CHIOT, CHIAU, Centre de la France (terme des éleveurs de ch.)

CHIOTTE, *f.* (= *jeune chienne*) Beauce et Gâtinais, communiqué par M. J. Poquet.

CISSON, Vaudois, Callet.

CHICHET, Creuse, communiqué par M. F. Vincent.

GOUSSOU, Lauragais, communiqué par M. P. Fagot.

GOUSSET, Narbonne, Montel, p. 441.

6. La chienne en chaleur est dite : *chaude,* — *en folie,* — *en amour,* — *en feu.* Dans le Morvan on dit *qu'elle mène les léches* (Chambure); dans le Centre *qu'elle est en chasse* (Jaubert) ; dans le Loiret *qu'elle est baude* (com. de M. J. Poquet) ; dans les environs de Semur, *qu'elle court la jadoú,* ou *qu'elle mène le trigou* (¹), (com. par M. H. Marlot) ; dans les Deux-Sèvres, *qu'elle est en humeur.*

On dit encore d'une chienne en chaleur *c'est une jadoue* ou *une jadoure* (Morvan); *c'est une jadoó* ou *une jadôye* (Auxois). — L'organe du chien qui lui sert à *jadiller* est appelé *trique* (Auxois, com. par M. H. Marlot).

Dans le bas langage, *faire la gadoue* se dit d'une femme de mauvaises mœurs. Le mot *gadoue* semble être de la même famille que le mot bourguignon *jadoue.*

7. La race canine symbolise la lubricité. Un homme lubrique est appelé :

CHENAILLEUR, français.

CHAGNARD, Centre, Jaubert.

Une femme lubrique ou débauchée est dite :

UNE CAGNE, UNE CHIENNE CHAUDE, ancien français.

CHAUDE COMME UNE CHIENNE, ancien français.

UNE LICE, ancien français, Leroux.

---

(1) On appelle *trigourie,* f. ou *trigouri,* m. l'assemblée des chiens qu'une chienne en chaleur traîne à sa suite (Auxois).

No lhiaisso, no gousso, Creuse, com. par M. F. Vincent.

Une jadoô, environs de Semur, com. par M. H. Marlot.

« On dit d'une femme qui agace impudemment les hommes : *qu'elle fait la chienne.* »   *Dictionnaire Larousse.*

« *Chienner* = se livrer à des obscénités ; *Chiennerie* = obscénités. »
                    Centre, Jaubert.

« *Il a l'œil chien* signifie : *il parait passionné.* »
                    Deux-Sèvres, com. par M. B. Souché.

Une sentence de l'Inde nous fait voir le chien sous le même jour :

« Un chien maigre, borgne, boiteux, sourd, ayant la queue coupée, rempli d'ulcères, souillé de pus, couvert de vermine, épuisé par la faim, affaibli par l'âge et dont la gueule est déchirée par les tessons qu'il ronge, poursuit encore les chiennes ; le dieu de l'amour tourmente jusqu'aux mourants. »
                    P. Regnaud, *Stances de Bhartrihari.*

8. On dit de la chienne qui met bas :

Chienner, français.

Chienneter, français du XVIᵉ siècle, Littré.

Caler, normand, Delboulle.

Chaeler, ancien français, Marie de France citée par Littré.

Chéler, Deux-Sèvres, communiqué par M. B. Souché.

Chioler, terme employé par les bergers beaucerons, communiqué par M. J. Poquet.

9. La portée de jeunes chiens est appelée :

Chiennée, *f.* français.

Chinetée, *f.*, Chioulée, *f.* Centre, Jaubert.

Calée, *f.* normand, Delboulle.

10. « Lasciare andare il cane nel canile. = Ne pas bien garder ses filles. »   Italien, Duez.

« Chi un bolc avè catelli nun lasci andà e so cagnole ammischiu ai cani. »   Corse, Mattei.

11. « Les deux plus froides choses qui soient à la maison sont les genoux du maître et le museau du chien. »
                    Proverbe breton, Sauvé.

« Mussu di cani, dinòcchia d'omini e natichi di fimmini (*son sempre freddi*). »   Sicilien, PITRÈ.

12. « Il est accoutumé à cela comme un chien d'aller nu-tête. »

13. « Langue de chien — sert de médecin. »
                          Com. par M. Sylvain EBRARD.

On croit qu'une plaie léchée par un chien guérit facilement.

14. « Le pauvre aubergiste équarquillait ses quinquets quem' in chin qui mange du pouèvre. »
                          CHAPELOT, *Contes balzatois.*

15. « Er macht ein Gesicht wie der Hund, wenn er Bauch-schmerzen hat. »   Prusse, FRISCHBIER.

« Faire une mine comme un chien qui ch.. des boucles. »
                          Wallon, DEJARDIN.

« Grincer des dents comme un chien qui ch.. des clous. »
                          Deux-Sèvres, com. par M. B. SOUCHÉ.

16. « Er wartet auf ihn wie der Hund auf die todte kuh. »
                          Allemand.

17. « Guardare in cagnesco — a guisa di cane quando e' guarda al trui adirato. »   Italien.

Cf. *Faune populaire* Tome I, p. 108.

18. « Faire la cagne à quelque chose, c'est la regarder avec indifférence ou dégoût. »   VASCHALDE, *Proverbes du Vivarais.*

19. Poëtevin traduit la locution française *ris canin* par l'alle-mand : Hündisches lachen da man alle zähne weiset.

« Rire de chi que passo pas los dents = rire de chien ne passe pas les dents. »
                          Rouergue, DUVAL.

Se dit à propos d'un rire forcé.

20. Dans le Centre, *chiouler* signifie *pleurnicher*, c.-à-d.: gémir, pleurer comme un *chiou* (petit chien).

21. « Cellui qui s'entremet des noises d'autruy est semblable à cellui qui prend le chien par les oreilles. »

Vieux français, LITTRÉ.

Cf. *Faune populaire* Tome I, p. 112.

22. « ... les chiens crièrent *gniac, gniac !* ».

Canard poitevin, N° 6.

On dit des chiens de chasse à la voix glapissante, qu'ils font : *gnaff, gnaff !*

En portugais on dit que les chiens font : *béu, béu !* (Coelho, *Contos port.* p. 2). — En milanais leur aboiement est interprété par *bôp, bôp !* (Banfi); en italien par *bu, bu !* ; en français par *ouaou, ouaou !* à Béziers, par *chàu !* (Montel, p. 518).

Sur les vocables grecs, latins et allemands qui ont la signification *d'aboyer, de japper,* voy. W. Wackernagel, *Voces variae animantium,* 1869, p. 62.

23. Pour faire venir un chien à soi on l'appelle au moyen d'interjections qui varient suivant les provinces : *tia, tia ! — ta, ta ! — tè, tè ! — tou, tou !* (¹) — *tiou, tiou !*

Ces interjections ont pour origine les différents impératifs du verbe *tenir*. — On dit encore à un chien : *tiens ici !*.

24. Pour chasser un chien on emploie les exclamations suivantes :

HOUSS OU TIA HOUSS ! pays messin, recueilli personnellement.
HOUSSE CAGNE ! Auxois, communiqué par M. H. Marlot.
OUSS ! Montbéliard, Contejean.
OUZE ! fribourgeois, Grangier.
HOUSTE A LA PAILLE ! ou CHASSE ! Centre, Jaubert.
HOUSSU ! ou HOUSSI ! Forez, Gras.

(1) Cf. *tô, tô !* milanais, Banfi.

AOUSSI ! ou TAOUSSI ! Creuse, com. par M. F. Vincent.

TIREZ ! ancien français, *Dict. portatif des proverbes*.

VEUX-TU COURIR ! ou VEUX-TU FECER ! ou FECE ! Pamproux (Deux-Sèvres), communiqué par M. B. Souché.

Dans ta niche, caniche! est une locution qui s'emploie dans le sens de *mêle-toi de ce qui te regarde, reste à ton rang.*

25. Se sauver comme un chien qu'on chasse se dit :

DÉCANILLER, français vulgaire.

DÉGUENILLER ([1]), ancien français.

Littré (*Supplément*) donne *cagner* comme un terme populaire signifiant reculer devant une besogne difficile ou dangereuse.

26. Exciter un chien contre un autre chien ou contre une personne se dit :

ACAGNA, ACUSSA, AQUISSA, ATISSA, ASSUTA, ABOURRA, ABOUTA, provençal moderne, Azaïs.

AGUICHER, HALER, HISSER, ACAGNER, français.

HARER, ancien français. — normand.

HOULÉ, Dessin, Joret.

ASSILER, AGUIGNER, Aunis, L. E. Meyer.

ARISSAR, Queyras, Chabrand.

HINSSER, HINSSIER, pays messin, recueilli personnellement.

ANCINER, Morvan, Chambure.

ANKSI, Les Fourgs, Tissot.

ÉNEHYÉ, Bas Valais, Gilliéron.

JAQUILLÀ, Forez, Gras.

Les interjections employées dans ce but sont : *kiss! kiss!* ou *kssi! kssi!* — On excite encore un chien en imitant son grognement, ce qu'on peut rendre par *rrr.*

27. « Melhor de fazer agastar hum cam que huma velha. = Il vaut mieux irriter un chien qu'une vieille femme. »

Portugais, PEREYRA.

----

(1) Ce mot (avec ce sens) se trouve dans la *Comédie des proverbes* « il faut dégueniller d'ici, il n'y fait pas si bon qu'à la cuisine. »

28. Du chien qui se jette sur un homme ou un animal,
le mord et le déchire à plusieurs reprises, on dit :

PILLER ([1]), DÉGUENILLER, français.

29. « Jamais bon chien n'abbaye à faute. »   Vieux français.

« Vieux chien n'aboie pas en vain. »   Français.

« L'aboy d'un vieux chien doit-on croire. »   Vieux français.

« Il n'est abay que de vieil chien. »   Vieux français.

« Quand los gossos lladran, alcuna cosa senten. »
                                        Proverbe catalan.

« When the old dog barks, he gives counsel. »   Anglais.

« Bellt ein alter Hund, so soll man aufschauen. »   Allemand.

« Qicon y o — con lou co japo. »   Rouergue, DUVAL.

« When the dog barks, he sees something. »
                                        Bannu, THORBURN.

30. « Chien qui aboie ne mord pas. »   Proverbe français.

« Tous les chiens qui aboient ne mordent pas. » Prov. français.

« U cane che più abbagghia unn' è quellu che più morde. »
                                        Proverbe corse, MATTEI.

« Can che abbaia, poco morde. »   Proverbe italien.

« Perro ladrador — poco mordedor. »   Proverbe espagnol.

« Blaffende honden byten niet. »   Proverbe hollandais

« A barking dog never bites. »   Proverbe telugu, CARR.

31. « Can che morde non abbaia invano — colui che fa di fatti
non parla al vento. »   Proverbe italien.

« Can che morde non abbaia. »   Proverbe italien.

« Gardez-vous de l'homme secret — et du chien muet. »
                                        Proverbe français.

« D'omu chi nun parra e cani ch' 'un abbaja nun ti nni fidari. »
                                        Sicilien, PITRÈ.

« Cane mudu azzizzigat. »   Sardaigne.

([1]) On excite un chien à attaquer ou à mordre en lui disant : *pille, pille!* — On dit
de deux chiens qui se jettent l'un sur l'autre avec fureur qu'*ils se pillent.*

« Caõ que nam ladra guarda delle. »   Proverbe portugais.

« Schweigender Hund beisst am besten. »   Prov. allemand.

« Stumme Hund und stille Wasser sind gefährlich. »
                                        Proverbe allemand.

32. « Tel rechigne des dents qui n'a nul talent de mordre. »
                              Ancien français, LEROUX DE LINCY.

33. « Mauvais chien ne trouve à mordre. »
                                        Français, NUCÉRIN.

34. « Quand mès por tè lo ca — mès lladra. » Prov. catalan.

« Mal ladra o cão — quando ladra de medo. »   Prov. port.

« Verzagter Hund bellt am meister. »   Prov. allemand.

35. « Can che abbaia non fa caccia. »   Prov. italien.

« Cão che muito ladra, nunca bom pera caça. »
                              Proverbe portugais, PEREYRA.

36. « Il ne faut pas réveiller le chien qui dort. »

« Que dérébeillo lou co que dort — se l'ogaffo n'o pas tort. =
Qui éveille le chien qui dort, s'il (le chien) le mord, il n'a pas tort.)»
                                        Rouergue, DUVAL.

« Qui réveillo son chien quan duer — l'y merito se lou mouer. »
                              Alpes cottiennes, CHABRAND.

« Non destare il can che dorme. »   Proverbe italien.

« Schlafende Hunde soll man nicht wecken. »   Allemand.

« Can che magna e omo che dorme lasséli star. »
                                        Vénitien, REINSBERG.

37. « Dessus son fumier, — se tient le chien fier. »
                              Ancien français, NUCÉRIN.

« Chien ni guiole fò à caïe maite li. = Le chien a la gueule forte
dans la maison de son maître. »   Prov. créole, TURIAULT.

« Ogni cane é lione a casa sua. »   Proverbe italien.

« Ogni tristo cane abbaia da casa sua. » Prov. ital., PESCETTI.

« Ogni cagnolu è cane u so usciu. »   Prov. corse, MATTEI.

« Een hont is stout op zyn eigen dam. »   Hollandais.

« Celui qui chasse un chien jusque chez lui le laisse ensuite. »
                                        Proverbe wolof, DARD.

« Si le chien n'est pas dans sa maison, il n'aboie pas. »
                                        Proverbe wolof, DARD.

« Wo der Hund sein Fressen bekommt, da bellt er auch. »
                                        Proverbe lithuanien, SCHLEICHER.

« Le chien quand il est en pays étranger n'aboie pas pendant sept
ans. »   Proverbe talmudique, SCHUHL.

38. « If a dog has his master behind him, he will kill a baboon. =
Un chien est hardi quand son maître le soutient. »
                                        Proverbe yoruba, BOWEN, p. 60.

39. « Dio mi guardi di cane incatenato e di uom deliberato. »
                                        Proverbe italien.

40. « Uom che ghigna, can che rigna, non te ne fidare. »
                                        Proverbe italien.

41. « Traue keinem Judas Kusse, fremden Hund und Pferdefusse. »
                                        Proverbe allemand.

42. « On ne peut empêcher les chiens d'aboyer et les menteurs
de mentir. »   Proverbe français.

« Il ne faut pas jeter de pierre à tout chien qui aboie. »
                                        Proverbe breton, SAUVÉ.

« Si ad ogni cani ch'abbaja cci tiramu petra — petri 'un ni restanu
cchiù 'mmenzu la strata »   Sicile, PITRÈ.

« Lass die Leute reden und die Hunde bellen. »   Allemand.

« Lass die hunde bellen, wenn sie nur nicht beissen. »
                                        Allemand.

« Honden hebben tanden in alle landen. »   Hollandais.

« In alle landen bijten de honden — en lasteren de monden. »
                                        Proverbe hollandais.

43. « *Aboyer le premier* signifie : prendre les devants, être le
premier à se plaindre quoiqu'on ait tort. »   Français, FERAUD.

44. « Bellt ein Hund, so klaffen sie alle. »   Prov. allemand.

45. « First the big dog barks, then the little one. »
Bannu, THORBURN.

46. « Chi troppo abbaia, empie il corpo di vento, *si dicesi* di chi discorre molto e nulla reca ad effetto. »   Italien.

47. « Wenn der Hund unten liegt, so beissen ihn alle Hunde. »
Allemand.

48. « The man who has mounted an elephant will not afraid at the bark of a dog. »   Proverbe telugu, CARR.

« Like dogs barking at an elephant (*var.* : at a mountain). »
Proverbe telugu, CARR.

49. « Il cavallo generoso non si cura dell'abajar de' cani. »
Proverbe italien.

50. « Nicht alle sind Diebe, die der Hund anbellt. »
Proverbe allemand.

51. « Den letzten beissen die Hunde. »   Proverbe allemand.

52. « Courez toujours après le chien, jamais ne vous mordra. »
Français, RABELAIS.

53. « A chien qui mord il faut jeter des pierres. »
Proverbe français.

« Mal si può morder il cane, senza esserne rimorso. »
Italien, PESCETTI.

54. « Prendre des pierres avant de voir venir le chien = se prémunir contre un danger qui n'existe pas encore. »
Français, *Dictionnaire Larousse.*

55. « Der Knüppel liegt beim Hunde. = On voudrait bien battre le chien mais il n'y a qu'un bâton et il se trouve justement près de lui » c-à-d.: que quand on a le désir de faire quelque chose. il se trouve un obstacle.   Prusse, FRISCHBIER.

« Erblickt man einen Hund, so ist kein stein da, erblickt man einen stein, so wird keines Hundes gewahr; wo man Hund und stein zugleich erblickt, da soll des fürsten Hund sein. Was fangen wir nun an ? »   Sentence sanscrite, BÖHTLINGK.

56. « C'est fait exprès comme les chiens pour mordre le monde. »
Locution française.

57. « E cumme i cani chi un ponu juca senza morde. »
Corse, MATTEI.

58. « Les chiens ne te mordront pas, toi, tu parles de loin. » —
Se dit à quelqu'un qui insulte à distance.
DORVIGNY, *Le café des Halles* (comédie jouée en 1780).

59. « On dit à ceux qui hésitent à entrer dans une maison : *entrez,
nos chiens sont liés.* »   LEROUX, *Dictionnaire comique.*

60. « Ho ! ho ! votre chien mord-t-il encore ? vous êtes bien dur
à pauvres gens ! » (¹).   *Comédie des proverbes.*

« If there are no alms for me, never mind, but tie up your dog. »
Said by a beggar.   Proverbe telegu, CARR.

« I don't want any benefits from you, but drive the dog away from
me. »   Bannu, THORBURN.

61. « Though dogs fight amongst themselves, still they are at
one against the beggar man. »   Bannu, THORBURN.

62. « A un povir' omu, ogni cani cci abbaja. »
Sicile, PITRÈ.

63. « Orfani e cattivi 'un cci nn' è nuddu manciatu di li cani. »
Sicile, PITRÈ.

Ce proverbe signifie sans doute : *on ne peut avoir tous
les malheurs à la fois ;* à moins qu'il ne soit dû à une
superstition ?

64. « Il vaut autant être mordu d'un chien que d'une chienne
(*var. :* que d'un chat). »   Proverbe français.

« Mordu du chien, mordu de la chienne, c'est toujours le paysan
qui paye. »   Berry. JAMET MASSICAUT, *Thibaud.*

« Il a été mordu d'un chien, il veut l'être d'une chienne, c. à d. :
Il ne se trouve pas assez malheureux. »   Proverbe français.

---

(1) Ces paroles sont sans doute celles dont se sert un mendiant brutalement chassé
sans qu'on lui ait rien donné.

65. « Vous êtes du pays où les chiens aboient par dessous la queue. » Se dit à celui qui débite une mauvaise plaisanterie ou qui raconte une chose incroyable.   Wallon, DEJARDIN.

66. « Il n'y a rien de tel qu'un laid chien pour bien aboyer. »
                                   Proverbe wallon, DEJARDIN.

67. « The dogs barked six months after the robbery. » = Se dit sans doute à propos d'un avis arrivé trop tard.
                                        Proverbe telugu, CARR.

68. « Caninum prandium = repas sans vin. »
                                             Latin, FREUND.

« Eau et pain — c'est la viande du chien. »
                                      Ancien français, NUCÉRIN.

« Acqua e pane — vita da cane; pane e acqua — vita da gatta. »
                                                Italien.

« Agua e pam, comida de cão. »   Portugais, PEREYRA.

69. « Cu refusa lou pan, es peggio d'un can. » Acò si di dei mandian endiscret.   Nice, TOSELLI.

70. « Deux chiens à un os ne s'accordent. »   Prov. fr.

« Il y a trop de chiens après un os. »   Prov. fr.

« Zwei Hunde an einem Bein — kommen selten überein. »
                                                Allemand.

« Hundar tveir um eitt bein, og pikur tvaer um einn svein, forlikast sjaldan vel. = Deux chiens pour un os et deux servantes pour un valet s'accordent rarement. »
                                   Proverbe islandais, REINSBERG.

71. « Plus il y a de chiens moins il y a de soupe. »
                                  Proverbe des îles Feroë, REINSBERG.

« Chien en cuisine ne demande pas son compaignon. »
                                       Vieux français, LITTRÉ.

« Dem einen Hund ist's leid, wenn der andere in die Küche geht. »
                                                Allemand.

72. « Il y a trop de chiens, je ne puis jeter mes os (c.-à-d. : Il y a trop de monde, je ne puis vous répondre). »
        Prov. créole ou dolos. *Magasin pittoresque* 1840, p. 26.

73. « Couri déiè chien pou trappé zo. (Courir derrière les chiens pour attraper des os, être dans l'extrême misère). »

Proverbe créole, TURIAULT.

74. « Avoir un dégoût de chien, ne rien trouver de fade. »

Engeuville (Loiret), com. par M. L. BEAUVILLARD.

75. « Chien affamé ne craint pas le bâton. »

« Cane affamato non prezza bastone. »   Italien.

« Ein hungriger Hund fragt nicht nach dem Stecken. »

Allemand.

76. « Il cane ama l'osso in fino che vi è da piluccare.»=Le chien aime l'os tant qu'il y a à ronger.   Italien, DUEZ.

77. « Il can rode l'osso, perche non può ingiottirlo, c.-à-d. : on médit de ceux que l'on n'aime pas quand on ne peut les atteindre autrement. »   PESCETTI.

78. « Avoir du crédit dans une affaire comme un chien à la boucherie, c.-à-d.: ne pas en avoir du tout. »   FERAUD.

« Avoir la conscience d'un chien de boucher. »

Proverbe allemand.

« A cani di vucciria nun mancanu ossa. »   Sicile, PITRÈ.

« Kiens de boucher et menetreux — en koireme sont bien peneux. »

Proverbe picard, P. LEGRAND.

79. On dit d'un avare : *qu'il n'attache pas son chien avec des saucisses,* ou encore : *qu'il ne jette pas son lard aux chiens.*

« On n'attache pas les chiens avec des andouilles. »

Loiret, com. par M. L. BEAUVILLARD.

« El paese de la Cucagna, indove che i liga i cani co le luganighe (= chapelets de saucisses). »   Trieste, CASSANI.

« Ein Hund ist nicht lange an eine Bratwurst gebunden. »

Allemand.

« On se trouve mal d'attacher le chien à l'armoire au beurre. »

Proverbe des îles Féroë, REINSBERG.

« .... Prendre ces gargotiers là par les sentiments, c'est chercher du beurre dans la niche au chien. »

Le Diseur de vérités pour 1844.

« Nem na boca do cão busqes o pão, nem no focinho da cadella a manteiga. »   Portugais.

« Bratwürste im Hundestall suchen. »   Allemand.

« Wer wird im Hundestall Brod suchen ? »   Allemand.

« Men zal geen spek in het nest van den hond. »   Hollandais.

« Die Wurst vom Hunde kaufen. = Acheter quelques chiens de seconde main et très cher. »   Allemand, MEDIKUS.

« Sies cargat d'argen couma lou can de saussissa. »

Nice, TOSELLI.

80. « Pourquoi le chien ne veut-il pas de beurre ? — Parce qu'on ne lui en donne pas. »

Devinette. Auxois, com. par M. H. MARLOT.

81. « Affogare il cane con le lasagne, c'est offrir plus qu'une chose ne vaut, afin de parvenir à son dessein. »   Italien, DUEZ.

82. « Non si getta il lardo a cani. = On ne jette pas le lard aux chiens, c.-à-d. : on ne donne rien pour rien. »   Italien, DUEZ.

83. « A can che lecchi cenere, non gli fidar farina. »

Italien.

« Al cane che lecca lo spiedo, non gli fidar l'arrosto, = au chien qui lèche la broche, ne confiez pas le rôti. »

Napolitain, REINSBERG.

84. « Tenir parole, comme un chien tient carême. »
Proverbe de la Bohême, *Almanach de Carlsbad.*

85. « Dove non è pane, anch' i cani se ne vanno. »

Italien, PESCETTI.

« Casa senz' ossu, cani nun cci accosta. »   Sicilien, PITRÈ.

86. « A gran caà — gran os. »   Béarnais.

« A grande cão — grande osso. »   Portugais, PEREYRA.

87. « A bon chien bon os. »

« Jamais bon chien n'a bon os. »   Proverbes.

Le premier signifie qu'on doit récompenser celui qui le mérite, le second, que ce n'est pas toujours ce qui arrive.

88. « Jomai co pigre n'o rousigat un bouon ouos. = Jamais chien paresseux n'a rongé un bon os. »   Rouergue, DUVAL.

89. « Se sauver comme un chien qui emporte un os. »
                                        Proverbe français.

« Regarder quelqu'un de travers comme un chien qui emporte un os. »   Proverbe français.

90. « Chien en cuisine souper ne demande. » — Il le prend.
                                Proverbe français, LITTRÉ.

91. « Le chien se défend quand on lui ôte un os. » Français.

« Kein Hund lässt sich ein Bein nehmen, er knurre denn. »
                                        Allemand.

« Een honden aan een been kent geene vrienden. = Un chien qui a un os ne connaît pas d'ami. »   Hollandais.

« Een hond die een been knaagt kent zijn' eigen' meester niet. = Un chien qui ronge un os ne connaît même pas son maître. »
                                Proverbe hollandais.

92. « Far l'erba a' cani = fare un' opera vana e perduta. »
                                        Italien.

« Li piace cumme a cipolla a cane. »   Corse, MATTEI.

« Te vuole il bene che vuol il cane alle cipolle. »
                                Italien, PESCETTI.

« Mancia cipuddi un cani ch'è affamatu. »   Sicile, PITRÈ.

93. « Es wird ihm bekommen wie dem Hunde das Grasfressen. = C'est-à-dire : il s'en trouvera mal[1]. »   Proverbe allemand.

94. « Dogs eat bones (but) don't think of consequences[2]. »
                                        Bannu, THORBURN.

95. « Lu cani prima di manciarisi l'ossu, si talia lu culu si lu pò cacari. »   Sicile, PITRÈ.

---

[1] Les chiens qui mangent trop de chiendent ont quelquefois des échauffements d'entrailles qui les font souffrir. Peut-être le proverbe allemand se rapporte-t-il à ce fait ?

[2] C'est-à-dire, selon M. Thorburn, sans savoir s'ils pourront les digérer.

96. « Too much pudding may choke a dog. »   Anglais.

97. « *Faire le chien* (ou *les chiens*) signifie *vomir*. »
Locution française.

« *Fére le tzen* a le même sens. »   Gruyère, CORNU.

Cf. *Faune populaire* Tome I, p. 165.

98. « Don't send even your enemy near a dog which has vomited or a bitch which has pupped. »   Proverbe telugu, CARR.

99. « Par le poil on nomme le chien. »
Proverbe russe, *Élém. de la langue russe*, 1791.

100. « Il y en a comme des poils sur un chien, c'est-à-dire : en grande quantité. »   Wallon, DEJARDIN.

101. « Uomo rosso e cane lanuto, piuttosto morto che conosciuto.»
Italien.

102. « On ne cognoist pas les gens aux robbes, ne les chiens aux poilz. »   Ancien français, LEROUX DE LINCY.

« Schätze den Hund nicht nach den Haaren, sondern nach den Zähnen. »   Allemand.

103. « Like going to Benares, and bringing back dog's hair. » = Great labour and small results.   Proverbe telegu, CARR.

104. « Cet homme est accoutumé à cela comme un chien d'aller à pied, ou comme les chiens d'aller déchaux. »
Locution française.

« Il y est accoutumé comme un *tien* à aller sans souliers. »
Boulonais, com. par M. E. DESEILLE.

« Et, ils firent route ensemble, à pied comme les chiens du roi. »
Locution allemande, *Contes des frères Grimm*.

105. « Chien tini quate pattes, mais li pas capable prend quate chemins. = On ne peut pas tout faire à la fois. »
Proverbe créole, TURIAULT.

106. « Elle est tout d'une venue comme la jambe d'un chien. = Se dit d'une jambe maigre, sans mollet. »

107. « On dit ironiquement d'une jambe tortue, mal faite, qu'elle est droite comme la jambe d'un chien. »

Cf. la locution : *avoir des jambes cagneuses.*

108. « Voler dirizzar le gambe ai cani = essayer une chose impossible. »   Italien.

« E gattivu indirizzà l'anche a li cani. »
                                        Proverbe corse, MATTEI.

109. « ... la bonne beste sembloit au chien qui cloche quand il veult. »   NoËL DU FAIL, édit. Assézat, tome I, 45.

« No es de vero lagrimas en la mujer, ni cox-quear en el perro. »
                                                          Espagnol.

« Nam fiar de cam que manqueja. »   Portugais, PEREYRA.

« An der Hunde hinken — an der Huren winken — an der Frauen weinen — soll man sich nicht kehren. »   Allemand.

« Der hund hinkt an einen bein = cela est louche, il y a quelque anguille sous roche. »   Allemand, GRIMM.

110. « Far la girata del can grande, vale pigliarla per la più lunga. »   Italien.

111. On dit ironiquement de ce que les paysans, qui vous indiquent la distance d'un pays à un autre, appellent une lieue :

« C'est une lieue de chien = il faut courir tout le long du chemin. »   Eure-et-Loir, recueilli personnellement.

« *Carreiriña d'un can* = frase que se usa para denotar la distancia que hay de un punto á otro, esto es, para indicar que todavia hay bastante trecho. »   Gallicien, PIÑOL.

112. « On ne voit que lui et les chiens sur les chemins ; c.-à-d.: il est toujours en route. »   Wallon, DEJARDIN.

113. « Ihr macht den Weg dreimal wie die Hunde. »
                                              Allemand, MEDIKUS.

114. « Trois choses sont saines et salutaires : peu manger, s'exercer beaucoup et ne pas courir comme un chien. »
        FISCH, *Introd. à la philos. de la Franc maçonnerie*, p. 80.

115. « J'ai commandé au chien de faire cela et le chien l'a commandé à sa queue. »
                    Francisque MICHEL, *Le pays basque*, p. 33.

« Chasque chin coumando sa co. »

Provence, *Armana prouvençau* 1862.

116. « A mauvais chien la queue lui vient. »

Proverbe français.

« Ogni cattivo cane ha lunga coda. »   Italien, PESCETTI.

117. « Les chiens sans queue n'ont pas peur de montrer leur derrière. »   Proverbe fribourgeois, *Romania* 1877.

« Il n'a pas plus de honte qu'un chien qui a la queue coupée, il montre son derrière à tout le monde. »

Côte-d'Or, com. par M. H. MARLOT.

118. « .... Mais le pays ne bougea pas ; nous savions bien que les paysans et puis la queue du chien vont toujours par derrière. »
D'HÉRICAULT, *La Fille aux bluets* (roman normand).

119. « Barbo rousso — co courti — gardo ti. = De barbe rousse et de chien à courte queue garde-toi. »   Rouergue, DUVAL.

120. « Nè varva d'omu, nè cuda di cani. = Il ne faut toucher ni à la barbe d'un homme ni à la queue d'un chien. »

Sicile, PITRÈ.

121. « Adroit comme un chien de sa queue. »

Loiret, com. par M. L. BEAUVILLARD.

122. « Tegni el can per la coa = tenir le chien par la queue, être dans une position difficile. »   Milanais, BANFI.

Cf. *Faune populaire* Tome I, p. 112.

123. « Der bös ist wie ein hundswadel, so lang man den in handen hat, so ist er grad, laszt man ihn aus der hand, so ist er krumb, wie sein art ist. »   Allem., LEHMANN cité par GRIMM.

« Eine Hunderuthe, die man erweicht, gerieben und mit Stricken umwunden hatte, nahm, als man nach zwölf Jahren sie losliess, ihre ursprüngliche Form weder an. »

Sentence sanscrite, BÖHTLINGK.

« Wenn man zu einem Thoren redet, so ist es, als, wenn man einen Hundeschwanz herunterbiegen wollte. »

Sentence sanscrite, BÖHTLINGK.

« Wem Verstand nicht angeboren ward, dem wird vieles Vorreden von keinem Nutzen sein ; eine Hunderuthe wird nimmer gerade, hielte man sie auch beständig in einer Röhre. »

Sentence sanscrite, Böhtlingk.

124. Devinette parsie. — « What is that thing of the creatures of Auharmazd (*Ormuzd*), which sits on its posteriors higher than it stands on foot ? — That is a dog. »

Haug and West, *The book of Arda Viraf.* Bombay, 1872, in-8.

125. « Être grand comme un *kien* assis = être de petite taille. »

Normand, Delboulle.

126. Les excréments du chien ne sont pas comme ceux de certains autres animaux domestiques, utilisés en agriculture :

« Ça ne vaut pas une crotte de chien (¹) ; se dit de quelque chose de valeur nulle. »

« Ça, ce n'est pas de la crotte de chien ; se dit plaisamment de quelque chose de bon. »

> « Fiens de chien et marc d'argent,
> Seront tout un, au jour du jugement. »   Cotgrave.

127. « I n'y a nin on chin qui chie des caurs. = Il n'y a pas de chien qui ch.. de l'argent. »   Wallon, Dejardin.

128. « Wo viele Hunde sind, da ist auch viel Hundedreck. »

Proverbe lithuanien, Schleicher.

129. « Jeder Hund schöt nan sin Maneer. »
Prusse, Frischbier.

130. « Wenn de Hund schött kann hei nich belle. »
Prusse, Frischbier.

131. « Der Hund scheisst immer auf den hohen Stein. — Reiche Leute haben vorzugsweise Glück. »   Allemagne du Nord.

132. « ... er rutschte wie ein Hund, dem man Pfeffer in dem H — gerieben, am Boden hin und her. »

Josef Rank, *Aus dem Böhmerwalde.* Leipzig, 1843, p. 279.

---

(1) On dit quelquefois : *ça ne vaut pas une vesse de chien.*

133. « Tronler comme in chin qui chêie. = Trembler comme un chien qui ch... »   Wallon, DEJARDIN.

134. « Les chiens après avoir fait leurs excréments grattent la terre au moyen de leurs pattes de derrière. On dit alors à celui qu'on méprise: Il te coupe tes morceaux. »

Auxois, com. par M. H. MARLOT.

135. « Chi canto si fa, tutti i cani gli pisciano addosso. »

Italien.

136. « Er ist nicht werth dass ihn der Hund anpisst. »

« Er sieht aus, als hätte ihn der Hund angepisst. »

Prusse, FRISCHBIER.

137. « Tu ressembles aux grands chiens, tu veux pisser contre les murailles. » = Se dit à quelqu'un qui entreprend quelque chose au-dessus de ses forces.   Proverbe français.

138. « A toute heure — chien pisse et femme pleure. »

Proverbe français.

« Chi vuol star san — pisci spesso, come fa il can. »

Italien.

139. « On dit d'une chose qui a dépéri, qui a eu mauvais succès, *qu'elle s'est en allée en nid de chien*. »

LEROUX, *Dictionnaire comique.*

« Fare il letto a cane è gran fatica. = Il est difficile de servir un fantasque. »   Italien, DUEZ.

« Cuocere un uovo, far il letto a un cane, insegnar a un Fiorentino son tre cose difficili. »   Italien, PESCETTI.

140. « En lict de chien n'a point d'ointure. »

Vieux français, NUCÉRIN.

« Look not for musk in a dog's kennel. »   Anglais.

141. « La niche est bien digne du chien. »

Locution bourguignonne.

« El quié vaut bé l'collet. = Le chien vaut bien le collier. »
Se dit ironiquement.   Wallon, DEJARDIN.

142. « Le chien oublie les ordures qu'il fait mais celui qui nettoie ne les oublie pas. »

Proverbe créole ou dolos. *Magasin pittoresque* 1840.

143. « Mener une vie de chien = vivre péniblement ou miséra-
blement. »   Locution française.

« Der Mensch muss sich plagen in der Welt wie ein Hund. »
                                    Proverbe lithuanien, SCHLEICHER.

« Stentare come un cane = aver carestia del necessario. »
                                    Locution italienne.

144. « Lavez chien, peignez chien, toutefois n'est chien que chien. »
                                    Proverbe français.

« Qui chien s'en va à Rome, mastin revient. »
                                    Ancien français.

« Jette le chien dans le Jourdain il est chien comme auparavant. »
                                    Proverbe islandais, REINSBERG.

« Jette le chien dans le Jourdain, il ne vaut pas mieux qu'auparavant. »   Proverbe suédois, REINSBERG.

« Cut off a dog's tail and he will be a dog still. »   Anglais.

« Taglia la coda al cane, è' riman cane. »   Italien, PESCETTI.

« Will a black dog become a holy cow by merely going to
Benares ? »   Proverbe telugu, CARR.

« Les chiens ne font pas des chats. »   Proverbe français.

« I cagnuoli somigliano alla cagna. »   Italien, PESCETTI.

145. « When they seated the dog in a palanquin, it saw filth
and jumped down and ran to it. » — « All that a dog brings is
filth. » — Means persons will not give up their low habits.
                                    Proverbes telugus, CARR.

146. « Charne de chien ne vaut rien. » c.-à-d.: 1° la chair du
chien n'est pas bonne à manger ; 2° il n'y a rien à attendre d'un
homme vil.   Proverbe ancien français, NUCÉRIN.

147. « Er ist niederträchtig wie ein Hund. »   Allemand.

« Dat is hondsch = cela est vilain, malhonnête. »
                                    Hollande.

« Cela n'est pas tant chien = cela n'est pas déjà si mauvais. »
                                    FÉRAUD.

En français les mots *chien*, *fils de chien*, *enfant de chien*, *canaille* (anc. fr., *chenaille*) servent d'injures. Cf. *perreria* (espagnol).

« ... Je te dis que je t'épouserai, vilain *chenaillon*... »
Théâtre des Boulevards, 1756, t. III, p. 166.

« Kahler Hund = gredin, gueux. » Allemand, POETEVIN.

« On appelle par mépris une mauvaise femme *peau de chien*. »
Auxois, com. par M. H. MARLOT.

148. « Ne pas valoir les quatre fers d'un chien. »

149. « N'être pas bon à jeter aux chiens. »

« Ne pas jeter sa part aux chiens. »

« On dit d'une chose exécrable : *les chiens n'en voudraient pas.* »
Locutions françaises.

« Ê' non ne mangerebbono i cani. » Italien, PESCETTI.

« Fare stomacare i cani. » = Dicesi di cosa sommamente schifosa.
Italien.

150. « Celui qui mange dans la rue ressemble à un chien. »
Proverbe talmudique, SCHUHL.

151. « Être abandonné comme un pauvre chien. »
Locution française.

152. « Un temps à ne pas jeter un chien à la porte. »
Locution française.

153. « ... Je ne pensais pas plus à votre neveu qu'à votre chien...»
BALZAC, *Eugénie Grandet.*

154. « ... Encore un singulier drôle à qui je ne confierais pas les intérêts de mon chien... » BALZAC, *Ursule Mirouet.*

155. « ... Ils en ont menti comme des chiens... »
G. SAND, *La petite Fadette.*

156. « On dit d'une personne très effrontée qu'elle ferait honte à un chien. » Côte-d'Or, com. par M. H. MARLOT.

157. « L'hôpital n'est pas fait pour les chiens. » = Se dit aux personnes qui répugnent à y entrer.

« Weisses Brot ist nicht für die Hunde. »
Proverbe lithuanien, SCHLEICHER.

158. « Discours à tuer chiens. » = Cattivissimo discorso.
DUEZ, *Dictionnaire français-italien.*

159. « — Je ne sais pas ce que vous voulez dire.
— Mon chien ? dit aigrement la vieille fille.
— Ma cousine, reprit humblement Pierrette. »
BALZAC, *Pierrette.*

Dans ce dialogue Pierrette reçoit une leçon de politesse pour n'avoir pas dit :

« Je ne sais pas ce que vous voulez dire, *ma cousine.* »

On dit de même à un enfant qui dit sèchement *merci :* « *merci ! merci qui ? merci notre chien ?* »

« A Parme on dit de quelqu'un qui quitte une société sans saluer personne qu'il est parti *senza dire nè can nè asen.* »
Voy. MALASPINA.

160. « *Madame du Bel Air* : Combien ce merlan ? — *Madame Angot* : Six sous pour vous, mon petit chou. — *Madame du Bel Air* : Six sous ! six liards, c'est bien assez. *Madame Angot* : Dis donc, voisine, as-tu du merlan à six liards, v'la une dame qui en désire ; où demeurez vous, Madame du Bel Air ? je vous ferai porter ça *par le cousin de mon chien.* »
La Marchande de Marée (dans le *Séraphin de l'enfance.* Metz, in-12. *s. d.*).

161. « Il est parti honteusement comme un chien qui se sauve la queue entre les jambes. »   Locution française.

Cf. le mot *couart* (italien *codardo*) = poltron.

162. « A mauvais chien on ne peut montrer le loup. »
Français.

« Chien couart voir le loup ne veut. »   Ancien français.

« Al can mansueto il lupo par feroce. »   Italien, PESCETTI.

163. « A dog when surrounded turns tail, a man fights. » = Here the dog means a coward.   Bannu, Thorburn.

164. « Ris de chien = ris intéressé. »   Français, Duez.

« Amour de femme et ris de chien — tout n'en vaut rien qui ne dit : tiens. »   Nucérin.

« Carezze di cane, cortesie di puttane, inviti d'osti, non può far che non ti costi. »   Italien.

« Amor de mulher e festa de cam sò attentão pera à mão. »
Portugais, Pereyra.

« Bisogna ter qualche cosa in man per li cani — Cioè ò pan, ò sassi, ò bastone, per potersi riparar di quelli. »
Italien, Pescetti.

« Remuer sa queue en tout lieu = cajoler tout le monde. »
Locution bretonne, Sauvé.

165. « Non dar del pane al cane ogni volta che mena la coda. »
Italien.

166. « Cani chi fa cera a tutte, nun ha statu mai bonu. »
Sicile, Pitrè.

167. « *Faire le chien couchant* ou *faire le bon chien*, c'est se montrer soumis. »

« *Être le toutou de quelqu'un*, c'est lui être dévoué complètement. »

168. « *Faire le chien*, se dit d'une cuisinière qui suit sa maîtresse quand celle-ci va elle-même au marché. — Les cuisinières n'estiment pas beaucoup les places où il faut *faire le chien*. »
Villemessant, *Mémoires d'un journaliste*.

169. On emploie comme termes de caresse : *mon chien, mon chienchien, mon toutou*, etc.

« Cassandre à Isabelle : *viens petit toutou de mon âme.* »
Théâtre des boulevards, 1756, t. II, p. 255.

« Artémise : (à part) *Il m'appelle son petit chien bleu !* »
Labiche, *Les noces de Bouchencœur.*

« Tu me trouvais si gentiye avec mon petit air chien. »
RESTIF DE LA BRETONNE, *Les Contemporaines.*

170. « *Avoir du chien* c'est avoir de la verve, de l'originalité. »

171. « Avoir un chien pour un homme = être éprise d'un homme. »
Bas langage, L. RIGAUD.

172. « Queres que te siga o cão ? Dalhe pam. »
Portugais, PEREYRA.

173. « Il faut flatter le chien pour avoir l'os. »
Lorraine, recueilli personnellement.

« Tant doit-on le chien blandir (caresser) c'on ait la voie passée. »
Ancien français, LEROUX DE LINCY.

« Flatter le chien jusqu'à ce qu'on soit aux pierres. » FERAUD.

« Baise le chien sur la bouche jusqu'à ce que tu en aies obtenu ce que tu veux. »
DAUMAS, *De la civilité chez les Arabes.*

174. « Il ne faut point se moquer des chiens qu'on ne soit hors du village. »

175. « Tel le chien nourrist qui puis mange la courroye de son soulier. »
Ancien français, NUCÉRIN.

« Teu pest le chen de son payn qu'il le morde en la mayn. »
Ancien français, LEROUX DE LINCY.

« Bin ich todt, so pisst der Hund auf mein grab. »
Prusse, FRISCHBIER.

176. « Quien da pan a perro ajeno pierde el pan y pierde el perro. »
Espagnol.

« He that keeps another man's dog shall have nothing left him but the line. »
Anglais.

177. « Ne jouez pas avec les chiens, ils se diraient vos cousins. »
Prov. arabe, DAUMAS, *De la civilité chez les Arabes.*

« If you kiss a dog, it licks your whole face. »
Proverbe telugu, CARR.

178. « Ce n'est pas bon pour les jeunes chiens de jouer avec les jeunes ours. »   Proverbe danois, REINSBERG.

179. « Coup de chien = manœuvre perfide, coup de Jarnac. »
                    Normand, DELBOULLE.

« Tous qui vouloient, rians et jouans sans trahison et dent de chien, alloient laver leurs mains au puis... »
                    NOEL DU FAIL, édit. Assézat tome II, 164.

« Ringo = 1º croc ou dent de chien ; 2º violente et soudaine attaque. »   Italien, DUEZ.

« Mordre avant d'aboyer = prendre en traître. »
                    Bretagne, SAUVÉ.

« Perrada = trait de mauvaise foi. »   Espagnol.

« Er ist glupsch (= falsch, hinterlistig) wie ein Hund. »
                    Prusse, FRISCHBIER.

180. « Être chien, faire le chien = être avare. »

« Tu n'es pas chien ! se dit ironiquement à quelqu'un qui soigne ses intérêts aux dépens de ceux des autres. »

« Chinntri, f. = avarice. »   Patois lorrain.
                    L'Ouvrier du 11 nov. 1865.

« Bei nehmen hat er Falkenaugen, beim geben Hundsaugen. »
                    Proverbe lithuanien, SCHLEICHER.

181. « Pelacane = un vilain, un avare. »   Italien, DUEZ.

182. « Cagnard = paresseux ; cagnarder, s'acagnarder = se livrer à la paresse. »

« La cagne dans le bas langage signifie *la paresse.* »

« Piquer son chien = dormir. »   Bas langage.

Le chien inoccupé passe la plus grande partie de son temps couché et à moitié endormi.

« On dit d'un ouvrier paresseux : Il est comme un chien de cour, il n'est bon qu'à dormir. »
                    Com. par M. J. POQUET.

« A lazy dog sticks so close to the fire, that it burns its tail; there is many a lazy fellow like him (¹). »

Nouvelle Zélande, GREY.

183. « Cadere in bocca al cane = aver pessimo fine di suo affare. »

Italien.

« To go to the dogs = to be commercialy or socially ruined. »

J. C. H. *Slang Dictionary.*

« In die Hundegasse kommen = in's Elend gerathen. »

Prusse, FRISCHBIER.

« Tourner à chin = se gâter, ne pas réussir. »

Wallon, DEJARDIN.

« Esser al can, c.-à-d. : être dans le malheur. »

Parme, MALASPINA.

184. « Chien hargneux a toujours l'oreille déchirée. »

Proverbe français.

« Can ringhioso e non forzoso, guai alla sua pelle. »   Italien.

« Quarrelling dogs come halting home. »   Anglais.

« Böser Hund, zerrissenes Fell. »   Allemand.

185. « L'invidia la regna fina nei cani. »

Vénitien, REINSBERG.

« L'envie est semblable au chien qui ronge son propre cœur. »
Proverbe islandais, REINSBERG.

186. « Incagnire = s'eschauffer comme un chien, se mettre en colère ; — accanato, irrité, furieux. »   Italien, DUEZ.

« Acagne = injure. »   Centre, JAUBERT.

« Decir perrerias = offenser gravement ; — perrengue = hargneux, querelleur. »   Espagnol.

« Nasicane = un museau de chien, c.-à.-d. : un méchant. »
Italien, DUEZ.

(1) Dans *Die drei Faulen,* conte des frères Grimm, l'un des trois fils du roi se vante d'être si paresseux (le sceptre doit appartenir au plus paresseux) que quand il se chauffe près du feu il se laisserait plutôt brûler les talons que de retirer ses jambes.

187. « A rebelle chien — dur lien. »

Proverbe français, NUCÉRIN.

« A cattivo cane — corto legame. »   Italien.

188. « A petit chien — petit lien. »   NUCÉRIN.

« A cane non magno sœpe tenetur aper. »   Latin, OVIDE.

« Oft fängt ein kleiner Hund ein grosses wildes Schwein. »
Allemand.

189. « Fou (ou folâtre) comme un jeune chien. »

190. « Old dog for hard road. »
Proverbe irlandais. J. C. H. *Slang Dict.*

191. « It's bad teaching an old dog tricks. »   Anglais.

192. « A cane vecchiu un li di *cucchiuccù* — perche ne sa più que
tu. »   Corse, MATTEI.

« A perro velho nam digas *bus bus.* »   Portugais, PEREYRA.

193. « Tart est veil chin mettre au lien. » Prov. anc. français.

« Can vecchio non s'avezza a portar collare. »   Italien.

« Alte Hunde sind schwer zu bändigen. »   Allemand.

194. « Qui m'aime aime mon chien. »   Proverbe français.

« Qui aime Bertrand (*ou* Martin, *ou* Merlin, *ou* Jourdain) aime son
chien. »   Proverbe français.

« Cu aima San Roch, aima lou sieu can. »   Nice, TOSELLI.

« Quien bien quiere á Pedro, no hace mal á su perro. »
Espagnol.

« Si porta rispetto al can per il padrone. »   Italien, PESCETTI.

195. « Zoo herder, zoo hond. = Tel berger tel chien. »
Hollandais.

« Zoo als de juffrouw danst, danst ook haar hondeken. = Comme
danse la maîtresse, danse le petit chien. »   Hollandais.

« Qual è la signora, tal è la cagnuola. »   Italien, Pescetti.

« Le chien est pareil à son maître, la chienne (*var.* : la chatte) pareille à sa maîtresse. »   Proverbe islandais, Reinsberg.

196. « ... crotté des pieds à la tête comme un chien de marchand de cochons. . »   *Le Diseur de vérités*, pour 1844.

197. « Trembler comme un chien de voleur. »
        Loiret, c. par M. L. Beauvillard.

« Trembler comme un chien de mercier. »

198. « Maltraité comme un chien de tambour. »
        E. Souvestre, *Sous les ombrages*.

199. « Honteux comme le chien d'un aveugle. »

200. « Ha meglior tempo ch' el cane d'un' orbo. »
        Italien. *Bonne response*, 1547.

201. « Egli hà meglior tempo che i cani orbi ò dell' hortolano. »
        Italien, Pescetti.

202. « Crier comme un aveugle qui a perdu son chien. »

203. « Cani chi fa cera a tanti nun havi patroni. »
        Sicilien, Pitrè.

« E un gattivu cane quellu ch' ascolta tutti i fischj. = C'est un triste chien celui qui écoute tous les sifflets. »   Corse, Mattei.

204. « E gattivu fischià u cane ch' un bole sente. = Il est difficile de siffler le chien qui ne veut pas entendre. »   Corse, Mattei.

205. « Si vous n'avez pas d'autre sifflet votre chien est perdu. »

206. « Nun cc'è cani senza patruni. »   Sicilien, Pitrè.

207. « Le chien qui est sorti de la maison n'a point de maître. »
        Proverbe wolof, Dard.

208. « Chi ga 'l can, se lo chiapa per la coa. = Le maître d'un chien peut le tirer par la queue (sans craindre d'être mordu). » (¹)
        Vénitien, Reinsberg.

209. « Je l vous le nommerai pon, mais vla sin tien qui passe. »
        Boulonais, com. par M. E. Deseille.

____

(1) Cependant il ne faudrait pas trop s'y fier.

210. « Battre quelqu'un comme un chien. »

« Chenailler = donner une volée de coups. »

Normand, DELBOULLE.

« Du rôt de chien = des coups de bâton. »

Dictionnaire portatif des prov.

« Il a fait cela à regret, comme les chiens qu'on fesse. »

Dict. portatif des prov.

« Il a fait cela malgré lui, comme un chien qu'on fouette. »

Proverbe français.

« Amoureux (*var.* : friand) d'une chose comme les chiens de coups de bâton. »

« Les coups de bâton sont pour les chiens. »

« Es passt, wie die peitsche zum Hunde. »

Lithuanien, SCHLEICHER.

« Il giuocar di mani dispiace infino ai cani. »

Italien, ARRIVABENE.

Cf. *Faune populaire* Tome III, p. 255.

« ... Ces gens en uniforme qui s'efforcent de donner de l'expression et de l'intelligence à leurs visages de chiens battus... »

H. CÉAR, *La saignée*, 1880.

211. « Chien battu ne suit pas son maître. »

Loiret, com. par M. L. BEAUVILLARD.

212. « A chien battu ne montre que le fouet. »

Prov. de la Bohême, *Alm. de Carlsbad.*

213. « Être comme le chien qui crie avant d'être battu. »

214. « Qui veut frapper un chien, facilement trouve un bâton. »

« Occasion trouve qui son chien bat. »

« Celui qui veut tuer son chien l'accuse de la rage. »

« Chi vuol ammazzare il suo cane basta che dica ch'è arrabiato. »

Italien.

« Chi il suo can vuol ammazzare, qualche scusa sà pigliare. »

Italien, PESCETTI.

« A staff is quickly found to beat a dog. »   Anglais.

« Give a dog a bad name and hang him. »   Anglais.

« Wenn man den Hund schlagen will, so hat er das Leder gefressen. »   Allemand.

« Wer den hund henken will, der findet den strick wohl. »
                    Allemand.

« Do you require a painted stick to strike a dog with ? »
                    Proverbe telugu, CARR.

215. « Donner un os à un chien après l'avoir battu = chercher à pallier le mal qu'on vient de faire. »   Wallon, DEJARDIN.

216. « Chien échaudé ne revient plus en cuisine. »

« Chien échaudé craint l'eau froide. »

« Lu cani vastuniatu si spagna de l' umbra. »
                    Sicile, PITRÈ.

« Scalded dog fears lue-warm water. »   Anglais.

« Begossene hunde fürchten das wasser. »   Allemand.

« Il can scottato soffia in sorato. »   Italien, PESCETTI.

« Can scottato dall' acqua calda, hà paura anco della fredda. »
                    Italien, PESCETTI.

« Man hat mich einmal mit heiss wasser beschütt't, seither komm' ich in's kalte nit, sagte der hund, da er nicht mehr in 'n regen wollt'. »   Allemand, FISCHART cité par Hoefer.

217. « Castiga la cagna, che 'l can starà a casa. »
                    Italien, PESCETTI.

« Battre le chien devant le lion. »   Locution française.

218. « Quand un chien se noie tout le monde lui porte de l'eau. »

« When the dog is drowning, every one offers him water. »
                    Anglais.

219. « Malheureux comme un chien qui se noie. »

« Chien qui se noie ne regarde pas à l'eau qu'il boit. »
                    H. SCLAFER, *Le paysan riche.*

220. « Es chiens tuer congnoit l'on les fous. »
Vieux français, LEROUX DE LINCY.

« Chi cani e gatte amazza non fà mai bene. »
Italien, PESCETTI.

« Il ne faut pas tuer son chien pour une mauvaise année. »
Proverbe français.

221. « Un chien vivant vaut mieux qu'un lion mort. »

Ce proverbe de l'*Ecclésiaste* est devenu populaire dans toute l'Europe.

« Un homme mort ne vaut pas un chien vivant. »
Proverbe français.

222. « Il can morto non morde. »   Italien, ARRIVABENE.

« Ein todter hund beisset nicht. »   Allemand.

223. « Aborreceme como cão morto. »
Portugais, PEREYRA.

224. « ...j'voudrions que Margot tombât dans nos griffes, je n'lui ferions non plus d'quartier qu'à un chien mort...»
Margot la bouquetière, comédie du XVIIIe siècle.

225. « Es regnet wie auf einen todten hund. »
Courlande, MEDIKUS.

226. « Reçu comme un chien dans un jeu de quilles. »

« Chassé comme un chien qui pisse à l'église. »

« ... ça te va de parler du bon Dieu, comme à un chien qui aboie à l'élévation de Notre Seigneur... »
HERICAULT, *Un Paysan de l'Ancien régime*.

« Il fait autant de besogne qu'un chien à la messe. » Se dit d'un homme lent et paresseux.   Finistère, com. par M. L. F. SAUVÉ.

« Marcher tout de guingois comme un chien qui revient de vêpres (1). »

« Più avventurato che i cani in chiesa, »   Italien, PESCETTI.

(1) C.-à-d. : qui a été battu.

« Io son più disgraziato che i cani in chiesa. » Italien, PESCETTI.

« Il can fu sempre in chiesa il mal venuto. » Italien, PESCETTI.

« Être reçu comme un chien dans une aire où l'on est en train de battre le blé. »   Finistère, com. par M. L. F. SAUVÉ.

« Reçu comme un chien dans une boucherie (*var.* : dans un jeu de quilles). »   Iles Féroë, REINSBERG.

« Est-ce la place d'un chien à la cour ou d'un chat à l'Église ? »
                                          Islandais, REINSBERG.

« Hei kömmt (geschlagen, lahm) wie de hund von de käst (*Hochzeit*). »   Prusse, FRISCHBIER.

« Der ist gescheidter wie ein hund, hofirt nit in die kirche. »
                                          Lechrain, LEOPRECHTING.

« When the dog went to the fair he was beaten with the scale beam. »   Proverbe telugu, CARR.

227. « Cani e villani lasciano sempre l'uscio aperto.»
                                                    Italien.

« Hunde und Edelleute lassen die Thür auf. »   Allemand.

228. « At open doors dogs ga ben. »   Écosse.

229. « Je te garde un chien de ma chienne ([1]), c.-à-d. : je me vengerai de toi. »

230. « Tri cani fannu mannara, tri canonaci fannu capitulu. »
                                          Sicile, PITRÈ.

« A man, a horse, and a dog are never weary of each others company. »   Anglais, J. BRITTEN.

231. « On dit des personnes d'une société qui s'accordent mal ensemble que c'est une *charrue à chiens*, une *charrue mal attelée*. »
                                          FÉRAUD.

232. « A lu cani, la cani cci pari un bedd' armali, ed a lu voi, la vacca pari bedda. »   Sicilien, PITRÈ.

___

(1) En Bretagne, la locution : « Il n'aura pas de chiens de ma chienne » signifie : Il n'est pas de mes amis (Com. de M. SAUVÉ).

233. « Some one asked a pilgrim dog wether any one had been kind
to him on the way. He replied « all were good, but may a curse light
on my own species! » — Seeing he was a strange dog, all dogs
attacked him. The meaning is, that a man is injured by his equals,
not by his superiors or inferiors.   Bannu, THORBURN.

234. « Querelle de chiens, ils se raccommodent à la soupe. »
                    Proverbe wallon, REINSBERG.

235. « El can forestée cascia el can de pajée. »
                              Milanais, BANFI.

« Il can di monte caccia quel di corte. »   Italien, PESCETTI.

« Veni cani di munti, caccia cani (*o signuri*) di curti. »
                              Sicilien, PITRÈ.

« Strange dogs came, and drove away the village dogs = applied
to outsiders who supplant old office holders. »
                              Bannu, THORBURN.

236. « Cane non mangia cane. »   Italien.

« Fra cani no i se morsega. »   Vénitien, REINSBERG.

« Cans ab cans may se mossegan. »   Catalan, REINSBERG.

« It is a hard winter, when dogs eat dogs. »   Anglais.

Cf. *Faune populaire* Tome I, p. 111.

237. « A carne di lupo, dente di cane. »   Italien.

« A carne de lobo dente de perro. »   Portugais, PEREYRA.

« Tot vleesch van wolven, tanden van honden. »   Hollandais.

Cf. *Faune populaire* Tome I, p. 110.

« Chien hargneux, proie de loup. »
        Proverbe russe, *Éléments de la langue russe*, 1791.

238. « N'es pas ni co ni loup, ni noun bramo ni noun jappo. = Il
n'est ni chien ni loup, il ne hurle ni n'aboie. » Rouergue, DUVAL.

239. « Hac urget lupus, hac canis. » = Être pris entre deux feux.
                    Latin, HORACE, *Serm.* 2, 2, 64.

240. « Mort d'éch kien, santé d'éch leu. » = Mort du chien, santé
du loup.   Somme, com. par M. H. CARNOY.

241. « Tel huchie le chien ès brebis qui ne le peut retraire. » =
Tel excite le chien contre les brebis, qui ne peut plus le faire revenir.   Ancien français.

242. « Quel chien n'a ses puces? »

« Man muss den hund mit sammt den flöhen haben. »
                                              Allemand.

« Chi va a letto coi cani, si leva colle pulci. »   Italien.

« Reprender velho e espulgar cão duas doudices sam. »
                                    Portugais, PEREYRA.

« Pauvre chien, que tu as de puces ! » Se dit à un glorieux.
                              Manche, com. par M. J. FLEURY.

243. « Ai cani e ai cavalli magri vanno addosso le mosche. »
                                              Italien.

« Al perro flaco todo son pulgas. »   Espagnol.

244. « A vue de nez, comme les chiens prennent les puces. » Se dit
de quelqu'un qui fait une chose par à peu près.
                        Côte-d'Or, com. par M. H. MARLOT.

245. « Être amis comme chiens et chats. »

« C'est belle bataille de chiens et de chats, chacun a des ongles. »
                                              NUCÉRIN.

« Esser comente et i su cane cum su porcu. » = Être comme le
chien avec le cochon.   Sardaigne, REINSBERG.

246. « Isto sabemno caens e gattos. = Cela est connu de tout
le monde. »   Portugais, PEREYRA.

« Non v' è nè can, nè gatta. = Là il n'y a ni chien ni chat ;
il n'y a personne. »   Italien.

« Er ist keine Hundeseele da. » = Es ist Niemand da.
                                    Prusse, FRISCHBIER.

« Kein Hund und kein Seel = gar Niemand. »
                          Tyrol, *Dictionnaire Grimm.*

247. « Can mogio e caval desto. »   Italien.

« Cani grunnusu e cavallu allegru. »   Sicile, Pitrè.

248. « Personne n'est plus pauvre que le chien et personne n'est
plus riche que le porc. »   Prov. talmudique, Schuhl.

249. « Primo porco, ultimo cane. — Perchè de' porci i primi, che
nascono, sono i migliori, e de' cani gli ultimi. »
                                      Italien, Pescetti.

250. « Fer l' robette et l' chin. = Faire le lapin et le chien,
remplir les rôles les plus incompatibles. »   Wallon, Dejardin.

251. « Il ne faut pas montrer le lièvre au bon chien. »

252. « Par petits chiens le lieuvre est trouvé et par les grands
est happé. »   Vieux français, Littré.

« Un cane leva la fiera e un altro gliela trae di bocca. » — « Uno
leva la lepre e un altro se la piglia. »   Italien.

253. « The country dog catches the country hare. »
                                      Bannu, Thorburn.

254. « Galgo que muitas lebres levanta, nen huma mata. »
                                      Portugais.

255. « Come poteva campar una lepre da tanti cani ! »
                                      Italien.

« Viel Hunde sind des Hasen Tod. »   Allemand.

« Many dogs soon eat up a horse. »   Anglais.

256. « Chi va caccia senza cani, torna a casa senza lepri. »
                                      Italien.

257. « Mais que tu fasses bien, les lièvres prendront les chiens. »
                                      Comédie des proverbes.

« Wann wird es geschehn ? wenn der Hase den Hund jagen wird. »
                          Proverbe lithuanien, Schleicher.

258. « A can che invecchia la volpe gli piscia adosso. »
                                      Italien.

« Co'l lovo devanta vecio, i cani ghe pissa adosso. »
                                      Vénitien.

259. « Il tuo can non piglia golpi. »   Italien, PESCETTI.

260. « J'ai bien d'autres chiens à tondre (*ou* à fouetter *ou* à étriller). »   Locution française.

« Cui nuñ havi chi fari, pettina cani. »   Sicile, PITRÉ.

261. « Chacun tond son chien comme il l'entend. »
Eugène SUE, *Atar Gull.*

262. « C'est un gentilhomme breton qui trafique sur les mers, qui vend ses chiens pour avoir du pain. »
LEROUX, *Dictionnaire comique.*

« Gentilhomme de la Beauce qui vend ses chiens pour avoir du pain. »   DUEZ.

« La faim faict mourir les chiens en Beauce. »
Glossaire de l'ancien théâtre français.

263. « Avoir pitié de quelqu'un comme d'un chien qui se casse la patte. »   BALZAC, *César Birotteau.*

« Heureux comme un chien qui se casse le nez. »
LEROUX, *Dictionnaire comique.*

264. « Tu veux faire du rencontreur, mais tu rencontres comme un chien qui a le nez cassé. »   *Comédie des proverbes.*

265. « Quand il rit les chiens se battent. »
Glossaire de l'ancien théâtre français.

266. « C'est aussi vrai comme un chien avale une hache. » Se dit d'une chose invraisemblable.   Lorient, rec. pers.

267. « .... J'en frissoune et j'en tremble quem' in chin galleux. »
CHAPELOT, *Contes balzatois.*

268. « Il fut aussi tost prest qu'un chien auroit saulté un eschalier... »   DES PÉRRIERS, *Nouvelle* XXVII.

269. « Einen Knüttel unter die Hunde werfen. = Jeter un bâton au milieu des chiens pour savoir ce qu'il en adviendra ; jeter une parole au hasard pour savoir quelque chose. »   Allemand.

270. « A otro perro con ese hueso = à d'autres, portez vos contes ailleurs. »   Espagnol.

271. « L'ommu solu u si manghianu i cani. »
Corse, MATTEI.

Cf. *Faune populaire* Tome I, p. 112.

272. « Cavalli, cani, fucili e moglie un si ne tene mai in cumunu.»
Corse, MATTEI.

273. « The dog that fetches will carry (*i. e.* a talebearer will tell tales of you as well as to you). »   Norfolk, GLYDE.

274. « Esser solo come un cane = non aver niuno in sua compagnia. »   Italien.

275. « Er kan keinen hund aus dem ofen locken = Il n'a pas plus de vigueur qu'une poule mouillée, c'est un pauvre saint. »
Allemand, POETEVIN.

276. « Une personne qui a rendu un service à quelqu'un et qui n'en a reçu aucun remerciement dit : Il ne m'a pas seulement dit *chien, es-tu bête ?* »   Paris, recueilli personnellement.

« Il nous a laissés tous sans nous dire : *es-tu chien? es-tu loup?* »
BALZAC, *Un début dans la vie.*

Cf. ci-dessus, § 159.

277. « Il mourrait bien plutôt quelque bon chien à berger. » — Se dit quand quelque misérable échappe à une maladie mortelle.
LEROUX, *Dictionnaire comique.*

278. « ... Je me suis ben fatigué pour débrider un chien... — c.-à-d. : pour ne rien faire de bon. »
Le diseur de vérités pour 1844.

279. « Als gy te laat komt zult gy de hond in de pot vinden, dan zal al 't eeten op wezen = Si vous arrivez trop tard, vous dînerez par cœur. »   Hollandais, MARIN.

280. « Every dog has his day and every man his hour. »
Anglais.

281. « Attacarsi de' cani alla coda = Farsi de' nemici. »
Italien, PESCETTI.

282. « Chien qui se roule annonce du vent ; s'il mange de l'herbe il pleuvra. »
Pronostic de la Bretagne, *Statistique de la France.*

283. « *Chien hannoné* = chien auquel on suspendait un bâton pour l'empêcher de courir. »　　　　Ancien picard, BOUTHORS.

« *Landon* = bâton qu'on suspend au col des chiens pour les empêcher de chasser. »　　　　Ancien picard, BOUTHORS.

284. « Lorsque le maître est de bonne humeur et que le chien se trouve sur son passage il lui dit quelquefois : ôte toi, chien d'ivrogne, ton maître ne boit que de l'eau, »

　　　　Comm. par M. J. POQUET.

285. « Er lügt wie ein rother Hund. » — « Er stiehlt wie ein rother Hund. »　　　　Souabe, MEDIKUS.

286. « Raro come i can gialli. »　　　　Italien.

« Spegnersi il seme, come de' cani gialli. »　　　　Italien.

« Aussi rare que les bleus thiés (chiens bleus). »

　　　　Borinage, DEJARDIN.

287. « Quant ma femme me auroyt baisé, je m'en riroye comme ung chien vert. »　　　　*Gloss. de l'ancien théâtre français.*

« Il n'y en a pas plus que de chiens verts. » Se dit d'une chose qui n'existe pas.

288. « Au jeu de cartes on appelle *chien vert* le valet de pique. »

289. « Ocouo bo coumo de tenalhos sus un co. = Cela va comme des tenailles à un chien. »　　　　Rouergue, DUVAL.

290. « Voler comme un chien de plomb. »

291. « Mi sieu amusat couma un can che trova un cascaveu de buosc. »　　　　Nice, TOSELLI.

« Er amüsirt sicht wie ein Mops im Rosengarten. »

　　　　Prusse, FRISCHBIER.

292. « Nature fait chien chasser (*var.* : trasser). »

　　　　Ancien français.

« Bon chien chasse de race. »

293. « Il n'est chasse que de vieux chiens, — il n'est châsse que de vieux saints. »　　　　*Proverbiana.*

294. « Quand les chiens se mettent à chercher des souris et les chasseurs des noisettes, adieu la chasse ! »

Prusse, Frischbier.

295. « Nos chiens ne chassent pas ensemble; c.-à-d. : nous sommes brouillés. »

296. « Invitas canes venatum ducere. »   Latin, Plaute.

« Den Hund zum Jagen tragen. »   Allemand.

297. « Vent du midi — les chiens au chenil ; — vent du nord, — les chiens dehors. »   Proverbe français.

298. VOCABULAIRE

DES TERMES DE VÉNERIE RELATIFS AUX CHIENS.

ABANDONNÉ. — Se dit d'un chien courant qui prend les devants d'une meute et qui *s'abandonne* sur la bête quand il la rencontre.

ACCOURRES (les). — Plaines entre deux bois où l'on place les chiens qui doivent coiffer l'animal au débûcher.

AGGRAVÉE. — C'est une fourbure de la plante des pattes du chien.

ALLANTS (chiens). — On nommait quelquefois ainsi autrefois les chiens courants.

ALLONGÉ OU ÉLONGÉ. — Se dit d'un chien dont le gros nerf crural par suite d'une blessure, s'est allongé, dont les doigts par conséquent s'écartent, ce qui fait qu'il ne peut plus courir aussi bien.

ALLY ! ALLY ! — Cris pour rameuter les chiens.

AMEUTER. — Assembler les chiens pour la chasse. — On dit : Les chiens sont bien *ameutés*, lorsqu'ils marchent bien ensemble.

APPUYER LES CHIENS. — Suivre toutes leurs opérations, les diriger, les animer de la trompe et de la voix.

ARRÊT. — Action du chien couchant qui s'arrête l'œil fixe, ardent, la queue raide, etc., lorsqu'il voit ou sent le gibier.

ARRÊT (faux). — Arrêt que marque le chien aux endroits où peu de temps avant, se trouvait le gibier.

ARRÊT (forcer l'). — Se dit du chien d'arrêt, qui n'attend pas le chasseur pour s'élancer sur le gibier.

ARRÊTER A PATRON. — Quand un chasseur mène plusieurs chiens d'arrêt, il est nécessaire que ceux-ci soient dressés à *arrêter à patron*, c.-à-d. : à s'arrêter tous ensemble et immédiatement lorsque l'un d'eux *tient l'arrêt*. — On dit aussi : *arrêter de confiance*.

— Lorsqu'un chien est ferme dans son arrêt, et ne le force jamais, on dit qu'*il arrête comme un pieu*.

ATTAQUE (chien d'). — Chien sur lequel on peut compter pour lever et poursuivre le gros gibier.

ATTITRER DES CHIENS FRAIS. — Placer des chiens de relais (Voy. *titre*).

AU LIT ! — Lorsqu'on veut lancer un lièvre, pour faire quêter les chiens, on emploie ces mots : *au lit ! mes chiens, au lit ! lance,* (ici le nom d'un des ch.), *lance, oh ! oh ! lance !*

AU RETOUR, CHIENS, AU RETOUR ! — Cris pour faire revenir les chiens du défaut. — On dit aussi : *ha, au retour !*

BABILLER. — Se dit d'un chien qui crie en faisant le bois.

BALANCER. — Se dit du limier qui ne tient pas la voie juste ou qui va et vient à d'autres voies.

BANDE A PART (faire). — Se dit des chiens courants qui chassent de leur côté au lieu de suivre le gros de la meute.

BARRER. — Se dit d'un chien qui balance sur les voies.

BARREUR. — Chien qni empêche ses camarades de suivre.

BASSET. — Chien courant à jambes très courtes. — Il y a des bassets à jambes torses et des bassets à jambes droites.

En italien ce chien est appelé *bassoto* ou *tassocane*, c.-à-d.: chien bon pour chasser les blaireaux. — Le nom milanais du basset est *tanin* (Banfi).

BÂTARDS. — Chiens courants sortis d'un chien normand et d'une lice anglaise ou d'un chien angl. et d'une lice normande.

BAUBI . — Chiens dressés au lièvre, au renard et au sanglier. On leur coupe presque toute la queue. Ils sont plus bas de terre et plus longs que les autres, de gorge effroyable.

Ils hurlent sur la voie. Ils ont le nez dur et le poil demi barbet. — Le mot baubis semble venir du lat. *baubari*.

BEAGLES. — Petits chiens courants bien coiffés, à longues oreilles, à formes élégantes et fines, généralement un peu bas sur jambes, le pelage habituellement tricolore; ils reproduisent en très petit les formes des chiens d'ordre.

BEAU CHASSEUR. — Chien qui crie bien dans la voie et retourne toujours la queue sur les reins.

BELLEMENT ! — Parole que l'on adresse aux chiens pour modérer leur ardeur.

BLOQUER. — Un chien bloque une perdrix, une caille, lorsqu'il la surprend, qu'il la voit. — Un chien qui bloque est un mauvais chien qui n'arrête pas (E. Blaze).

BOTTE. — La botte est un collier de cuir large de 10 à 12 cent. qu'on met au cou du limier. On attache à ce collier un cuir large que l'on nomme *plate-longe* et à laquelle est attaché le *trait* qui est une corde de crin.

BOTTE (avaler la). — C'est ôter le collier au limier.

BOURRER. — Forcer l'arrêt (Voy. *forcer l'arrêt*).

BOUTON. — *Vulva canis* (E. Blaze).

BOUTURE. — Jointure des jambes de devant des chiens de chasse.

BRICOLER. — Un chien *bricole* quand il s'écarte à droite et à gauche sans rester collé à la voie de l'animal qu'il chasse.

CHANGE (garder le). — Se dit des chiens qui chassent d'une façon suivie la bête qui leur a été donnée. — Un chien de *change* est celui qui garde bien le change.

CHANGE (prendre le). — Se dit d'un chien qui quitte son gibier pour en prendre un autre.

CHASSER DE GUEULE. — Se dit du limier qu'on laisse aboyer quand on le laisse courre.

CHATONNER. — On dit qu'un chien chatonne. lorsqu'étant près du gibier, avant de tomber en arrêt, il marche doucement, à petits pas, choisissant la place où ses pattes doivent poser (E. Blaze).

CHEMIN (chien de). — Chien capable de faire beaucoup de chemin sans se fatiguer (Acclimatation, aux annonces, *passim*).

CHOUPILLE (¹). — Chien qui n'arrête pas, mais qui quête bien et tout près du chasseur (E. Blaze).

CLABAUD. — Chien qui s'arrête à crier sur la voie sans avancer. Ce défaut se rencontre chez des chiens de toute espèce.

On définit aussi le *clabaud* : chien courant qui a de grandes oreilles pendantes (²) et qui se récrie mal à propos sur les voies.

CLATIR. — On dit que la meute clatit lorsqu'elle annonce par des cris plus rapides et plus pressés que la bête est serrée de près ou fait tête.

CLATISSEMENTS. — Cris d'une meute qui *clatit*.

CLEF DE MEUTE. — Le meilleur chien de la meute, qui relève les défauts des autres chiens accoutumés à le suivre.

COAILLER. — Se dit d'un chien qui quête en portant la queue haut.

COIFFÉ (bien). — Un chien est bien coiffé lorsqu'il a les oreilles longues et lorsqu'elles pendent avec grâce.

COLLÉ A LA VOIE. — Se dit d'un chien qui suit juste la voie.

COLLET. — « A vendre deux bassets... sous poil ras, manteau orange... *collet* et bas blancs. » Acclimatation, 27 juillet, 1879.

COLLIER DE FORCE. — Collier garni de clous dont les pointes sont en dedans et qui sert pour dresser les chiens de plaine.

CONTREPIED. — Un chien prend le contrepied lorsqu'il suit les traces à rebours.

CORNEAUX. — Chiens engendrés de chiens courants et de mâtins femelles, ou de mâtins et de lices courantes.

COUCHANTS (chiens). — On appelle ainsi les chiens de plaine parce que quelquefois ils se couchent quand ils arrêtent. Toussenel pense qu'à l'origine les premiers chiens d'arrêt ont été dressés à se coucher ainsi contre le gibier pour se laisser couvrir avec celui-ci sous le filet, moyen de chasser qu'on employait avant l'invention du fusil.

---

(1) Ce mot vient de *chou!* syllabe qui équivaut à *sus!* et de *pille!* deux exclamations pour exciter le chien à se jeter sur le gibier.

(2) « On dit figurément et familièrement d'un chapeau qui a les bords pendans, *qu'il est clabaud, qu'il fait le clabaud.* » XVIIIᵉ s. FÉRAUD.

COULER. — On dit qu'une chienne a coulé quand elle avorte peu de
temps après avoir été couverte (E. Blaze).

COULE A LI ! — On excite un chien qui entre dans un terrier de renard
en lui criant : *coule à li, coule, coule, ah ! tiens bien là, le
petit chien.*

COULEZ LES PETITS ! — Quand le lièvre est lancé on dit aux chiens :
coulez, les petits, coule, coule !

COUPER. — Un chien *coupe* lorsqu'il se sépare de la meute qui suit
la voie de la bête de chasse et retrouve cette même voie
en coupant les devants pour prendre son avantage.

COUPLER LES CHIENS. — C'est les attacher deux à deux.

COURIR SOUS L'AILE. — Se dit du chien d'arrêt qui court sus aux
perdrix aussitôt qu'elles s'enlèvent

COURTAUT (chien) (¹). — Chien auquel on a coupé la queue.

CRÉANCE (chien de). — Celui qui n'accueille point le change et en
qui le chasseur peut avoir foi.

CRIER. — Quand les chiens chassent, on ne dit pas : les chiens
aboient, on dit : *les chiens crient.*
> « On demande un ou deux chiens, *très criants*, bien
> gorgés.... »   Acclimatation, 16 novembre, 1879.

CROISER LES CHIENS. — Traverser la voie de l'animal qu'ils chassent.

DANSEUR. — Chien qui voltige et ne suit pas la voix de l'animal qu'il
chasse.

DÉCOUPLER LES CHIENS. — Les détacher l'un d'avec l'autre pour les
faire chasser.

DÉCOUSURES. — Blessures que le sanglier fait aux chiens avec ses
défenses.

DEDANS (être). — Se dit du chien qui après s'être assuré qu'il ne se
trompe pas, suit la voie avec ardeur. — On dit aussi d'un
jeune chien qui commence à chasser qu'*il est dedans.*

DÉFAUT. — Un chien est en défaut lorsqu'il a perdu la voie.

DENT DURE. — Un chien d'arrêt *a la dent dure* lorsqu'il serre trop
entre ses dents le gibier qu'on lui fait rapporter.

---

(1) On disait autrefois, je ne sais pour quelle raison : *traiter quelqu'un en chien courtaut,*
c.-à-d. : le maltraiter.

DENTÉE. — **Coup** de dent que reçoit un chien de chasse. — Si elle est cachée par le poil, on l'appelle *dentée sourde*.

DÉPLOYER LE TRAIT. — Allonger la corde de crin qui tient à la *botte* du limier.

DÉROBER LA VOIE. — Se dit d'un chien qui, allant à la tête de la meute, chasse sans crier.

DONNER. — Proprement *donner de la voix*, crier. — « A vendre un beau limier... *donnant* beaucoup quoique âgé. » Acclimatation, 28 septembre 1879.

DROIT (prendre, tenir ou avoir). — Se dit des chiens qui ne prennent pas le change.

ÉBAT (mener les chiens à l'). — C'est les promener.

EFFILER. — Il faut ménager un jeune chien qui commence à chasser si on ne veut pas *l'effiler* (c.-à-d. : nuire à sa croissance) ou le rebuter.

ENGRAVÉ (chien). — Qui s'est écorché les pattes ou déraciné les ongles.

ENLEVER LA MEUTE. — C'est lorsqu'au lieu de laisser chasser les chiens on les arrête pour les conduire par le plus court chemin sur le lieu où on a vu la bête chassée et pour les remettre sur la voie.

ENVELOPPER UN DÉFAUT. — Faire décrire aux chiens un grand cercle autour de l'endroit où la meute a cessé de crier. Si l'animal chassé est au dehors du cercle les chiens retrouvent la voie ; s'ils ne la retrouvent pas, il est dans le cercle, il faut fouler l'enceinte et relancer la bête.

ÉPOINTÉ (chien). — Celui qui a les os de la cuisse rompus.

ÉQUIPAGE. — Un *équipage* de chien pour grande chasse se compose d'une centaine de chiens divisés en *meutes* et en *relais* subdivisés en *hardes* et chaque *harde* en *couples*.

ERGOTÉ (chien). — Chien qui a un ongle de surcroît au dedans et au dessus du pied.

ESPIÉ (chien). — Celui qui a au milieu du front du poil plus grand qu'à l'ordinaire et dont les pointes se rencontrent. On dit que c'est une marque de vigueur.

ÉTRUFFÉ (chien). — Celui qui a une cuisse qui ne prend plus de nourriture ou qui est boiteux.

ÉTRANGUILLON. — Maladie de la gorge des chiens.

ÉVENTER LA VOIE. — C'est lorsqu'elle est si vive que le chien la sent sans mettre le nez à terre.

ÉVERER. — Extraire sous la langue ou au bout de la queue du chien un prétendu ver qui n'est autre chose qu'un muscle blanchâtre. — Ce faux ver passe pour être la cause efficiente soit de la *maladie* des jeunes chiens, soit de la rage [1].—Ce ver est appelé *vermocan* en milanais (Banfi).

FERME (chien). — On donne quelquefois ce nom au chien d'arrêt.

FLATTRER UN CHIEN. — Appliquer une clef rougie sur son front pour le préserver ou le guérir de la rage. C'est une habitude superstitieuse (E. Blaze).

FLEUR DE LIS. — Les dents du chien jusqu'à l'âge de deux ans sont blanches et effilées; les incisives sont aiguës et forment une pointe affectant la fleur de lis. — Dire qu'un chien *marque encore la fleur de lis*, c'est indiquer qu'il est âgé de deux ans au plus.

FOUET. — On appelle ainsi la queue des chiens de chasse.

FOUILLER. — Un chien *fouille* lorsqu'il chasse le nez à terre.

FOULER LE GIBIER. — Se dit du chien qui mordille et abîme le gibier abattu.

   « On demande un chien d'arrêt... ferme à l'arrêt, *rapportant sans fouler*... » Acclimatation, 1er juin 1879.

FOURCHET. — Abcès qui se forme entre les doigts de la patte d'un chien par suite de blessure ou foulure négligées.

FRAPPER A ROUTE. — Faire retourner les chiens pour les faire relancer le cerf.

GARDE A TOI! — Terme dont le valet de limier se sert pour parler à son chien quand il veut se rebattre.

GIGOTÉ (bien). — Se dit d'un chien qui a les cuisses rondes et les hanches larges, signes de vitesse.

---

[1] « Les chiens ont à la langue un ver appelé par les grecs lytta (rage) ; quand on l'ôte aux jeunes chiens ils ne deviennent point enragés et ne perdent jamais l'appétit. »

PLINE, trad. Littré, II, p. 313.

« Columelle (*de Re rust*. VII, 12) prétend que si quarante jours après la naissance des chiens on leur coupe la queue avec les dents et qu'on enlève la dernière articulation, avec le nerf qui y est attenant, la queue ne croit plus et les chiens ne deviennent pas enragés. »

Idem, I, p. 343.

GORGÉ (bien). — Chien qui a une belle voix.

GUEULE (chasser de). — Voy. *chasser de gueule.*

GUEULE (chaud de). — Se dit d'un chien qui *donne* beaucoup.

GUEULÉ. — Le gibier est dit *gueulé* lorsqu'il est pris par les chiens au gîte ou sortant du gîte.

HA ! IL VA LA ! — On parle ainsi au chien qui a trouvé la nuit du lièvre : *Ha ! il va là !* (ici le nom d'un des chiens), *il va là ! c'est de li, l'ami, c'est de li.*

HA, HAY'. — Lorsque les chiens tournent au change on leur crie en les arrêtant : *ha, hay' chiens, ha, hay'.*

HALENER. — Sentir le gibier.

HARDER. — Tenir plusieurs chiens couplés ensemble avec une laisse de crin.

HARLOU ! — Terme pour exciter les chiens sur la voie du loup.

HAROU•ALI ! ou HARI-OUT-ALI ! — Paroles qu'adresse le valet au chien qu'il laisse courre une bête.

HARPAILLER. — Voy. *Faune populaire.* Tome I, p. 97.

HARPAILLON. — Mauvais chien de chasse (Toussenel).

HARY ! — Par ce mot on avertit les chiens de se garer du change.

HAO ! HAO ! — Cris dont on se sert pour emmener les chiens courants, pour s'en faire suivre. — On dit aussi : *haut-à haut, à moitié à haut !*

HAUTAINE (voix). — Belle voix qui se fait entendre de loin.

HAYE ! — Cri pour arrêter le chien qui chasse et l'ôter de dessus la voie.

HERBAUT. — Chien qui se jette avec trop de violence sur le gibier.

HOUILLEAU LES CHIENS ! HOUILLEAU ! — Cris pour faire boire les chiens ou les faire aller à l'eau.

HOURAILLER. — Chasser avec des *hourets.*

HOURET. — Mauvais petit chien de chasse.

HOURVA ! — Se dit à un limier qu'on veut faire revenir dans ses voies pour se rabattre du côté opposé.

HOURVARI. — Ruse d'un animal qui, pour tromper les chiens, retourne sur ses mêmes voies. Si l'on s'en aperçoit on crie aux chiens *hourvari ! hourvari !.* — Il se forme alors dans la meute un grand mouvement de désordre, accompagné d'un grand tapage. Un certain nombre de chiens continuent à donner sur la voie, tandis que les autres plus dociles rebroussent chemin. Les piqueurs gourmandent les chiens avec bruit et distribuent à droite et à gauche de vigoureux coups de fouet qui causent des hurlements de douleur. Ajoutez à cela le bruit des fanfares et vous comprendrez pourquoi *hour-vari* est devenu dans le langage ordinaire synonyme de grand désordre, grand remue ménage.

JARRET. — Un chien a du jarret quand il chasse longtemps sans se fatiguer.

JOUIR. — Faire jouir les chiens c'est leur donner la curée ou leur laisser mordre l'animal tué.

LANCER. — Faire partir le gibier de l'endroit où il se trouve gîté. Le chien qui arrive plus rapidement et plus souvent que les autres à faire ainsi lever le gibier est appelé un *lanceur*.

LICE NOUÉE. — Chienne qui a été couverte et qui a *retenu*.

LICE PELOTÉE. — Même sens.

LIMIER. — Le limier n'est point une espèce particulière de chien. C'est ordinairement un courant normand, vigoureux et hardi dont on a fait choix pour mettre à la main d'un valet qui va détourner un animal.

Limier vient du latin *ligamen*. Cf. le vieux français *liemier*, ancien provençal *liamer*.

LIVRÉ SUR. — « A vendre deux chiens courants... *livrés sur* le lièvre, le lapin et le renard. » Acclimatation, 12 janvier 1879.

MAIN (sous la). — Un chien *chasse sous la main*, lorsque habituellement il chasse à 15 ou 20 pas de son maître (E. Blaze). — On dit aussi *chasser sous le fusil*.

MALADIE (la). — Espèce de gourme qui fait périr une grande quantité de jeunes chiens. — On l'appelle encore: *la maladie des jeunes chiens.*

MARQUER. — Un chien *marque* lorsqu'il fait de fréquents faux arrêts aux lieux où peu de temps avant se trouvait le gibier. Un jeune chien *marque* lorsqu'il commence à faire quelques arrêts mal assurés (E. Blaze).

MARTELÉE (voix). — Voix de certains chiens courants, retentissante et qui frappe l'air à intervalles égaux.

MARTRIER. — En Normandie, chien de petite espèce, dressé à la chasse des fouines et des martres.

MÂTIN. — Chien qui n'est pas de race de chasse. — On dit d'une chienne de chasse couverte par n'importe quel chien qui n'est pas de chasse, qu'elle a été *mâtinée*.

MENÉE. — On dit qu'un chien *a une belle menée* quand il chasse bien et a une belle gorge.

MENER. — Un chien *mène* une pièce, lorsqu'il suit avec ardeur la voie qu'elle vient de parcourir (E. Blaze).

METTRE BAS. — Se dit des chiens qui abandonnent la poursuite d'un animal par suite de fatigue ou de dégoût.

METTRE DEDANS. — Mettre les chiens dans la voie de tel ou tel animal, leur en donner le goût.

MEUTE. — Assemblage de plusieurs chiens dressés pour la chasse.

MEUTE VIEILLE. — Premier relais donné après la meute.

MEUTE A MORT (chasser de). — C'est chasser sans relais.

MOLETTES. — Boursouflures qui viennent aux jointures du bas des membres et du jarret des chiens.

MORDANT SUR. — « A vendre deux chiens courants... criants, *mordants sur* sanglier... » Acclimatation, 7 décembre 1879. « A vendre un chien terrier *très mordant* sur toute espèce de vermine... » Acclimatation, 7 décembre 1879.

MOUÉE. — Espèce de soupe pour les chiens, faite en partie avec le sang de la bête qu'on a chassé.

MULOTER. — Un chien *mulote*. lorsqu'il rebat ses voies, qu'il s'arrête sur tout ce qu'il rencontre, sans se rabattre.

MUT (chien). — Limier, (XVIe siècle *Maison rustique*), c'est-à-dire : chien muet. — Le limier doit rester muet la plupart du temps.

NASILLER. — Se dit d'un chien qui quête le nez à terre.

NEZ. — On dit d'un chien qui a facilement le sentiment du gibier qu'il *a du nez*, ou qu'il *a le nez fin*. — On appelle *chien de haut nez* celui qui chasse le nez haut.

ONGLÉE. — Légère excroissance de chair qui vient aux yeux des chiens.

ORDRE (chien d'). — Chien courant de belle et bonne race. — *Un bel ordre de chiens* signifie une belle espèce de chiens.

PARLER AUX CHIENS. — Lorsqu'on parle aux chiens, il faut allonger les mots, et pour ainsi dire les chanter.

PARTI SUR. — « A vendre un basset âgé de deux ans, ayant peu chassé, mais cependant *très bien parti sur* le lièvre et le lapin. » Acclimatation, 21 décembre 1879.

PATAUD. — Jeune chien à grosses pattes.

PATTES (se porter mal sur). — « A vendre une belle chienne, de race pure... mais se *portant mal sur pattes* par suite de la maladie... » Acclimatation, 10 janvier 1879.

PERCER. — Un chien perce lorsqu'il quête droit devant lui en s'éloignant de son maître (E. Blaze).

PIED. — On dit qu'un chien *a beaucoup de pied* pour dire qu'il va vite et longtemps.

    « A vendre un chien... ayant *beaucoup de pied* pour un chien français... » Acclimatation, 31 mars 1878.

    On appelle *chiens de pied* les chiens de vitesse égale et parfaitement *créancés* qui chassent en escadron serré sans jamais se désunir.

POIL (être au) ET A LA PLUME. — Se dit d'un bon chien d'arrêt qui est également bon pour le lièvre et pour la perdrix.

POIL (sous). — « A vendre une chienne... *sous poil* gris et noir... » Acclimatation, 9 février 1879.

    « A vendre un chien... *sous poil* jaune foncé... » Acclimatation, 31 août 1879.

POINTER. — Un chien *pointe* lorsqu'il parcourt la campagne au galop et s'arrête tout à coup pour former son arrêt au moment où le sentiment du gibier lui vient.

    On dit aussi qu'un chien *pointe* lorsqu'il ne fait qu'esquisser l'arrêt au lieu de le tenir ferme.

QUÊTE. — On dit d'un chien *qu'il a une belle quête, une quête brillante.* — Un chien a une *quête de loup* lorsqu'il quête en marchant droit devant lui.

QUEUE DE VIPÈRE. — « A vendre une chienne braque, race pure, *queue de vipère...* » Acclimatation, 28 septembre 1879.

RABATTRE (se). — Tomber sur la voie d'une bête qui est debout. Le chien met alors le nez à terre avec avidité et s'élance pour suivre la voie.

RACCOURCIR. — Lorsqu'un chien d'arrêt chasse loin de son maitre, qu'il s'emporte à la vue du gibier il faut le *raccourcir*, c.-à-d. : diminuer son ardeur. On y parvient avec le collier de force, quelques bonnes saccades, et enfin un coup de fusil dans les fesses.

RACÉ. — « A vendre une petite chienne bassette... *très racée...* » Acclimatation, 9 février, 1879.

REBAUDIR. — Les chiens *rebaudissent* lorsqu'ils ont la queue droite et qu'ils sentent quelque chose d'extraordinaire.

REBAUDIR LES CHIENS AVEC LE COR. — Encourager les chiens.

RECRI. — « A vendre une lice nivernaise.... chienne de *recri* remarquable... » Acclimatation, 26 mai 1878.

RÉCRIER (se). — Se dit du cri de détresse du chien a qui la bête fait tête de trop près.

REDRESSER LES CHIENS. — Les remettre sur la voie.

RELAIS. — Un certain nombre de chiens tenus en réserve pour être découplés sur la voie de l'animal.

RELAIS VOLANT. — Relais qui suit la meute pour lui porter secours.

REMONTRER. — Se dit du chien qui donne sur de vieilles voies.

RENCONTRER. — Se dit du chien qui commence à sentir la voie suivie par le gibier.

RETRAITE. — « A vendre une chienne bassette... ayant beaucoup de rappel et de *retraite...* » Acclimatation, 31 août 1879.

RIDER. — Se dit d'un chien qui chasse sans donner de voix, qui chasse à la muette.

ROMPRE LES CHIENS (1). — Courir au devant d'eux et les faire quitter ce qu'ils chassent.

RONCIER. — Fourré presque impénétrable. Beaucoup de chiens refusent *d'aller au roncier*.

ROUGE (le). — Maladie dartreuse des chiens.

---

(1) Au figuré, c'est changer brusquement de conversation.

ROULÉ. — « A vendre une chienne pointer... trapue, près de terre, *bien roulée*, avec de l'os et beaucoup de cachet... » Acclimatation, 8 juin 1879.

ROUVIEU *ou* ROUGE VIEUX. — Maladie dartreuse des chiens.

SACCADE. — Punition que l'on donne au chien qui n'obéit pas, en tirant le cordeau joint au collier de force.

SAGE (chien). — Chien qui ne s'emporte pas à la chasse.

SAINT-GERMAIN (chien de). — Espèce de chien d'arrêt.

« Le chien de Saint-Germain est grand, un peu levreté, haut sur jambes et toujours blanc-orangé sans la moindre tache noire, la tête est bien proportionnée et plutôt longue, l'œil aurore, vif et intelligent, le regard très doux, le palais rose, les oreilles bien placées et soyeuses, le nez rose ; sa robe, outre les taches oranges, prend quelquefois une légère moucheture avec l'âge. La jambe est longue, très-nerveuse, bien gigotée et la patte sèche ; les babines développées, un peu pendantes, ce qui prouve de grandes qualités olfactives, mais qui présente l'inconvénient de baver ; il quête au galop, évente de très loin, arrête haut et ferme ; sa pose est des plus gracieuses ; il rapporte bien et il est très facile à dresser. » Acclimatation, 6 octobre 1878.

SANG (près du). — « A vendre un chien noir et fauve, *près du sang...* » Acclimatation, 12 janvier 1879.

Voir aussi Acclimatation du 7 décembre 1879.

SENTIMENT. — Première odeur apportée par le vent au nez du chien.

SOLE. — Dessous des pattes du chien.

SURALLER LA VOIE. — Se dit du limier qui passe la voie sans la sentir.

TAYAU ! — Terme pour appeler les chiens sur la voie de l'animal (cerf, daim ou chevreuil) qu'on vient de voir passer. Poëtevin donne comme synonyme *taïon !*

TENIR. — On dit qu'un chien *tient bien* lorsqu'il ne se rebute pas sur la voie d'un animal.

TERRER. — C'est entrer dans le terrier pour attaquer les renards et les blaireaux. — On dit *terrer un renard, terrer un blaireau.*

TERRIER (chien). — Chien qui sert à *terrer.*

TITRE. — Place des chiens de relai. — Les chiens *sont à bon titre* quand la bête chassée va de leur côté.

TOUT BEAU ! — Mots qu'on adresse au chien de plaine pour qu'il tienne bien l'arrêt.

TOUT COI ! TOUT COI ! — Se dit à un limier qui, sur une voie de bon temps, souffle et crie.

TRACÉ. — « A vendre deux setters, prêts au dressage, issus de chiens *tracés* (¹) au Kennel club stud book... »
Acclimatation, 30 mars 1879.

TRAIN. — « A vendre un briquet de Vendée... réformé pour manque de *train*... » Acclimatation, 30 mars 1879.
« A vendre un griffon de Vendée... bon *train* garanti. »
Acclimatation, 2 février 1879.

TRAÎNEUR. — Chien qui ne suit pas le reste de la meute.

TRAIT. — Corde de crin de vingt pieds de long, attachée à la plate-longe de la botte.

VA OUTRE. — Terme pour exciter le limier à quêter.

VAUTRAIT. — Équipage de chasse pour courre le sanglier.

VAUTRER. — Chasser au sanglier avec une meute de chiens (anc. fr.).

VELCI ! VELCI ! — Quand on découple les chiens sur la voie, jusqu'à ce que la bête soit lancée on leur crie : *velci ! velci ! va avant !*

VIDER. — Un chasseur qui se respecte ne doit pas dire qu'un chien fait ses ordures, mais qu'*il se vide*.

VITE. — Un chien *vite* est un chien qui a beaucoup de pied.

VOIS-LE-CI-ALLER ! — Quand on découple les chiens sur la voie du cerf, on les appuie en criant : *vois-le-ci aller, vois-le-ci, va avant, rotte, rotte !*
Si le limier quitte le droit, il faut le retirer en criant *hourra, hourra !* et dès qu'il est revenu au droit, on crie : *vois-le-ci aller, il dit vrai, voici aller le cerf, rotte valet, rotte !* et on met une brisée en criant : *approche les chiens !*

VOL CE L'EST ! — Mots qu'on crie quand on revoit des fuites de la bête, ce qu'on connaît quand elle ouvre les quatre pieds.

______

(1) Inscrits. — C'est un néologisme (anglais *traced*).

VOIE (être dans la). — Un chien est spécialement dans la *voie* de tel ou tel gibier, c.-à-d.: qu'il chasse de préférence tel ou tel gibier.

299. « Haver sciolto i bracchi = Avoir lasché ses bracques, c.-à-d.: resver, radotter, dire des folies. » Cette comparaison vient de ce que ces chiens courent çà et là.

Italien, DUEZ.

On sait que *braque* en français signifie fou, écervelé.

300. Le chien *barbet* allant volontiers à l'eau a été appelé *canard, chien canard*, puis *caniche* (diminutif de canard). A cause de son poil frisé on l'a encore appelé *chien mouton*.

Le barbet de petite espèce a été appelé *barbichon, babichon, babiche, bichon*.

Le *bichon* tondu partout excepté au cou et à la tête a été nommé *chien-lion*.

Le mot *barbet* signifie *qui a de longs poils* (proprement *une barbe*). On le trouve comme adjectif dans la phrase suivante :

« ... deux plus beaux petits chiens du monde, blancs comme neige et barbets jusques aux pieds. »

Glossaire de l'ancien théâtre français.

Littré ne donnant pas d'*historique* aux mots *barbichon, bichon* et *doguin* (autre espèce de petit chien), je crois devoir rapporter un fragment de chanson et une chanson du XVIIe siècle dans lesquels ils figurent :

> « Foin de l'hyver et de Fanchon,
> L'autre jour cette lutine
> Me fit tuer mon pauvre barbichon
> Pour se faire une palatine. »

Recueil d'airs, Ch. BALLARD, 1697.

« Doguin disoit à Bichonne
En la léchant doucement,
Si tu voulois ma mignonne
Je deviendrais ton amant.
Mais Bichonne s'en chagrine
Et fièrement lui répond :
« Que Doguin aille à Doguine
Pour moi je suis à Bichon.

« Du mépris de cette belle
Doguin ne fait pas grand cas,
Il rode, il court après elle
Et ne se rebute pas ;
Soyez, lui dit-il, plus comode
Sommes nous gens à refus,
Les Doguins sont à la mode
Et les Bichons n'y sont plus.

« Au doigt je serois montrée
Dans ces médisants cantons,
S'il sortait de ma ventrée
D'autres chiens que des bichons.
Connait-on à la besogne,
Celuy, dit-il, qui l'a fait ?
Tel se croit chien de Bologne
Qui n'est que le fils de roquet. »

Recueil d'airs, BALLARD, 1699.

301. Locutions : « Fidèle comme un barbet (ou comme un caniche) » — « Suivre quelqu'un comme un barbet. » — « Crotté comme un barbet. » — « Se secouer comme un barbet. » — « Nager comme un barbet. »

302. « ... Moi je me donne un mal de caniche qui tourne une mécanique ([1]) et qui mérite le baptême. »

BALZAC, César Birotteau.

303. « Voilà un beau mâtin s'il voulait mordre. » Se dit à propos d'un homme capable de faire quelque chose mais qui ne veut pas s'en donner la peine.

304. « Oncques mastin n'ayma levrier. »   NUCÉRIN.

____

([1]) Autrefois on dressait certains chiens à tourner la broche.

305. « On appelle *lévriche* un lévrier de petite espèce. »

POETEVIN.

306. « Étourdi comme un jeune levron. »

« Levron = un giovanestro ignorante. »

Français, DUEZ, *Dictionnaire français-italien.*

307. « Affamé comme un jeune levron. »

308. « Poëtevin traduit *c'est un jeune levron* par l'allemand : *es ist ein junger Talmaz; Spielhänsgen.*

309. « De toutes tailles bons levriers. »

310. « De graile levriere
     Biau sault en bruiere. »
Prov. anc. fr., *Bull. de la Soc. des anc. textes fr.*, 1876, p. 83.

311. « ... Elle est jalouse comme une levrette... »

P. DE KOCK, *La famille Gogo.*

312. « On garde levrier sept ans, jusqu'à ce qu'il vienne grand neige. »   NUCÉRIN.

Dans plusieurs provinces le chien de berger est appelé *labri*, la race des chiens de bergers étant originaire de la Brie.

« Dans le Lauragais on le nomme *farou* (comm. de M. P. Fagot). »

« ... Dans un hangar où quatre grands chiens assembleurs, nommés *labris* ou *farous* étaient enchaînés... »

Quercy, CLADEL, *La fête votive.*

« Les bergers appellent *chien de garde* celui qui veille de l'autre côté du troupeau et *chien sur l'homme* celui qui veille de leur côté. — Ils nomment *cani* le chien boudeur ou paresseux, et *vanne* le chien étourdi ou maladroit. » Beauce, comm. par M. J. POQUET.

313. « *Turquet* ou *chien turc* = espèce de petit chien qui a le nez camus. »

« Camus comme un turquet. »

314. On appelle *chien chiffon* une certaine espèce de chien.

« A vendre une jolie chienne *chiffonne* blanche, oreilles et bout de la queue fauve, poil dur, âgée d'un an, taille dix-neuf centimètres. »   Acclimatation, 12 octobre 1879.

315. « On appelle *chien loup* (¹) une petite variété de chiens. Le *chien loup* (ou *loulou*) était autrefois le compagnon indispensable du conducteur de diligence.

Il y a un grand nombre d'autres variétés du genre *chien* que je passe sous silence, n'ayant rien à en dire de plus que ce qui se trouve généralement dans les dictionnaires.

II.

1. Prendre un poil du chien qui vous a mordu et l'appliquer sur la blessure, doit, selon la croyance populaire, amener la guérison.

Sur cette superstition voy. Liebrecht, *Zum Volkskunde* p. 553. Voyez aussi *Notes and Queries*, 18 septembre 1880.

Au figuré *prendre du poil de la bête qui a mordu* signifie *se venger* (²).

« La morsicatura de' cani, anche idrofobi si curano col pelo appostovi sopra, del medesimo cane, quando si riesce a strapparglielo. »
                     Superstition sicilienne, CASTELLI.

« Con la pelle del cane si sana la morditura. »
                                        Proverbe italien.

« Non mi morse mai cane, ch' io non havessi del suo pelo. »
                                 Proverbe italien, PESCETTI.

« Hundsbiss heilt Hundshaar. »   Proverbe allemand.

« Tak a hair o' the dog that bit you. »
                              Proverbe écossais, REINSBERG.

(1) Ce nom lui vient de la forme allongée de son museau. On appelle aussi *chien-loup* le métis d'un chien et d'une louve.

(2) Les ivrognes malades de la veille pour avoir trop bu disent le lendemain qu'il faut *reprendre du poil de la bête*, c.-à-d. : recommencer à boire pour faire passer le malaise.

2. Certains chiens ont l'étrange habitude d'aboyer à la lune, principalement lorsqu'elle est pleine et que d'épais nuages détachés sont fortement chassés par le vent.

Au figuré, *aboyer à la lune* signifie crier contre une personne à qui on ne peut faire de mal.

« Garder la lune des chiens, c'est faire un travail inutile. »
                              Locution française.

« La luna non cura l'abbajar de' cani. »   Proverbe italien.

« Was kümmert's den Mond, dass die Hunde bellen. »
                              Allemand.

Cf. *Faune populaire* Tome I, p. 123.

3. En naissant les petits chiens restent quelques jours sans voir clair. La légende attribue ce fait à la trop grande précipitation que met la chienne à mettre bas.

« Tant que la punaise (?) exhalera en fuyant une odeur infecte et que la levrette, pressée de mettre bas, fera des petits aveugles, on ne doit pas penser à la paix. »
                    ARISTOPHANE, *La paix* (traduction Artaud).

« La cagna frettolosa fà i catellin ciechi. »   Italien, PESCETTI.

« Cachorra apressada pare filhos cegos. »
                              Portugais, PEREYRA.

« The hasty bitch bringeth forth blind whelps. »   Anglais.

« The bitch is in a hurry only to produce blind pups. »
                    Proverbe du Bannu (Afghanistan), THORBURN.

« Eilte die Hündin nicht, so wärfe sie nicht blinde Junge. »
                              Allemand.

Cf. le proverbe italien : « La gatta frettolosa fa i mucini ciechi. »

4. « Gras coume un chein thi (= *qui*) tette sept laïsses. »
                    Deux-Sèvres, communiqué par M. B. SOUCHÉ.

5. « L'on croit que parmi les petits de chaque portée il en est un qui est le favori de la mère ; que pour le reconnaître il suffit d'enlever les nourrissons de leur couche et d'observer quel est celui

d'entre eux qu'elle y rapporte le premier ; celui-ci serait, dit-on, le préféré. Cela me parait d'autant moins problable que la chienne semble les soigner tous avec la même tendresse. »

BREHM, *La vie des animaux* (traduction).

« Optimus in fetu, qui novissimus cernere incipit, aut quem primum fert in cubile feta. »   PLINE (édition Littré), VIII, 62.

« Noch jetzt nehmen manche liebhaber der hündin die jungen, legen sie in einiger entfernung nieder, und halten das für das beste welches von ihr zuerst in's lager zurückgetragen wird. »

LENZ, *Zoologie der alten Gr. und Römer*, p. 101.

6. « En qu Diou vou ben, la trujo fa de cadeous. »

Proverbe provençal, REINSBERG.

« A quien Dios quiere bien, la perra le pare puercos. »

Espagnol.

« Whom God loves, his bitch bringeth forth pigs. »

Proverbe anglais.

7. « When the master is in bad luck, the watch-dog will be half asleep. »   Bannu, THORBURN.

« The man whom God disgraces is bitten by a dog from the back of a camel. »

Ce dernier proverbe est commun à l'Inde, à la Perse et à l'Afghanistan (Thorburn).

8. « Que démoro on lous cos bol aprené o joppa. = Qui demeure avec les chiens veut apprendre à aboyer. »   Rouergue, DUVAL.

« Wer sich für einen Hund ausgieht musz wie ein Hund bellen. »

Allemand (1).

« If you assume the disguise of a dog, you must bark. »

Proverbe telugu, CARR.

Cf. *Faune populaire* Tome I, p. 119.

9. « What ! keep a dog and bark myself. »   Anglais.

« Beveel 'ge honden, en blaf zelf. »   Hollandais.

(1) On trouve le même proverbe en lithuanien.

« The Reddi fed his dog like as a horse and barked himself. »
Ce proverbe s'applique à ceux qui payent un serviteur des prix
extravagants et qui malgré cela font tout l'ouvrage eux-mêmes.

Proverbe telugu, CARR.

10. « Mentre il cane si gratta (*o piscia, o bada*) la lepre se ne
và. »　　　　　　　　　　　Proverbe italien.

« Mentre che il can caca, il lupo fuge. »　　Italien, PESCETTI.

« Mentre che il can abbaia, il lupo si pasce. »　Italien, PESCETTI.

« Avanti ca lu cani caca, la vurpi si marita. »　Sicile, PITRÈ.

« Hätte der hund nicht gesch... so hätte er den hasen gefangen. »
Proverbe lithuanien, SCHLEICHER.

« Eh' de hund schött, öss de has' längst äwer alle barg. »
Prusse, FRISCHBIER.

« The moment the hare started up, the dog began to ease himself. »
Bannu, THORBURN.

Cf. *Faune populaire* Tome I, p. 121.

11. « Man muss den Hund nicht füttern wenn der Wolf schon
im Dorfe ist. »　　　　　　　Prusse, FRISCHBIER.

« Es ist keine Zeit die Hunde zu füttern wenn der Wolf Hunger
hat. »　　　　　　　　　　Lithuanien, SCHLEICHER.

12. « Ça veut être un loup et ça a une queue de chien. »
TOURGUENEFF, *Scènes de la vie russe.*

13. « Celui qui emmaillotte le loup sera aboyé par le chien. »
Proverbe wolof, DARD.

14. « Chi col lupo va all' offerto tenga il can sotto il mantello. »
Proverbe italien.

Cf. *Faune populaire* Tome I, p. 119.

15. « Il can di Mariano, andò per pigliar il lupo e'l lupo prese
lui. »　　　　　　　　　　Proverbe italien, PESCETTI.

16. « Chanceux comme le chien de Brisquet, qui n'alla qu'une
fois au bois et que le loup mangea. »
Proverbe ancien français.

17. A une personne qui se trouve choquée d'être
regardée on répond :

« Un chien regarde bien un évêque. »   Proverbe français.

« Un chien regarda bien un évêque et lui pissa à la jambe. »
Proverbe français, Dict. LAROUSSE.

« Een hond kykt een bisschop wel na de myter. »
Hollandais, MARIN.

« Ki eur c'higer a zell euz eun aotrou. = Chien de boucher regarde seigneur. »   Finistère, com. par M. L. F. SAUVÉ.

Cf. « A cat may look at a king
And surely I may look at an ugly thing. »
Said in derision by a child to another child who complains of being stared at.
HALLIWELL, p. 271.

«On stron rwaite bin one évêque (Un étron regarde bien un évêque.) »
Wallon, DEJARDIN.

18. « Il ressemble au chien du jardinier qui ne mange pas de choux et qui ne veut pas que les autres en mangent. »
Proverbe français.

Ce proverbe se trouve identiquement semblable en italien, en espagnol, en portugais, en anglais et en hollandais.

« Can dell' ortolano, non mangia la lattuga, e non la lascia mangiare a gli altri. »   Italien.

« Quello è simile al cane guardiano delle cipolle. » Si dice d'uno che non potendo approffittarsi, non permette ad altri che si approffittino.   Proverbe arabe maltais, VASSALLI.

« Lo gos del hortolà, ni rocéga el hos, nil deixa rocégar. »
Proverbe valencien, REINSBERG.

« Lo gos del hortolà que no lladra, ni dexa lladrar. »
Proverbe catalan, REINSBERG.

« Like a dog in the manger, you 'll not eat yourself, nor let the horse eat. »   Proverbe anglais.

« Hij slacht den hond, die op het hooi lag ; hij mogt het zelf niet en wilde niet toelaten, dat de os het at. »   Proverbe hollandais.

19. « Contrairy as Wood's dog, that wouldn't go out nor yet stop at home. »
Proverbe anglais, *Notes and Queries*, 28 août 1880.

20. « Il n'est si bonne société qui ne se quitte, disait le roi Dagobert à son chien, en le lançant par dessus le parapet de la passerelle de Saint-Denis. »

Victor Azam, *La chaîne parisienne*. Paris, 1863, p. 80.

« Il n'est pas de bons amis qui ne se quittent, disait le marquis de Loze en jetant ses chiens dans l'eau. »

Jules Claretie, *L'incendie de la Birague*, 1865.

21. « C'est comme le chien de Jean de Nivelle — qui s'enfuit quand on l'appelle. » Proverbe français.

« Quand je les vois, je fais comme le chien de Cadet-Roussel, quand ils viennent d'un côté je vais de l'autre.... »

Le Diseur de vérités pour 1844.

22. « Lou caa de Truque Martère — que respoun quoand arres nou l'apère. = Le chien de Truque Martère répond lorsque personne ne l'appelle. » Proverbe béarnais, Lespy.

23. « ... Lesquels s'en alloient, la porte leur estant fermée au nez, chacun où il pouvait, comme les chiens d'Audibon... »

Noël du Fail, édition Assézat, II, 97.

24. « Come il cane di Butrione, che s'appiccava a chi havea miglior mantello. = Comme le chien de Butrion, s'attacher au mieux vêtu. » Italien, Pescetti.

25. « You are as proud as a gardener's dog with a nosegay tied to his tail. » Yorkshire, *Notes and Queries*, 6 nov. 1880.

26. « As lazy as Ludlam's dog, which leaned its head against the wall to bark. » Proverbe anglais, J. C. H. *Slang dict.*

27. « Fo coumo lou co de Nobis, quond lou loup es portit, derrabo lous bouissous. » = Il fait comme le chien de Nobis (nom d'un village) quand le loup est parti, il arrache les buissons.

Rouergue, Duval.

28. « E più dotto che' l can del Quagliera che havea mangiato un sacco di scritture. » Italien, Pescetti.

29. « Il can del Cogno, che volea dar del naso per tutto (qui voulait fourrer son nez partout). » Italien, Pescetti.

30. « Far can di peducciaio, dare in budella = faire comme le chien du tripier, donner dans les boyaux, c.-à-d. : dire des sottises, ne dire que du vent. »   Italien, DUEZ.

31. « Dir come disse il cane alla broda, tal'è qual'è = dire comme le chien, du bouillon, prenez le tel qu'il est. »   Italien, DUEZ.

32. « Vous êtes comme le chien du maréchal que le bruit des casserolles réveille et qui dort sous la forge. »
                    BALZAC, *Pierrette.*

33. « Plus fol que chien qui aboye à ses soupes, les cuidant par ce refroidir. »   Ancien français, LITTRÉ.

34. « ... Ces gas là ont de la conscience comme la chienne à Friquet qui mangeait le beurre à son maître en gardant la maison... »
                    Le Diseur de vérités pour 1844.

35. « Er ist darum gekommen wie Michel um den Hund. »
                    Allemand, MEDIKUS.

36. « Sous ombre d'asne le chien entre au moulin. »
                    Proverbe français, NUCÉRIN.

37. « Quand la lune est brouillée, avec un chien tu peux monter à cheval. »   Proverbe mongol, ROCHET.

38. « D'un méchant chien même une poignée de poils (peut être utile). »   Proverbe russe, POUCHKINE. *La fille du capitaine.*

39. « Un chien mort vaut encore quelque chose. »
                    BALZAC, *Les dernières incarnations de Vautrin.*

40. « Voilà le chien, c.-à-d. : voilà la difficulté. »
                    L. RIGAUD.

« Da liegt der hund begraben = c'est là le nœud de l'affaire, le principal. »   Allemand.

Cf. *Faune populaire* Tome I, p. 85.

41. « Tigue mouri, chiens prend pays. » Le tigre meurt, les chiens occupent le gouvernement.   Proverbe créole, TURIAULT.

42. « Mettre des levriers à courir après les lièvres d'autrui = A menteur, menteur et demi. »   Breton, SAUVÉ.

« Er lügt wie der hund laüft. »   Allemand.

« Er lügt wi en (*ein*) Rohrspatz (*Wachtelhund*) »

Suisse, REINSBERG.

43. « C'est le petit chien rouge qui l'a mordu, mais ça ne tache pas la famille et ça ne fait pas mourir. » — Se dit de quelqu'un qui est ivre.   Poitou, P. CAILLET, *Michelle*, p. 212.

« Morso da un can negro = ivre. »   Italien, DUEZ.

« Votre chien m'a mordu = mi sono imbriacato col vostro vino. »

Français, DUEZ.

L'eau-de-vie dans le bas langage est quelquefois appelée *du chien* ou *du sacré chien*.

44. « Quand la gelée a séché les rues, on dit que *les chiens ont mangé les crottes* (var. : *la boue*). »

Nord, Est et Ouest de la France.

45. « Des Hundes Stimme geht nicht bis in den Himmel. »

Proverbe lithuanien, SCHLEICHER.

« Eens honds bede kwam niet ten hemel. »   Hollandais.

46. « Jeter sa langue au chien, c'est renoncer à deviner quelque chose. »   Locution française.

47. « On dit à une personne qui a une grosse toux : Tiens, il parait que vous avez attrapé la toux que les chiens ont en été. »

Lorient, recueilli personnellement.

48. « On croit faire passer le lait aux chiennes en attachant à leur cou des morceaux de liège ou du persil. »

Superstition générale en France.

49. Certains chiens poussent des hurlements quand l'odorat leur apprend qu'il y a un moribond ou un mort dans la maison. La superstition s'est naturellement emparée de ce fait :

« On croit généralement que les longs hurlements des chiens sont un présage de malheur ou de mort. »

« Most people believe that when the animal howls without apparent cause in the neighbourhood of a house, it forebodes death to one of the inmates. For the dog, they say, can distinguish the awful form of Azrael, the angel of death, hovering over the doomed abode, whereas man's spiritual sight is dull and dim by reason of his sins. »

Superstition de l'Hedjaz, R. Burton, *A pilgrimage to Mecca.*

50. « Les morts apparaissent quelquefois sur la place publique pendant la nuit, dans leur bière entourée de cierges. On voit toujours en ce cas, le chien du défunt à côté du cercueil. Cette vision s'évanouit aussitôt qu'on en approche. »

Corse.

51. « Wenn der hund an den himmel hinaufbellt, so brennt es irgendwo. »

Basse Autriche, *Zeitsch. f. d. d. Myth.* Tome IV, 29.

« Heult ein Hund, so bricht in der Verwandtschaft Feuer aus. »

Canton de Berne, Rothenbach, p. 40.

52. « La rencontre fortuite d'un chien annonce l'arrivée prochaine d'une personne aimée ou le rétablissement d'un malade auquel on s'intéresse. »   *Le Chroniqueur du Périgord*, 1853, p. 83.

« Un chien qui se met à suivre quelqu'un qui ne le connait pas, présage pour celui-ci bonheur et richesse. »   Chine, Dennys.

« La *manola* (femme du peuple de Madrid) croit la rencontre d'un chien noir de bon augure, funeste celle d'un chien roux. »

Dembrowski, *Deux ans en Espagne*, p. 41.

« Anche il cane nero, quando entra in casa, si accoglie di buon animo con le parole : *cani nivuru, pruvidenza !* »

Sicile, Castelli.

.53. « Ami fidèle de son maître le chien se réveille trois fois par nuit pour veiller sur lui, tandis que le chat se réveille trois fois pour l'étrangler. »   Creuse, com. par M. F. Vincent.

54. « The ghosts of dogs occasionally walk abroad, unheard, unseen, except by their own species. »

West Sussex, Mis Latham.

« Wenn die Hunde bei Nacht an einem gewissen Ort anhaltend heulen, so geht dort ein Gespenst. »

Canton de Berne, Rothenbach, p. 40.

Heulen die Hunde, so erblicken sie den Todesengel; bellen sie, so sehen sie den Propheten Elias; cf. Nork, *Mytholog. Wörterbuch.* Art. *Hund.* »

Superstition tamuldique, LEWYSOHN, *Zoologie des Talmuds.*

55. Jurons : « Sacré nom d'un chien! — Sacré chien ! — Nom d'un mâtin! — Mâtin ! — Ah bigre! Ah chien! »

« ... Vous pleurez ! qu'est-ce qu'on vous a fait, carcasse de chien!»
Juron des marins, ALEXIS BOUVIER, *La femme du mort.*

« ... Carcan de chien ! faut-il que les hommes soient bêtes de s'attacher à ces choses là. »
Juron des marins, ALEXIS BOUVIER, *La femme du mort.*

Socrate, selon Platon, avait l'habitude de jurer : νὴ τὸν κύνα ou μὰ τὸν κύνα.

56. « Les Kabyles combattent le *thaïlalt*, maladie particulière au figuier, en enterrant dans le verger attaqué la première portée d'une chienne. Ce sacrifice est accompagné de cette conjuration : « ô thaïlalt, ne reviens plus tuer nos figuiers et je n'enterrerai plus de chiens. »
HANOTEAU, *La Kabylie et les coutumes kabyles*, I, 441.

Dans l'Inde moderne, pour obtenir la guérison d'un malade, sa famille offre un chien en sacrifice et le mange. Voy. *Journal of the Asiatic Society of Bengal* 1865, p. 229.

57. « Chaque fois qu'on trouve les débris d'un malheureux chien dévoré, on attribue ce méfait au loup-garou auquel on suppose une haine particulière pour la race canine. »
Creuse, com. par M. F. VINCENT.

Cf. Amélie Bosquet, *La Normandie merveilleuse*, p. 215.

58. « La chasse *hèle chien* est une prétendue chasse aérienne que l'on entend passer dans les nuits d'été. Les chiens qui y prennent part *jappent* et *n'aboient* pas. »
Manche, comm. par M. J. FLEURY.

On verra dans un ouvrage que je publierai plus tard, *Les dieux et les héros populaires de la France,* le rôle que jouent les chiens dans la *chasse infernale*. Dans le même volume il sera question du *diable* prenant entre autres formes celle d'un *chien noir*.

59. « Sur la foi de leurs popes, les grecs croient que les arméniens adorent un chien noir enfermé dans le tabernacle. Je l'ai entendu dire, et de mes propres oreilles, par un paysan moldave. »

Dr E. LÉGER, *Trois mois de séjour en Moldavie*. 1860.

60. « Dans l'Ain, les bergères croient conjurer l'orage en le menaçant des quatre vingts chiens de saint Martin :

Nielles,

Nielles,

Sarrazênes,

Garove de meu commeune,

Vtta monche de san Martin,

Avouè sou quatro-vingt cheins »

. . . .

L'HÉRITIER, *Veillées allemandes* (traduct. des frères Grimm). Introduction, p. 42.

61. « La *levrette* est un animal fantastique qui, sous la forme d'un grand chien blanc efflanqué, rôde pendant la nuit autour des bergeries. Les coups de fusil ne peuvent l'atteindre à moins que les balles ne soient bénites d'une certaine façon. »

Centre, JAUBERT.

Dans le coin d'un champ, près du menhir du Perrain, situé au sud de la petite ville de Bain (Ille-et-Vilaine), l'on voit trois énormes blocs de quartz qui ressemblent à des tombeaux. Il existe dessous des cavités, dissimulées par des fougères et des cailloux, qui servent de demeure, disent les paysans, à *la levrette blanche*.

Cette levrette blanche est un animal qui a toujours habité la contrée mais qu'on ne voit que la nuit. Il parcourt les sentiers des landes et des champs avec une vitesse incroyable, va dans les villages, glisse son museau sous les portes des étables et glace de terreur le bétail qui ne cesse de se plaindre jusqu'au lever du jour. Son plaisir surtout est de jouer des tours aux bonnes gens qui se sont attardés dans les marchés et les foires. Il les jette par terre lorsqu'ils franchissent les échaliers, ou se glisse entre leurs jambes et les porte ainsi sur son dos quelques mètres puis les jette brutalement dans une haie d'ajoncs ou d'épines. Le lendemain on les reconnaît à leur figure encore blême de peur et déchirée par les ronces. »

Superstition rec. à Bain (Ille-et-Vilaine) par M. Adolphe ORAIN.

« La *grande queue* est une espèce de chien qui, comme le loup garou, court les champs, mais qui a l'usage de la parole et dont la queue est démesurée. »   Noirmoutier, PIET, 1806. p. 435.

«Le *pisturagenhond* a le pouvoir de prendre toutes sortes de formes; ne faisant de mal à personne, il se contente de suivre le chemin qu'on prend et disparaît tout à coup pour reparaître plus loin. »

Pays flamands, Jules HUYTTENS, *Messager des sciences hist. de Gand*, 1860.

Sur les chiens fantômes dans le Norfolk, voy. Glyde, *Norfolk Garland*, p. 65.

62. « Les trésors cachés appartiennent au diable dès qu'il y a plus d'un an que l'argent est enterré. Ils sont gardés par des *chiens noirs*…. Quelquefois le chien qui en a la garde se rend le soir chez quelque habitant ; si celui-ci lui donne à manger et lui laisse une entière liberté, ce chien finira par parler, conduira au lieu où est le trésor, la personne privilégiée et lui dira de le lever sans qu'il lui en arrive aucun mal. »

Normandie, LEFILLASTRE, *Superstitions de Bricquebec*.

Souvestre, dans les *Derniers paysans* parle *d'un chien de terre* préposé par les fantômes à la garde des trésors.

Le mot bavarois *hund* signifiant *trésor caché* se rattache à cette superstition. Voyez pour les exemples et l'explication du terme, le *Dictionnaire Grimm*, vol. IV, col. 1919.

63. — LA PROCESSION DES ABOYEUSES A JOSSELIN (près Auray), BRETAGNE, LE LUNDI DE LA PENTECÔTE ET LE 15 AOUT.

« La Sainte Vierge, sous les traits d'une pauvre femme passait un jour devant une fontaine. Là, quelques Bretonnes lavaient leur linge. Le chien se mit à poursuivre avec de terribles aboiements la bonne vieille qui était toute couverte de haillons. Celle-ci effrayée supplie les laveuses de calmer ce chien qui la menace, mais les dures Bretonnes ne tiennent pas compte de ses prières, loin de là, elles excitent le méchant animal à mordre la mendiante. Alors la pauvre vieille saisie d'indignation, leur annonce qu'en punition de leur cruauté elles et les filles de leur postérité seront réduites à certaines époques à aboyer comme des chiens. — On assure que depuis ce temps, la malédiction se réalise. Les laveuses coupables furent les premières victimes. Après elles leurs filles, de génération en génération, sont atteintes de temps en temps d'une affreuse maladie qui leur fait pousser des aboiements. On les amène à la Vierge de Josselin. Ce n'est pas sans peine qu'on fait approcher les aboyeuses de la sainte image. Il faut les y conduire et souvent même les y porter. Malgré leur résistance et leurs cris, on les place devant la statue, on leur en fait baiser les pieds, une, deux, trois fois, jusqu'à ce qu'elles soient guéries. Leur guérison s'annonce par un épuisement, une prostration qui ressemble à la mort. Tantôt il n'y en a que deux ou trois ; tantôt elle sont jusqu'à dix ou quinze. »

Mme BARBÉ, La Bretagne.

C. Jeannel rapporte les mêmes faits dans *Les aboyeuses de Josselin*. Rennes, 1855, in-8°. L'auteur de cette brochure a vu lui même des aboyeuses amenées de force à l'autel, et il décrit les scènes qui s'ensuivaient. Il déclare croire à la bonne foi des malades. Il s'agit là sans doute d'une maladie nerveuse contagieuse par l'exemple.

M. Richard Andree (*Ethnographische Parallelen*, p. 79), mentionne une maladie analogue particulière à l'Abyssinie. Les individus atteints de cette affection marchent à quatre pattes et poussent des cris qui ressemblent aux hurlements de la hyène.

64. « Le chien est quelquefois un homme métamorphosé en animal par quelque magicien. Un chien inconnu s'était habitué à venir dans une ferme, il allait se chauffer au coin du feu et recevait une pâtée. Cependant sa présence importuna le maitre de la maison qui le chassa à coups de pied. Le chien se tourna vers lui et lui dit : « *ah! mon père, si vous saviez qui je suis, vous ne seriez pas si dur pour moi.* » Ce chien était un fils de la maison qui avait disparu du pays quelque temps auparant et qu'on croyait en

voyage. Il avait été curieux de lire dans un livre bizarre qui s'était trouvé sous sa main et s'était senti métamorphosé en chien. »

Manche, com. par M. J. FLEURY.

65. « Dans le conte LIV de la collection Cosquin, un homme et une femme mariés depuis dix ans n'ayant jamais eu d'enfants désirent vivement en avoir un. Une fée rencontre le mari et lui conseille de se faire mordre par un chien. Il se fait mordre à la main et au bout de neuf mois sa femme lui donne un fils. » La suite du conte n'a guère de rapport avec cet étrange préambule.

66. Un conte suisse de Lütolf, § 115, explique pourquoi le chien porte la queue basse quand on le chasse. — Voy. dans *Zeitsch. f. d. d. Myth.* I, 225 et 460; II, 16, des contes qui expliquent pourquoi les chiens se flairent réciproquement quand ils se rencontrent.

67. Voyez dans le même recueil, I, 224; II, 16, l'origine de la haine qui existe entre chiens et chats. — Le même sujet est traité dans Wenzig, p. 44, et dans Strackerjan, II, 88.

68. Dans certains contes on demande à quelqu'un d'amener son meilleur ami et son pire ennemi. Il amène son chien et sa femme. Sur ce cycle de contes, voy. un travail très complet de Mussafia, *Ueber eine altfranzösische handschrift der k. universitätsbibliothek zu Pavia.* Wien, 1870.

69. Sur le chien fidèle qui a sauvé un enfant au berceau (en tuant un serpent prêt à le dévorer) et qui arrivant tout sanglant près de son maitre est mis à mort par celui-ci dans un mouvement de colère irréfléchi, voy. *Revue critique*, 1872, 1er semestre, p. 6.

70. Sur la fable de Lafontaine, *Le chien qui secoue des perles*, voy. *Romania*, 1879, p. 636.

71. Sur les chiens considérés comme les ancêtres du genre humain, ou d'une nation ou d'une famille, voy. Liebrecht, *Zur Volkskunde*, p. 19 et suivantes.

72. Dans un conte de l'Oberland, deux amants sont maudits à cause de leur impiété. Par suite de cette malédiction le pays verdoyant qu'ils habitent est changé subitement en une mer de glace. Mais auparavant les hommes et les animaux obéissant à un signal mystérieux ont abandonné à temps le lieu de la catastrophe. Seuls les deux jeunes gens, avec leur vache et leur chien ont été engloutis.

« Dans les jours d'orage, on entend le mugissement distinct d'une vache, les hurlements plaintifs d'un chien et des cris effarés d'homme et de femme ! « Au secours ! au secours ! venez traire la vache qui me poursuit ! venez appâter le chien qui me met en pièces ! » C'est un supplice d'éternelle angoisse. Il est dit que si quelque courageux mortel osait s'aventurer à traire la vache et à museler le chien, les deux amants revivraient une seconde vie et la montagne revêtirait à nouveau sa robe de verdure. »

Voy. ARMENGAUD, *Escapades d'un homme sérieux.*
Paris, 1861, p. 79 et ss.

73. « Saint Roch étant retiré dans le désert, le chien d'un gentilhomme voisin, nommé Gothard, pourvut à ses besoins en lui apportant chaque jour un morceau de pain pris sur la table de son maître. Celui-ci eut un jour la curiosité de le suivre. L'animal se dirigea vers l'ermitage de saint Roch et lui remit le pain en inclinant respectueusement la tête. Le saint accepta cette offrande et bénit le chien. Gothard touché de ce spectacle renonça à la vie mondaine et se fit ermite. »

Ce chien est devenu célèbre comme compagnon obligé de saint Roch.

On dit de deux personnes qui ne se quittent pas : *C'est saint Roch et son chien.*

Les étymologistes pensent que le mot *roquet* vient de là. On aura appelé plaisamment un petit chien accompagnant toujours son maître, le petit Roch.

74. « La tradition arabe nous apprend que le chien qui a veillé sur le sommeil des *Sept dormants* s'appelait *Qitmir* et qu'en récom-

pense de son zèle il a obtenu une place au ciel... Le mot *qitmir*
figure souvent comme emblème de sûreté sur l'enveloppe des lettres
que les musulmans s'adressent entre eux. »

PIHAN, Zoologie du Coran.

75. « A la Brède, l'usage existe encore de berner les chiens le
lendemain de la fête locale, de les lancer ensuite verticalement à
perte de vue, souvent jusqu'à ce que mort s'ensuive. Ce jour là,
malheur à tous les chiens qui se trouvent dans les rues... »

L'abbé BEAUREIN, Variétés bordelaises.

« ... Ayant bien étendu Sancho sur la couverture, ils commen-
cèrent à le faire sauter en l'air, se jouant de lui comme on fait
d'un chien au temps du carnaval... »   CERVANTÈS, *Don Quichote.*

76. « Dans les histoires facétieuses de M. de Crac, on raconte
qu'il alla un jour à la chasse avec un seigneur son voisin. Leurs
chiens s'étant pris de querelle, ils voulurent les séparer mais quand
ils arrivèrent, il était trop tard, les deux chiens s'étaient entre-
dévorés, il ne restait plus que les queues. »

77. « A Paris, les gamins des rues jouent à courir les uns après
les autres. Celui *qui y est* est harcelé par ces cris : ►*ah ! la mère
caniche !* Le premier qu'il prend le remplace. »

LE CHIEN ENRAGÉ.

I.

1. Le chien atteint de la rage est appelé :

CHIEN ENRAGÉ, français.

CHIEN FOU, CHIEN GÂTÉ (¹), CHÉTI CHIEN, CHIEN MAUVAIS, différentes
  provinces.

GOUS FOLH, Lauragais.

TCHI FÔ, Saint-Urcize, *Romania*, VIII, 405.

TCHO FOR, Saint-Flour, *Romania*, VIII, 405.

CHIEN MALADE, Allier, com. par M. E. Olivier.

CA ROUYOUS, Bagnères-de-Bigorre.

2. On appelle *rage mue* (c.-à-d. muette) ou *rage
endormie* une certaine forme de la rage. Le chien atteint

(1) Cf. *can guasto*, italien.

de cette maladie n'aboie pas, peut à peine mordre, n'a aucune vivacité, ne mange pas et s'éteint bientôt de consomption.

« En Bretagne, la rage est appelée : drouk sant Weltas, drouk sant Huber, drouk sant Tujan, c.-à-d. : maladie de St Weltas, ou de St Hubert, ou de St Tujan. »   Troude, *Dict. breton.*

« Game = la rage. — Habin gamé = chien enragé. »
                                   Argot, Halbert d'Angers.

3. « On crie : *guette au chien malade !* à l'approche d'un chien enragé. »   Centre, Jaubert.

4. « Etre maigre comme un chien fou. »

5. « Chien enragé ne peut longuement vivre. »   Nucérin.

6. « ... La rage me puisse enrager si jamais...» Forme de serment, dans un document de 1629.
          Mém. de la comm. arch. de la Haute-Saône, 1864, p. 39.

II.

1. « Un individu mordu par un chien *en santé* a grande chance d'enrager si le chien devient lui même plus tard hydrophobe. »
          Deux-Sèvres, Leo Desaivre. *Bull. Soc. stat. des Deux-Sèvres,* 1877.

La même croyance existe en Écosse, selon M. Walter Gregor, *Animal superstitions.*

2. « Les chiens éperonnez ne sont points sujets à la rage. »
                              Marin, *Dict. français-hollandais.*

3. « Certains chasseurs ne gardent chez eux que des chiennes, prétendant qu'elles ne sont pas comme les chiens mâles, sujettes à la rage. »   Comm. par M. Sylvain Ebrard.

4. « Pourquoy celuy qui est mordu du chien enragé semble voir le chien dans l'eau ? »   L. Joubert, 1600.

« Toute personne mordue par un chien enragé, qui veut être fixée sur son sort, n'a qu'à se rendre à la fontaine de saint Ségal, dans la commune de ce nom, arrondissement de Châteaulin. Voit-elle, dans les eaux limpides de la piscine, le chien qui l'a mordue, elle n'a rien à redouter; ne le voit elle pas, elle mourra à bref délai de la rage. »   Comm. par M. L. F. SAUVÉ.

5. « Les femmes ne coulent jamais la lessive le vendredi, de peur que si elles étaient mordues par un *chien fou* le mal ne soit incurable. L'évangile de saint Jean récité à jeun, préservatif ordinaire de cet accident n'a plus en ce cas aucune efficacité. Les guérisseurs de paroles se déclarent alors incapables et n'entreprennent pas la guérison. »   Beauce, comm. par M. J. POQUET.

« Il ne faut pas commencer la lessive un vendredi, si l'on ne veut pas être mordu dans le courant de l'année par un chien fou. »
              Canton d'Auneau (Eure-et-Loir), rec. personnellement.

6. « Donner du pain chaud à un chien peut le faire devenir enragé. »   Deux-Sèvres, comm. par M. B. SOUCHÉ.

7. « Hydrophobia is rare, and the people have many superstitions about it. They suppose that a bit of meat falls from the sky, and that a dog eating it goes mad. »
              Hedjaz, R. BURTON, *A pilgrimage to Mecca.*

8. « When a man is bitten, they shut him up with food, in a solitary chamber, for four days, and that if at the end of that time he stills howls like a dog, they expel the *ghul* (devil) from him, by pouring over him boiling water mixed with ashes. »
              Hedjaz, R. BURTON, *A pilgrimage to Mecca.*

9. « Dans l'Oise on va au *Gallet* pour guérir de la rage. Là, entre autres choses on vous donne une omelette au lard. »
              Gazette de santé, 1833, p. 277.

« A Orbec (Calvados) le remède contre la rage consiste en une omelette dont la composition est tenue secrète. »
              Gazette de santé, 1834, p. 88.

« Dans le Loir-et-Cher on emploie le remède suivant contre la rage : On hache très finement des pieds de la plante appelée *corne de cerf* (plantago coronopus) qu'on jette dans des œufs bien battus; on y met ensuite de la poudre provenant d'une vieille poutre de chêne. Ce mélange forme une omelette qu'il suffit de manger pour être guéri. »   Comm. par M. H. PELLETIER,

« A Saint-Mammès (Seine-et-Marne) il y avait autrefois une chapelle sous l'invocation de saint Mammès et saint Julien, où l'on venait en pélérinage pour se guérir de la rage. Les chiens, assurait-on, s'y rendaient d'eux mêmes, y faisaient trois tours, s'assoupissaient quelques instants, puis se réveillaient guéris. »

FOURTIER, *Dictons de Seine-et-Marne.*

10. « Le septième fils d'une famille, sans interruption de filles, né du même père et de la même mère a le pouvoir de guérir les morsures faites par les chiens enragés ou d'empêcher la rage de se déclarer. On l'appelle *salutador*; on assure qu'il a une marque distinctive au palais de la bouche, comme une croix ou une fleur de lis... »

Les *salutadors* se trouvent dans les Pyrénées-Orientales, les pays basques, et le nord de l'Espagne.

On trouvera des détails sur ces guérisseurs dans les *Mémoires de la Soc. agr. scient. et litt. des Pyrénées-Orientales.* Perpignan, 1866, pp. 117-119.

11. « Dès qu'une personne se croit infectée de la rage, elle se rend à Saint-Hubert ([1]); si elle a été mordue *à sang* par un animal enragé, elle subit l'opération qu'on appelle la *Taille*; si elle n'a pas été mordue à sang elle reçoit le *Répit*. Après quoi la personne retourne chez elle, accomplit une neuvaine. Elle est assurée de sa guérison. Voici comment se fait la *Taille* : L'aumônier fait une incision au front de la personne qui a été mordue; l'épiderme étant légèrement soulevé à l'aide d'un poinçon, il introduit dans l'incision une parcelle exiguë de l'étoffe de la Sainte-Étole, et l'y maintient à l'aide d'un bandeau de toile noire, qui doit être porté pendant neuf jours, c.-à-d.: pendant une neuvaine qui est prescrite à saint Hubert. Cette personne doit observer les articles suivants : « 1º Elle doit se confesser et communier sous la conduite d'un prudent confesseur qui peut en dispenser ; 2º elle doit coucher seule en draps blancs et nets, ou bien toute vêtue lorsque les draps ne sont pas blancs; 3º elle doit boire dans un verre ou autre vaisseau particulier, et ne doit point baisser sa tête pour boire aux fontaines ou rivières, sans cependant s'inquiéter, encore qu'elle regarderait ou se verrait dans les rivières ou miroirs ; 4º elle peut boire du vin rouge, clairet et blanc mêlé avec de l'eau, ou boire de l'eau pure; 5º elle peut

---

([1]) Ville de 2,200 habitants, dans les Ardennes belges.

manger du pain blanc ou autre, de la chair d'un porc mâle d'un an ou plus, des chapons ou poules aussi d'un an ou plus, des poissons portant écailles, comme harengs, saurets, carpes ; etc., des œufs cuits durs ; toutes ces choses doivent être mangées froides ; le sel n'est point défendu; 6° elle peut laver ses mains et se frotter le visage avec un linge frais ; l'usage est de ne pas faire sa barbe pendant les neuf jours ; 7° il ne faut pas peigner ses cheveux pendant quarante jours, la neuvaine y comprise ; 8° le dixième jour il faut faire délier son bandeau par un prêtre, le faire brûler et en mettre les cendres dans la piscine; 9° Il faut garder tous les ans la fête de saint Hubert, qui est le troisième jour de novembre; 10° Et si la personne recevait de quelques animaux enragés la blessure ou morsure qui allât jusqu'au sang, elle doit faire la même abstinence l'espace de trois jours, sans qu'il soit besoin de revenir à Saint-Hubert ; 11° elle pourra enfin donner *répit* ou délai de quarante jours, à toutes personnes qui sont blessées ou mordues à sang ou autrement infectées par quelques animaux enragés. » — Voy. l'abbé Bertrand, *Pélerinage de Saint-Hubert.*

«... Nous avons vu qu'au moment où saint Hubert célébrait dévotement la messe à Rome, lors de sa consécration, saint Pierre lui apparut et lui remit une clef en or, comme signe de sa puissance de lier et de délier, ainsi que de guérir les fous et les furieux. En mémoire de cette clef, on bénit à Saint-Hubert des *Clefs* ou *Cornets* qu'on touche à la Sainte-Étole : C'est un fer conique d'environ dix centimètres de longueur et de cinq millimètres de grosseur, terminé par une espèce de sceau représentant un cornet. L'usage de ces clefs est indiqué dans une *Instruction* imprimée que nous reproduisons ci-dessous : *Instruction sur l'usage des Cornets de fer ou Clefs de Saint-Hubert qui sont bénits par des prières particulières, et ensuite touchés à l'Étole de ce saint.* « Dès qu'on s'aperçoit qu'un animal a été mordu ou infecté par un autre, il faut faire rougir le cornet ou clef au feu et l'imprimer sur la plaie même, si cela se peut, sinon sur le front jusqu'à la chair vive, et tenir ledit animal enfermé pendant neuf jours, afin que le venin ne puisse se dilater par l'agitation. Les animaux sains seront aussi marqués au front, mais il ne sera pas nécessaire de les tenir enfermés. Cela fait, quelqu'un de la famille, soit pour un ou plusieurs bestiaux, récitera pendant neuf jours consécutifs, cinq Pater et Ave, à l'honneur de Dieu, de sa glorieuse Mère et de saint Hubert. Pendant tout ce temps on donnera tous les jours audit animal, avant toute autre nourriture, un morceau de pain ou un peu d'avoine bénits par un prêtre, à l'honneur de saint Hubert. La vertu de ces cornets pour les bestiaux est constatée par l'expérience, et quand même, malgré cette précaution, la rage se communiquerait à tel ou tel animal, on voit qu'il crève sans nuire aux autres.

Ce serait un abus, et ces clefs seraient profanées, si on s'en servait pour marquer des hommes, ou si on les imprimait sur du bois ou autre chose, lorsqu'elles sont rougies au feu, puisqu'elles ne sont bénites que pour marquer les animaux.

Ce serait un abus, de croire qu'elles sont profanées, lorsqu'on les laisse tomber à terre, ou qu'on les touche avec la main.

C'est un abus criminel de se servir des cornets ou clefs de Saint-Hubert pour gagner de l'argent ou tout autre présent. La seule intention d'en recevoir rend ces cornets inutiles, pour obtenir l'effet qu'on en espère, et par conséquent, ils sont profanés. »

Voy. l'abbé BERTRAND, *Pélérinage de Saint-Hubert.*

« Le *Répit* consiste à assurer contre la rage les personnes mordues, ou autrement infectées par des animaux enragés, jusqu'à ce qu'elles puissent se rendre à Saint-Hubert pour y être définitivement assurées.

Les aumôniers desservant la chapelle de saint Hubert et les personnes *taillées* peuvent seules donner ce Répit. C'est donc une erreur d'attribuer ce pouvoir aux *chevaliers de saint Hubert* ou aux membres de la confrérie du Saint. C'est donc une plus grande erreur encore de l'attribuer actuellement à certains personnages, prétendus descendants du Saint : inutile de dire que leurs titres généalogiques ont toujours été et demeurent fort suspects, et que jamais leur intervention n'a guéri personne. Néanmoins, on a souvent dit qu'il existait en France une famille issue de saint Hubert, laquelle avait la vertu, en touchant la tête au nom de Dieu et de la sainte Vierge, de préserver de la rage et de guérir, par ce seul attouchement, ceux qui avaient été mordus par des animaux enragés. La même famille avait encore le privilége d'accorder le Répit et de toucher, avec la clef de saint Hubert, toutes sortes d'animaux *sans la chauffer*. Le dernier de cette famille dont il soit fait mention est le célèbre chevalier George Hubert, gentilhomme de la maison de Louis XIII, qui s'intitulait chevalier de saint Hubert et de la lignée et génération du glorieux saint Hubert. »

L'abbé BERTRAND, *Pélérinage à Saint-Hubert.* Gand, 1862.

« A Altroff, le jour de Saint-Hubert, fête de la paroisse, les habitants font bénir l'avoine dont ils donnent à manger à leurs bestiaux pour les préserver de la rage. Des personnes des villages voisins viennent y faire bénir du pain qu'elles ont soin de distribuer à tous les membres de la famille. »

A. Lepage, *Bull. de la Soc. d'archéol. lorraine.* Nancy, 1849.

« Autrefois, le jour de la saint Hubert, après la messe, le prêtre bénissait le pain des veneurs, qui devait pendant l'année préserver le chenil du fléau de la rage... »

Bretagne, *Chasse illustrée*, 16 nov. 1872.

Voici le remède employé autrefois par un curé de nos environs pour guérir de la rage :

« Quand on lui amenait la personne mordue il se mettait en prières et suppliait saint Pierre de lui envoyer l'une de ses clefs. La prière était toujours exaucée car bientôt il découvrait dans son foyer la sainte clef qu'il prenait respectueusement avec des tenailles (on ne devait pas y porter la main, disait-il) et toujours marmottant des *Oremus* il l'appliquait sur la plaie. — « Vous me brûlez, hurlait le patient ». — « Croyez-vous, répondait-il, que la clef du Paradis soit semblable aux autres ? »

Boulonais, comm. par M. E. Deseille.

Voy. une formule de conjuration contre les chiens enragés dans Sauvé, *Proverbes et dictons*, § 904.

Remarque importante. — Le quart seulement des personnes mordues par un chien réellement enragé (1) est atteint de la Rage. Les empiriques sacrés et profanes peuvent donc s'attribuer la guérison des trois quarts des personnes mordues.

FELIS CATUS. — LE CHAT.

I.

1. D'une manière générale, on donne aux chats les noms suivants :

CAT, *m.* provençal ancien et moderne, — Hérault, Gard.
CA, *m.* normand. — picard. — rouchi.
CO, *m.* picard.

(1) Ajoutez que souvent un chien passe pour enragé, quand il ne l'est pas.

GAT, *m.* Alpes-Maritimes. — Ariège. — Toulouse. — Bagnères-de-Bigorre. — Bayonne.

CHAT, *m.* français.

CHAT DE FEU (¹), *m.* ancien français, Bourquelot, *Etudes sur les foires de Champagne.*

CHET, *m.* wallon. — Lorraine.

CHAITTE, *f.* CHÈTTE, *f.* Lorraine.

DCHAITTE, *f.* Ban de la Roche, Oberlin.

TCHAIT, *m.* Montbéliard, Contejean.

TCHAT, TÇAT, *m.* Creuse, communiqué par M. F. Vincent.

TSA, *m.* Gruyère, Cornu. — Bas Valais, Gilliéron. — Haute-Loire, Montel, p. 503.

KAZ (*pluriel* kisier), breton.

KAC'H, breton vannetais.

MINAULT, *m.* ancien français, *Gloss. de l'anc. théâtre français.*

MINON, *m.* MINET, *m.* MINETTE, *f.* français (termes enfantins).

MINOU, *m.* Aveyron, Montel, p. 495. — Ardèche, id. p. 501.

MITE, vieux français, Diez.

MITON, *m.* vieux français, Duez.

MITA, *m.* Saint-Amé, Thiriat.

MISSE, Plancher-les-Mines, Poulet.

MERON, *m.* Bugey, *L'abeille du Bugey* du 9 avril 1859.

MIRON, Lyon, *Chignol et Gnafron* du 1er juin 1878.

MARMOUTIN, languedocien, communiqué par M. P. Fesquet.

LAPIN DE GOUTTIÈRE, français (terme plaisant employé par ceux qui mangent les chats).

PERRO, PERROU, argot bellau, Toubin.

GREFFIER, GRIFFON, ESTAFFION, argot suivant différents auteurs.

GÀTUA, GÂTIA, basque, Fabre.

TSITÇAYA, SITÇAYA, tsigane du pays basque, Baudrimont.

Noms étrangers :

Catus, latin de la décadence (se trouve dans un auteur du IIIᵉ siècle après J. C.). — Γαλῆ χατοιχίδιος (²), grec ancien, Bikélas. — Γάτος, Γάτα, Κάτος, grec mod., Bikélas. — Gatto, Micio, it. — Mignén, Parme, Mal. — Scapén, fourbesque de Parme,

(1) C.-à-d. : *domestique,* par opposition au chat sauvage.

(2) Les chats domestiques étaient-ils connus dans l'ancienne Grèce ? — Sur cette question controversée voyez : A. Bazin, *Quels sont les animaux connus des anciens sous les noms d'αἴλουρος,* etc. Bordeaux, 1843, in-8, de 42 pages ; *l'Academy* (nᵒˢ du 16 sept., du 23 sept. et du 7 oct. 1876) ; F. Lenormant, *Recherches sur l'histoire de quelques animaux domestiques ;* V. Hehn, *Kulturpflanzen und Hausthiere.*

Mal. — **Cat**, catalan. — **Gato, Micho, Mizo**, esp. — **Cat**, irland.; anglo-saxon. — **Cheetie, Cheetie-chatter**, Banffshire, Gregor. — **Kat**, holl.; danois. — **Katte**, suédois. — **Katze, Mieze**, all. — **Mázhek**, Carniole, Freyer. — **Keto**, avare, Schiefner. — **Pisik,** kurde, Justi. — (Voir aussi Justi pour d'autres noms orientaux donnés au chat).

2. Les noms qui précèdent servent à désigner le chat d'une manière générale. Ceux qui suivent s'appliquent exclusivement au mâle :

GATASS, mentonais, Andrews.

CAOU, Warloy-Baillon (Somme), communiqué par M. H. Carnoy.

TARGAZ, (m. à m. taureau-chat) breton, Troude.

MATOU, français.

MITOU, ancien franç. — Vosges, comm. par M. D. Pierrat.

MARAUD, Forez, Gras.

MARAOU, CHAMARAOU, Pamproux (Deux-Sèvres), communiqué par M. B. Souché.

MAROU, environs de Cambrai, Boniface. — Valenciennes.

MIÀRAU, Rouvray-St-Denis (Eure-et-Loir), com. par M. J. Poquet.

MIÀROU, Bouilly (Loiret), communiqué par M. J. Poquet.

MARCOUR, normand, Delboulle.

MARCOU, ancien français, Littré. — wallon, Grandg. — normand, Delboulle. — Creuse, communiqué par M. F. Vincent.

MAIRCAU, Morvan, Chambure.

MARCAU, Engeuville (Loiret), communiqué par M. L. Beauvillard.

MARGAOU, Creuse, communiqué par M. F. Vincent.

MARGOU, MORGOU, Montbéliard, Contejean.

MOIRGAN, Plancher-les-Mines, Poulet.

MACAUD, Centre, Jaubert.

MACOT, Allier, communiqué par M. E. Olivier.

RAOUL, Lorraine, Scheler.

RÔ, RAU, pays messin, recueilli personnellement.

VOUALÈRE, Ban de la Roche, Oberlin.

GATOU-ARRA, KATARRUA, basque, Fabre.

Noms étrangers :

Cotôc, Cotôiu, Pisôiu, Matzôiu, Matzôc, Motân, Motôc, Martán, roumain, Cihac. — Gib cat, Tom cat, angl. — Kater, Kader, all. — Roller, Riepel, Rüpel, Heinz, Hiez, all. dialectal, Nemn. — Kunz, Livonie, Nemn. — Bolze, Westphalie, Nemn. — Ramm, Osnabrück, Nemn. — Rammler, Souabe, Nemn. — Relling, Katz, Heilbronn, Nemn. — Minss, Gœttingue, Nemn. — Bizi, Mull, Augsbourg, Nemn. — Kater, holl. — Hankat, danois. — Katt, suédois. — Kotu, russe. — Kocour, Kocur, tchèque. — Koczor, polon.

3. — Noms donnés à la femelle :

CATA, Gard, Montel, p. 495. — Lozère, *Rev. des langues romanes,*
    avril 1873, p. 312.

CATO, languedocien.

CATTE, normand. — picard.

GATO, Bagnères-de-Bigorre.

CHATTE, français.

TCHATTO, TÇATTO, Creuse, comm. par M. F. Vincent.

MINE, Allier, com. par M. E. Olivier. — Landes, Métivier.

MOUNO, MINO, MITO, languedocien, com. par M. P. Fesquet.

MOUTE ([1]) (nom familier), Bessin, Joret.

Noms étrangers :

Gatta, Micia, it. — Gata, Miza, esp. — Mignònna (grossa e grassa micia), Parme,
Mal. — Pisica, Matza, mitza, roumain, Cihac. — Hunkat, danois.

4. — Noms donnés au jeune chat :

GATOU, *m.* Bagnères-de-Bigorre, comm. par M. A. Cazes.

CATOU, CATET, CATOUNET, MINOU, MINOUNET, CATOUNO, *f.* CATETO, *f.*
    languedocien, com. par M. P. Fesquet.

CHATON, *m.* français.

TSATON, *m.* Bas Valais, Gilliéron.

TCHAITOT, *m.* TCHAITOTTE, *f.* Montbéliard, Contejean.

CHAISSON, CHÉSSON, *m.* pays messin, rec. personnellement.

MINON, *m.* MINET, *m.* MINETTE, *f.* français.

MINAUD, *m.* MINI, *m.* Centre, Jaubert.

MITOUIK, MITAOUIK, MOUTIK, breton, com. par M. L. F. Sauvé.

Noms étrangers :

Gattuccio, Gattino, Micino, Mucino, Micina, Mucina, it. — Gattaredda, Sic., Pitrè.
— Diàttulinu, Sainte-Marie de Tallano, Corse. — Gati, Mini, Brescia, Melch. — Bisèn,
m. Bisènna, *f.* Parme, Mal. — Kitten, Puss, Pussy, angl. — Mulle, Heilbronn, Nemn.
— Killing, Kattekilling, Katteunge, danois.

5. « On dit de la chatte en chaleur : qu'elle va au chat, Deux-

Sèvres, comm. par M. B. Souché ; qu'elle est en ravau, Deux-
Sèvres, comm. par M. L. Desaivre. »

([1]) Dans *La petite Cendrillon,* comédie par Désaugiers, et dans *Pivoine,* roman de X. de
Montépin, on trouve le mot **moumoute** donné comme nom à une chatte.

« En hollandais krollen = être en chaleur (en parlant des chats) ; krolschkater ou krolkater = un chat en chaleur ; krolschkat = une chatte en chaleur. »

« Andare in gatteccio, se dit de la chatte qui demande le matou. »
Italien, DUEZ.

« Gattïari a le même sens en sicilien. » PITRÈ.

« Aller en maraoude, se dit des garçons que l'amour fait courir. »
Deux-Sèvres, com. par M. B. SOUCHÉ.

« Andare in gattesco = andare alle femmine. Modo basso e figurato. » Italien.

6. « L'époque du rut des chats commence en janvier pour finir en mars. Pour dire que tôt ou tard une personne finira par se marier, quelle que soit sa laideur ou sa pauvreté, les italiens se servent de la locution suivante : Ogni gatta hà il suo gennaio. »

7. « Amoureuse comme une chatte. » Locution française.

« So innamurati cumme i gatti di marzu. » Corse, MATTEI.

« Verliebt wie ein märzkatter. » Allemagne.

« Zoo krolziek als een maartse kat. » Hollande, MARIN.

8. « Aussi penaut qu'un chat qu'on chastre. »
Ancien français, LEROUX DE LINCY.

9. « Cane e gatta, tre mesi porta e tre mesi allatta. »
Italie du sud.

10. On dit de la chatte qui met bas :

CATER, Bessin, Joret.
CATOUNA, MINOUNA, languedocien.
CATONNER, ancien français, *Gloss. de l'ancien théâtre français.*
CHATER, français, Duez, Poëtevin.
CHATONNER, ancien français, Duez.
CHATOUNER, Deux-Sèvres, com. par M. B. Souché.
TSATA, FÉLUDZA, Bas Valais, Gilliéron.

Terme étranger :

Catellare, italien.

11. La portée d'une chatte est appelée :

CATOUNADO, MINOUNADO, languedocien, com. par M. P. Fesquet.

12. « Jèma chètte qu'eu chessons — n'eu boins lachons. » =
Jamais chatte qui a des petits — n'a de bons morceaux ; (parce
qu'elle garde tout pour eux ?)   Prov. du Pays messin, rec. pers.

Cf. « Grole (1) qui a grolea n'a jamais mangé bon morcea. » Deux-Sèvres, L. Desaivre,
Croyances, etc. 1881, p. 26.

13. « Hat die Katze Junge, so lernt sie mausen. »
                                        Allemand.

14. « Gatti chi mancia li so' gattini (2), — vidi chi voli fari cu
li so' vicini. »

« Wie sollte ein böses Weib, das dem eigenen Gatten Leid zufügt,
den Buhlen verschonen ? Lässt eine Katze, die ihr eigenes Junge
frisst, eine Maus etwa laufen ! »
                    Sentence sanscrite, BÖHTLINGK § 5504.

15. « Cat d'hiber — co d'estiou. = Chat d'hiver, chien d'été,
(sont les meilleurs). »   Rouergue, DUVAL.

« Il est aussi chétif qu'un chat d'après la Saint Jean. »
                                        Wallon, DEJARDIN.

16. « On appelle la barbe du chat *les roguignards.* »
                    Environs de Pithiviers, com. par M. L. BEAUVILLARD.

17. « Stare in barba di miccio o di gatta essere — nell' abbon-
danza. »   Italien, MELCHIORI.

18. « Es gelat commo lou nas d'un cat. »   Nice, TOSELLI.

Cf. ci-dessus, p. 5, § 11.

19. « ... Ce fut aussi vite fait qu'un chat mouché. »
                                Chapelot, *Contes balzatois.*

20. « To cat, to shoot the cat = to vomit like a cat. »
                                Anglais, J. C. H. *Slang dictionary.*

Cf. *Faune populaire* Tome I, p. 165, § 23, et Tome IV, p. 18, § 97.

21. « Mettre quelque chose dans l'oreille d'un chat. » C'est
l'oublier.   G. SAND, *La petite Fadette.*

____

(1) Grole = corneille.
(2) Les chats mangent assez fréquemment leurs petits, surtout le mâle.

22. « Il a sa garde-robe si pleine et si bourrée qu'un chat la porterait dans son oreille. » — Il a à peine de quoi se vêtir.

Wallon, DEJARDIN.

23. « On dit au propre et au figuré d'une chose qu'elle est mince comme la langue d'un chat. »

« On appelle *langue de chat* une certaine pâtisserie très sèche et très mince. »

24. « Teod ar c'haz a zo binimuz — ha teod ar c'hî 'zo iac'hauz. » = Langue de chat est venimeuse et langue de chien guérisseuse.

Finistère, com. par M. L. F. SAUVÉ.

Cf. ci-dessus, p. 6, § 13.

25. « Le chat sçait bien quelle barbe il lesche. »

Ancien français, NUCÉRIN.

« Bem sabe o gatto cujas barbas lambe. »

Portugais, PEREYRA.

26. « Bem se lambe o gatto depois de farto. »

Portugais, PEREYRA.

27. « Wer mit milch übergossen ist, den lecken alle katzen. »

Proverbe lithuanien, SCHLEICHER.

28. « Y voir la nuit comme les chats. »

29. « Avoir des yeux de chat. » — Avoir des yeux de la couleur de ceux du chat.

« Faire des yeux comme un chat gris. » — Faire de méchants yeux.

Wallon, DEJARDIN.

30. « Dormir en chat. » — Dormir les yeux à demi fermés.

Comm. par M. Sylvain EBRARD.

31. « La gatta di jornu teni l'occhi chiusi, ma di notti li grapi. »

Sicilien, PITRE.

32. « *Chatoyer* = Changer de couleur, avoir des reflets comme l'œil du chat, varier suivant la direction de la lumière. »

Français.

« On appelle *œil de chat*, en all. *katzenauge* le quartz agate chatoyant. »   BEURARD.

« *Katzensaphir* = saphir de chat ; corindon hyalin bleu d'un chatoyement très vif et très marqué. »   Allemand, BEURARD.

33. « Le *mica* qui est caractérisé par de petites lamelles d'un blanc
ou d'un jaune brillant est appelé en français *miroir des chats, or*
ou *argent des chats*, en all. *katzengold, katzensilber, katzenglas,
katzenglimmer, katzenmetall.* »

34. « Avoir une mine de chat fâché. »

« I fet des grimaches comme un cat qui bot du vinaigre. »
Rouchi, Hécart.

« Faire des grimaces comme un chat pris entre deux portes. »

« Crier comme un chat auquel on arrache les ongles. »
Loiret, communiqué par M. L. Beauvillard.

« Patient comme un chat auquel on arrache les ongles ou auquel
on grille les pattes sur la braise. »
Loiret, communiqué par M. J. Poquet.

« ... Je suis patient comme un chat qui se brûle. »
Cogniard, *La dame aux cobéas*, comédie.

« ... Je rondissais la prunelle comme un chat à qui on pile sur
la patte. »   *Le diseur de vérités* pour 1844, p. 8.

35. « Avoir ses aises comme un chat dans un grosellier. » —
Craindre de se remuer, être mal à l'aise.   Wallon, Dejardin.

36. « Elle despitecomme un chat borgne. »
Noël du Fail, édition Assézat, II, 278.

« Gringe (= *chagrin*) comme un chat borgne. »
Fribourg, Grangier.

« Renous (= *hargneux*) coumo cat borni. »
Gard, communiqué par M. P. Fesquet.

37. « Tu es plus cajoisqu'une chatte qui trouve ses petits chats
morts. »   *Comédie des proverbes.*

38. « Qui ne rit point anature de chat. »
Ancien français, Leroux de Lincy.

39. « Être sérieux comme un cat qui kie dans du son. »
Normand, Delboulle.

« Rouillant les z'œils quem in' chate qui s'ébouille dans lées
cendres. »   Chapelot, *Contes balzatois.*

« Ribouler des yeux comme un chat qui ch.. dans du son. » —
Se dit de quelqu'un qui regarde les yeux grand ouverts.

> Loiret, communiqué par MM. Beauvillard et Poquet.

« Faire une grimace comme un chat qui ch.. dans la braise. »

> Auxois, communiqué par M. H. Marlot.

« Er macht ein gesicht wie die katze, wenn sie in die spreu
sch..szt. »   Prusse, Frischbier.

40. « Entêté comme un chat qui vient d'être battu. »

> Lorient, recueilli personnellement.

41. « Il ferma doucement les yeux comme un chat à qui l'on
gratte le crâne. »   Balzac, *Pierrette.*

42. « Er macht ein gesicht wie die katze, wenn's donnert. » —
« Er sieht aus, als wenn die katze blitzen sieht. »

> Prusse, Frischbier.

43. « *Se musser*, se dit d'un chat qui fait sa toilette. »

> Aunis, L. E. Meyer.

44. Du chat qui pousse son cri on dit qu'il fait *miaou ! miaou !*
(France) ; *miau ! miau !* ou *gnau ! gnau !* (Italie.)

45. Pousser des cris (en parlant du chat) se dit :

MIAULER, français.
MIÀLER, centre, Jaubert.
MIÀNER, Morvan, Chambure.
MIANER, Jura, E. Gascon.
MIANAI, Les Fourgs, Tissot. — Montbéliard, Contejean.
MIAUNAR, MIOUNAR, Alpes cottiennes, Chabrand.
MIAINÀ, Plancher-les-Mines, Poulet.
MIOOUNÀ, Creuse, communiqué par M. F. Vincent.
MIAUWER, ancien français du XIII° siècle, Littré, *Supplément.*
MIANDÉ, Bessin, Joret.
GRAULÁ, MIAULÁ, languedocien, communiqué par M. Fesquet.
MATOLER, fribourgeois, Grangier.
MARAOUDER, MIAOULER, Deux-Sèvres, communiqué par M. B.
     Souché.
MIAÙKATZEA, NIAÙKATZEA, basque, Fabre.

Termes étrangers :

Miagolare, Miagulare, Gnaulare, it. — Sgnaolà, Brescia, Melch. — Mognà, mil.,
Banfi. — Maullar, Mayar, esp. — Mear, port. — Mauen, Miauen, Mauchzen, Miaut-
zen (1), all. — Maauwen, Meeuwen, Lollen, holl. — Miava, Mialma, island. — Jama,
Mjama, suéd. — To mew, To wrawl, angl. — Mjukat, russe. — Miakcek, polonais.

46. Le cri du chat est appelé :

> MIAULEMENT, français.
> MIAOUEREZ, breton armoricain.
> MARAOUDAÏE, Deux-Sèvres, communiqué par M. B. Souché.
> ÉMARAUDÉE, Centre, Jaubert.
> GRAULADISSO, MIAULADISSO, Languedoc, communiqué par M. P.
> Fesquet.
> MIAÙKA, NIAÜKA, basque, Fabre.

Noms étrangers :

Miagolio, Miagolata, Gnaulata, it. — Sgnaolament, Brescia, Melch. — Mognada,
milanais, Banfi.

47. « Guarte de moço grunhidor e gato meador. »
>> Portugais, REINSBERG.

48. « Ounte lou cat miaulo, si manjo. »
>> Languedoc, communiqué par M. P. FESQUET.

49. « E come la gatta che mangia e miagola (ò gode e piagne). »
>> Italien, PESCETTI.

50. « On appelle musique de chats une musique aux sons aigres
et discordants. »

51. « On dit du chat qui, quand il est content, fait entendre un
bourdonnement continu, qu'il file, qu'il roue, qu'il fait aller son
rouet, qu'il mène son ronron, qu'il ronronne, qu'il dit son credo ou
ses patenôtres, et en Normandie (selon Delboulle) qu'il fait son
rognon. »

Termes étrangers :

Rombare, Ronzare, italien. — Schnurren, Spinnen, allemand. — To snore, anglais.

(1) Sur les mots allemands qui ont le sens de **miauler**, voyez Wackernagel, *Voces variæ
animantium*, p. 64.

52. Pour appeler les chats on emploie les interjections suivantes :

MINON ! MINON ! OU MINET ! MINET ! français.

BIS ! OU BIS MINON ! Montbéliard, Contejean.

MITE ! MITE ! Deux-Sèvres, communiqué par M. B. Souché.

Termes étrangers :

Muci ! muci ! it. — Mignin ! mignin ! mil.. Banfi. — Mini ! mini ! Brescia, Melch. — Puss ! puss ! angl. — Poes ! poes ! ou Poesje ! poesje ! holl. — Bus ! bus ! ou da busgen ! da ! all., Poëtevin. — Piss ! piss ! albanais, Cihac.

53. Pour faire fuir le chat on dit :

A CHAT ! A CHAT ! OU AU CHAT ! AU CHAT ! français.

PCHUT ! CHET ! Meuse, Cordier, *Coumédies*, p. 43.

GAZ ! OU CHEGAD ! breton, Troude.

Termes étrangers :

Gatt ! Parme, Mal. — Gache ! gallicien, Piñol. — Ghicc ! ghicc ! milanais, Banfi. — Pis ! serbe, croate, Cihac.

54. Le trou qu'on ménage habituellement dans le bas des portes pour le chat, s'appelle :

CHATIÈRE, *f.* français.

CHATENÈRE, *f.* Plancher-les-M., Poulet. — Morvan, Chambure.

CHATOUNIÈRE, Centre, Jaubert.

GATUZILÔA, KATUZULÔA, basque, Fabre.

Noms étrangers :

Gatára, *f.* Parme, Mal. — Gatera, espagnol. — Gattaruola, Caterattola, Bucigatto, italien, Duez.

55. « Le royaume des chats = il tetto della casa. »

Français, DUEZ.

56. « On appelle tour du chat un espace laissé vide par prudence entre le four et le mur voisin. »

57. Le chat symbolise la friandise :

« Friand, friande comme un chat. »   Français.

« Grouman coumo uno mino. »   Languedocien.

« Friander comme un chat. »   Ancien français, DUEZ.

« On appelle chatteries les friandises. » — « On nomme chatte une femme friande. »

« Achatir = affriander, rendre gourmand. » Centre, JAUBEBT.

« Être chat de quelque chose = être friand de quelque chose. — Chatenet, *m.* = gourmand. »   Morvan, CHAMBURE.

« On dit d'un enfant qu'il fait le chat quand il mange le dessus de sa tartine avant de manger le pain. »

« En italien, gattolare, gatteggiare signifient être friand. »
DUEZ.

58. « The cat is a dervish until he finds milk near him. »
Bannu, THORBURN.

59. « Gourmand comme un chat de juge. »   Béarn, LESPY.

60. « A gatto che lecca cenere, non fidar farina. »   Italien.

« Al gatto che lecca spiede, non gli fidare arrosto. » Italien.

« Der katze, die den spiess leckt, vertrau den braten nicht. »
Allemand.

« The dog that licks ashes, trust not with meal. »   Anglais.

61. « Le chat a faim — quand il ronge le pain. »   NUCÉRIN.

« Wenn die Katze ans Brod geht, so ist sie hungrig. »
Allemand.

62. « Je sauteray dessus comme un chat au buffet. »
Glossaire de l'ancien théâtre français.

63. « Geschäftig wie eine katze, die sieben Töpfe zugleich zu lecken hat. »   Allemand, MEDIKUS.

64. « .... En se lichant les babines quem' in chat que sort d'in pot de graisse. »   CHAPELOT, *Contes balsatois.*

« Se pourlécher comme un chat qui boit du lait. »
BALZAC, *Le père Goriot.*

«... Il entrait avec l'allure d'un chat qui sent du lait dans un office. »   BALZAC, *Le cabinet des antiques.*

65. « Aighes un uès à la pignata e l'autre au cat. » = Avoir un œil au champ et l'autre à la ville.   Nice, TOSELLI.

« Aver un'occhio alla gatta, e l'altro alla padella. »   Italien.

66. « Chacun son métier et le chat n'ira point au lait. »
                    Proverbe breton, SAUVÉ, *Revue celtique*.

67. « Chose la plus recommandée — du chat souvent est
emportée. »   Français.

« Quel ch'alla bocca si sparagna — viene la gatta che lo magna.»
                              Italien, DUEZ.

« Was man spart für den Mund, frisst Katz, oder Hund. »
                              Allemand.

« What the goodwife spares, the cat eats. »   Anglais.

68. « Quand chat a mangé lard — on le chasse trop tard. »

69. « Le chat seroit maudit, si trouvant le pot descouvert, il n'y
met la patte. »
              NOËL DU FAIL, édition Assézat, I, 48 et II, 280.

« Es ist zu viel von der Katze begehrt, dass sie bei der Milch
sitze und nicht schlecke. »   Allemand.

70. « On sait bien pourquoi le chat ne veut point de lard. » —
Parce qu'il vient d'en manger en cachette.

71. « Lou cat goulard fo soungea la cousiniero. » = Le chat
gourmand rend la cuisinière attentive.   Rouergue, DUVAL.

« Lou cat grouman fo la chambrieiro avisado. »
                    Gard, com. par M. P. FESQUET.

72. « Tanto và la gatta al lardo, che ella vi lascia la zampa. »
                              Italien.

« Tanto và la gatta al cacio che vi lascia l'ugne e'l naso. »
                              Italien.

« Tantu la gatta spissia a lu muzzuni, fina chi cci lassa la
granfa. »   Sicilien, PITRÈ.

73. « Andar alla gatta pel lardo.» = Chercher une chose là où
elle ne peut se trouver.   Italien.

« Ensegnà ala gata a robà 'l lard. » = Enseigner quelque chose à
quelqu'un qui la connait de reste.   Brescia, MELCHIORI.

« Send not a cat for lard. »   Anglais.

« Das ist der Katze den Schmeer befehlen. »   Allemand.

« Insegnar al gatto la via della dispensa. »   Italien.

« De kat de kaas beveelen. »   Hollandais, MARIN.

« Das ist der Katze den Käs anvertrauen. »   Allemand.

74. « Ci penso come la gatta all' insalata. » = Je n'y pense nullement.   Italien, DUEZ.

Cf. ci-dessus, p. 17, § 92.

75. « Si un chat boit se veut il boire à son ayse. »
                    Ancien français, LEROUX DE LINCY.

76. « Le mou est pour le chat. » — Se dit de ce qui revient naturellement à quelqu'un.

77. « Elle a laissé aller le chat au fromage. » — Se dit d'une fille enceinte.

78. « Herdi (effronté) comme eune chètte qu'empôte eune andôye. »   Pays messin, rec. pers.

79. « Quando la gatta non può arrivare al lardo, dice che sa di rancido. »   Italien.

« La gatta quanno nun po arrivà a lo lardo, dice ca fete. »
                    Napolitain, PITRÈ.

« Gatta che non può arrivare al polmone, dice che puzza. »
                    Napolitain, REINSBERG.

80. « Au chat rassasié le lait est amer. »
                    Danois, REINSBERG.

81. « Do mal guardado — come o gatto. »   Port. PEREYRA.

82. « Ein von Habsucht ergriffener Mann sieht wohl das Geld aber nicht das Unglück (das ihm droht) ; daher kommt es, dass eine Katze wohl die Milch vor Augen hat, aber nicht den Schlag mit dem Knüttel. »   Sentence sanscrite, BÖHTLINGK.

83. « A chat lescheur bat on souvent la gueule. »
                    Ancien français, NUCÉRIN.

84. Le chat est très friand de poisson, mais il a une peur affreuse de l'eau, d'où les proverbes :

« Il haït ça comme un cat d'aller à la pesque. »

Boulonais, com. par M. E. Deseille.

« Le chat aime le poisson, mais il n'aime pas à se mouiller les pattes. »

« La gatta vorrebbe mangiar pesci, ma non pescare. »

Italien.

85. « Andare à veder pescar la gatta. » — Lasciar d'attender a casi suoi, per andar a qualche solazzo (selon Pescetti). Duez interprète le proverbe par « se laisser persuader facilement. » Italien.

86. « A pentola che bolle, gatto non si accosta. » Italien.

87. « Que noun manjo à taulo — manjo ounte lou cat miaulo. »

Gard, com. par M. P. Fesquet.

88. « Wenn man die katze auf den käse (oder speck) bindet, so frisst sie nicht. » Allemand, Medikus.

89. « Beaux chats et gros fumier — dénotent bon fermier. »

Franc-comtois, Perron.

« La gatta grossa — fà honor alla casa. » Italien, Pescetti.

90. « On dit d'une femme éminemment gracieuse *qu'elle a des poses de chatte.* »

91. « ... Monsieur trouvera Madame déjà douce comme un dos de chatte.... » Balzac, *Splendeurs et misères des courtisanes.*

92. « Couper les branches d'un arbre en dos de chat. »

Français, Poëtevin.

93. « Faire compter les poils du chat. » — Exiger une chose impossible. Wallon, Dejardin.

94. « De pilu russu, nè gatti, nè cani. » Sicilien, Pitré.

95. « S'avancer à pas de chats. » — C'est-à-dire : sans faire de bruit. Locution française.

« Chaittenai = marcher à quatre pattes à la manière des chats. »

Montbéliard, Contejean.

Cf. **Gatton, Gattone, Gattolone,** italien, Duez.

96. « Passer sur quelque chose comme chat sur braise. » — C'est-à-dire légèrement, sans appuyer.

« Andar como gatto por brasos. »   Portugais, PEREYRA.

97. « ... C'est une fille sage et propre en ce monde comme un jeune chat qui traverse une cuisine mouillée sur le bout de ses ergots. »

    Ch. D'HÉRICAULT, *La fille aux bluets*, (roman normand).

« Marcher comme un chat sur la gelée blanche. » — Marcher avec précaution de crainte de salir sa chaussure.

    Bretagne, communiqué par M. L. F. SAUVÉ.

98. « Aller à pied comme un chat maigre. » — « Marcher comme un chat maigre. » — Être bon piéton.   Locutions françaises.

99. « Il est levé dès les chats. » — Il se lève de bonne heure, comme les chats.   Noisy-le-Sec, com. par M. F. STAUDE.

« Dès que les chats seront chaussés. » — C'est-à-dire de bon matin.   LEROUX, *Dictionnaire comique*.

« Se lever dès le patron minet ([1]) = se lever de bonne heure comme les chats. Quelques personnes disent : dès le paître au minet. »

100. « Est ist kein katzensprung bis dahin. » = Il y a loin d'ici là, ce n'est pas un petit chemin à faire.

    Allemand, POËTEVIN.

101. « Die Katze laüft ihm dem Rücken hinauf. » = Il est épouvanté, glacé d'effroi.   Allemand.

102. « Il est comme les chats, il retombe toujours sur ses pieds. »

« Tapez on chet ès l'air, i r'toum'ret so ses pattes. » Wallon.

« È dato in piedi, come fanno i gatti. »   Italien.

103. « Bailler le chat par les pattes = présenter une chose par l'endroit le plus difficile. »

([1]) Cf. *se lever dès le patron jaquet*, se lever aussi matin que l'écureuil. — Voy. sur ces locutions Littré, s. vᵒ *patron jaquet*. On trouve dans Dorvigny, *Le Café des Halles*, comédie du XVIIIᵉ siècle : « ... toujours levée dès le pot au minet. »

On lit dans Balzac, *Le père Goriot* : « ... ils ont tous décanillé dès le patron jaquette. — Parle donc bien, Sylvie, on dit le patron minette. »

104. « Chat qui gratte, gratte pour lui. »
      Proverbe russe, *Eléments de la langue russe*, 1791.

« The cat does not kill the rat for God's pleasure (but his own).»
                              Bannu, THORBURN.

105. « Insegnagh al gatt a rampegà. »   Milanais, BANFI.

« Voulez-vous apprendre aux chats à égratigner et aux lièvres
à courir? »
      Ancien français, *Glossaire de l'ancien théâtre français.*

106. « On dit du chat qui retire ses griffes quand il veut jouer,
flatter, *qu'il fait patte de velours.* »

107. « On dit d'un chat qu'il a des épingles au bout de ses man-
ches, en parlant de ses griffes. »
                    Dictionnaire portatif des proverbes.

108. « Il ne faut pas se jouer avec les chats. »

109. « On dit de celui qui a des égratignures qu'il a joué avec
les chats. »

110. « Il n'est si petit chat qui n'égratigne. »
                              Proverbe français, FÉRAUD.

111. « Voilà où les chats se peignent. » — C'est-à-dire la difficulté est là.   Vaudois, CALLET.

112. « Les chets s'agriffet wiss' qu' i polet.» = Les chats s'accro-
chent où ils peuvent.   Wallon, DEJARDIN.

113. « Où est-il allé? — A Piogre pour ferrer les mouches ou :
pour ferrer les chats. » — Réponse à une question insidieuse.
                              Suisse romande, BLAVIGNAC.

114. « Cela viendra peut-être, la queue de notre chat est bien
venue. »   Locution française.

115. « Notre chat a la queue longue, il croit tout le monde
comme lui. »   Proverbe basque, FABRE.

116. « Pour la queue d'un chat je me ferais moi-même l'homi-
cide de ma mort. » — C'est-à-dire : pour un rien je me tuerais.
          Théâtre des boulevards, 1756, tome I, p. 273.

117. « Tel estoit Polygame, qui non plus se fust passé d'Eutrapel qu'un chat de sa queue. »

NOËL DU FAIL, édition Assézat, I, 152.

118. « Les enfants appellent les crottes du chat *du sucre de minon*. »   Auxois, communiqué par M. H. MARLOT.

119. « Figues de chat (¹) et marc d'argent — seront tout un au jour du jugement. »   Ancien français.

120. « Pluie de mars, — fou (fumier) de chat : — pluie d'avril, — fou de brebis. »   Calvados, *Statistique de la France*.

Les excréments du chat comme ceux du chien n'ont aucune valeur en agriculture.

121. « Maladètt cmé la pissa di gatt. » — Tristo più che un famiglio d'otto.   Parme, MALASPINA.

122. « Qui vient de bon cat volontiers surque. »

Picard, CORBLET.

« Les éfants des chets magnet volti des soris. »

Wallon, DEJARDIN.

« Chi nasce di gatta, piglia i topi al buio. »   Italien.

« El hijo de la gata ratones mata. »   Espagnol.

« Chi di gatta nasce, sorci piglia, e se non li piglia, non è sua figlia. »   Italien.

« Ce nasce diu pisica, soreci mánánca. » Roumain, REINSBERG.

« Ce que chat engendre prend aussi les souris. »
Proverbe de la Bohême, *Almanach de Carlsbad*.

« Katten leggen geen enden eijeren. »   Hollandais.

« Figlioli di gatti un ne nasce senza unghie. »

Corse, MATTEI.

« The cat does not cease miau crying. »
Proverbe d'Akra, ZIMMERMANN, I, 158.

« Un chat perd bien ses poils, mais non ses mauvaises allures. »
Wallon, DEJARDIN.

(1) Excréments du chat.

« Stürrt 'n katt na Engeland, se sall as katt wer umkamen. » = Envoyez un chat en Angleterre, il reviendra chat comme auparavant.   Ostfriesland, REINSBERG.

123. « A laide chatte beaux minons. »   Proverbe français.

124. « Ce n'est pas de la moque de chat. » = Ce n'est pas une chose de peu d'importance ; (moque = morve).

Vaudois, CALLET.

125. « Il ne vaut pas ce que votre chat bouche. » — C'est un homme de rien.   Franc-comtois, PERRON.

126. « C'est in ouhai po l'chet. » — C'est un oiseau pour le chat, c'est un homme perdu.   Wallon, DEJARDIN.

Cf. ci-dessus, p. 29, § 83.

127. « Il n'y a pas là de quoi fouetter un chat. » — L'affaire dont il s'agit est une bagatelle.

128. « Donner sa part aux chats. »

Cf. ci-dessus, p. 24, § 149.

129. « ... — J'an ara ma pâ. — Ti, t'arès ce que le chet cache dans la paillôtte... » C'est-à-dire rien.

Meuse, CORDIER, *Coumédies*, p. 105.

130. « Il a payé en chats et en rats. » — C'est-à-dire : c'est un méchant payeur et qui ne paie pas en argent comptant.

LEROUX, *Dictionnaire comique.*

131. « Chaitti, Chaittenai = caresser à la manière du chat. »

Montbéliard, CONTEJEAN.

« Chatoyer = flatter, caresser. »   Centre, JAUBERT.

« Catoula = Caresser, mignarder. »   Agathois, AZAÏS.

Cf. **kiasa**, flatter ; **kias**, flatterie. Islandais.

En français, *mon chat, ma chatte, mon chaton, mon minet,* etc., sont des termes de caresse.

« Catetos = caresses, cajoleries. »

Lang. com. par M. P. FESQUET.

« *Faire nià à un chat* signifie le caresser en lui passant la main sur le dos. »   Fribourg, GRANGIER.

132. « Appeler un chat un chat. »   Français.

« Non bisognà chiamar la gatta mucia. » = Il ne faut pas mignarder une beste qui ne porte respect à personne. »
Italien, DUEZ.

« Chiamare o dire la gatta gatta, il pan pane, e non la gatta muccia. » Appeler les choses par leur nom.   Italien.

133. « Il entend bien chat sans qu'on dise minon. » — C.-à-d. : il entend à demi mot.   Français.

134. « Celui-là est un malin, il sait dire *chat mouillé*, sans dire *chat* ni *mouillé*. » — (Il dit au chat : *vieux minet vous n'êtes pas sec.*)
Traduit du breton du Finistère, comm. par M. L. F. SAUVÉ.

135. « Un *attrape minon* est un hypocrite qui attrape les simples. »

Pour attirer les chats et les prendre il faut les flatter et leur parler doucement.

136. « Devenir ausssi fier qu'un chat amadoué. »
LEROÛX, *Dictionnaire comique*.

« Quanto più si frega la schiena al gatto, più rizza la coda. »
Italien.

« Il villano è come il gatto: sè l'accarezzi, alza la coda. »
Italien.

« Wenn man den Kater streichelt so reckt er den Schwanz aus. »
Allemand.

« Wenn man die Katze streichelt, hebt sie den Buckel. »
Lithuanien, SCHLEICHER.

137. « C'est un jeu de chat, c.-à-dire : c'est un jeu qui tournera en noise. »   Français, MARIN.

138. « Vivre ensemble comme chiens et chats. »

139. « N'éveillez pas le chat qui dort. »

140. « On n'a point tel chat sans mitaines. » — C'est une personne rusée qui est sur ses gardes.

141. « ... Tu as toujours été rusée comme une chatte. »
                              Balzac, *César Birotteau.*

142. « Eur c'haz kousket war ar stoup -· pa zivun, a ra drouk. »
= Chat endormi sur l'étoupe — quand il s'éveille cause du dégât.(Se
dit d'un *saint n'y touche* qui affecte de ne pas lever les yeux sur les
femmes et qui n'en est que plus dangereux.)
                              Finistère, com. par M. L. F. Sauvé.

143. « Dio mi guardi da quella gatta che dinnanzi mi lecca e di
dietro mi graffia. »   Italien, Pescetti.

« Hüte dich vor den Katzen die vorne lecken und hinten kratzen. »
                              Allemand.

144. « Devant veuz chat ne treez ja festu. »
                              Vieux français, Leroux de Lincy.

145. « De castiier cat qui est vieuz, ne puet nus hom venir a
cief. »   Ancien picard.

146. « A cate vièye noun fôou moustra lou céndrié. » — A vieille
chatte il n'est pas besoin d'indiquer le coin du feu.
                              Vaucluse, Barjavel.

147. « Chat échaudé craint l'eau froide. »   Prov. français.

« Cat escollat l'aigo tebeso li fo poou. » = Chat échaudé craint
l'eau froide.   Rouergue, Duval.

« Gato escaldado del agua fria ha miedo. »   Espagnol.

« De kat die zyn poot gebrand heeft is zelfs voor koud water
bang. »   Hollandais, Marin.

« Gebrühte katzen fürchten auch das kalte wasser. »
                              Allemand, Poëtevin.

« A scalded cat fears cold water. »   Anglais.

« Le chat qui a été une fois mordu de la couleuvre, appréhende
jusqu'à la corde, »
                              Proverbe arabe.

148. « Gatto che non è goloso non piglia mai sorcio. »
                              Italien, Pescetti.

« Gatta licca (*ghiotta*) pigghia surci. »   Sicilien, Pitrè.

149. « Bon chatton tourne en petit lieu. » — C.-à-dire : un bon chat n'a pas besoin d'un grand parcours pour faire chasse.

Proverbe français, NUCÉRIN.

150. « Attentif comme un chat qui guette une souris. » — « Guetter quelqu'un comme le chat la souris. »   Locutions françaises.

151. « Que bouol pas nourri lou cat — cal que nouirigo lou rat. »

Rouergue, DUVAL.

152. « Quand le chat n'y est pas les souris dansent. »

Français.

« Quand le chat court sur les toits, les souris dansent sur les planchers. »   BALZAC, *Eugénie Grandet*.

« Quando la gatta non è in paese, i topi ballano. »   Italien.

« Quando la gatta è in paese, i topi stan cheti. »   Italien.

« Quando em casa nam està o gatto, estendese o rato. »

Portugais, PEREYRA.

« Morrem gattos, banqueteamse os ratos. »

Portugais, PEREYRA.

« Muérense los gatos, regocijanse los ratos. »   Espagnol.

« When the cat 's away, the mouse may play. »   Anglais.

« Als de kat in de val is, dansen de muizen. »   Hollandais.

« When the cat dies, the mice rejoice. »   Proverbe oji, RIIS.

153. « Al gat mort ga salta adoss i sorech. »   Bergame.

« Al gato morto i sorzi salta atorno. »   Vénitien.

154. « Ar c'haz a red — a lip he veg ; — ann hini a jomm — a ra meon. » = Chat qui court — se lèche les babines ; — chat qui demeure, — fait miaou.   Finistère, c. par M. L. F. SAUVÉ.

« Jammai cat miaulaire — noun seguet bo cassaire. »

Gard, com. par M. P. FESQUET.

« Jomai cat miooulaire — noun fouguèt boun cassaire. »

Rouergue, DUVAL.

« Gatto meador — nunca bom caçador. » Portugais, PEREYRA.

« Gat miolador may será bon ratador. »

Catalan moderne, REINSBERG.

« Die katze die mausen will, wird nicht miauen. » Allemand.

« Wenn die katzen mausen, hängen sie keine schellen an. »
Allemand.

155. « Chat emmitouflé ne prend point de souris.» Français.

« Pour prendre les souris, les chats tirent leurs gants. »
Fribourg, CHENAUX.

« Cat emmantelat — jammai noun prenguet rat. »
Languedoc, com. par M. P. FESQUET.

« Gatta guantata non piglia mai sorice. » Italien.

156. « Der Katzen Scherz ist der Maüse Tod. » Allemand.

« Jeux de chat, pleurs de souris. »
Proverbe russe, *Eléments de la langue russe*, 1791.

« Sport to the cat, death to the rat. » Proverbe telugu, CARR.

157. « Quand dourmis lou cat — velho lou rat. »
Gard, com. par M. P. FESQUET.

158. « A vieux chat, jeune souris. » Français.

« A vielh cat — jouve rat. » Languedocien.

« A gatto vecchio dagli il topo giovane. » Italien.

« A gatto vecchio, sorcio tenerello. » Italien.

159. « When the cat has dreams, she sees the rat. »
Bannu, THORBURN.

160. « Il gatto e il sorcio non han giammai pensato di comun accordo. » Arabe maltais, VASSALLI.

« Una ne conta u topu e l'altra u gattu. » Corse, MATTEI.

161. « C'est l'lourd chet qu'attrape li soris. » = C'est le lourd chat qui attrape les souris. Se dit souvent, au figuré, des amoureux.
Wallon, DEJARDIN.

162. « Le mulot et le chat se régalent ensemble de la graisse du malheureux. » — On a deux ennemis au lieu d'un.
Proverbe talmudique, SCHUHL.

163. « Où la souris se moque du chat, il y a un trou. »
Proverbe wolof, DARD.

164. « Le chat au rat, le rat à la corde et la corde au bâton. » — C.-à-dire : à chacun son métier.

Espagnol, CERVANTÈS, Don Quichote.

165. « ... Souvent il y chante l'histoire scandaleuse du jour, ou pour nous exprimer comme le font les Arabes, ce qui arrive entre le chat et la souris... »

VILLOTEAU, De l'état de l'art musical en Egypte, p. 235.

166. « Though a mouse were (as big) as a bullock, yet it would be the slave of the cat. »Proverbe oji, RIIS.

167. « Though the snake be a snake, it is helpless before the cat. » — Cats are said to eat snakes. A strong man must give way before a stronger.Bannu, THORBURN.

168. « Tit for tat — if you kill my cat, — i'll kill your dog. »

Anglais.

169. « Vende gatto por lebre. »Portugais, PEREYRA.

170. « Happe chat est un nom injurieux que l'on donne à ceux qui exercent leurs droits avec trop de rigueur. »

J. F. MICHEL.

« Escano cats, manjo cats = un usurier. »

Languedoc, com. par P. FESQUET.

171. « Il est chanceux comme un chat qui se noie. »

Français, MARIN.

172. « A chat crevé, remède de cheval ne peut pas nuire. » — Pour un malade qu'on considère comme perdu, on peut tout essayer.

Marius ROUX, Eugénie Lamour.

173. « Muoversi come una gatta di piombo. »Italien.

« Eser alest come oen gat de marmor. »Brescia, MELCHIORI.

174. « Ohne Abschied zu nehmen, wie die Katze vom Daubenschlage. »Allemand, POËTEVIN.

175. « Il cane del fabbro dorme al rumor del martello, e si desta a quello delle ganasce. »Italien.

Cf. ci-dessus, p. 65 § 32.

176. « Like the cat on the cross wall. » — It can jump down either side. Applied to an unprincipled, doubledealing person.

> Proverbe telugu, CARR.

177. « Che colpa ci ha la gatta, se la massaia è matta ? » — Quando una cosa mal custodita è tolta, la colpa non è tanto di chi la si toglie, quanto di chi gliele inconsideratamente in preda.

> Italien.

« Che 'nci ave che fa la gatta — quanno lo patrune è pazzo. »

> Napolitain, PITRÉ.

178. Le chat est souvent accusé des méfaits d'autrui :

« Ce sont les chats qui brisent toutes les écuelles »

> Proverbe de la Suisse romande, CHENAUX.

A une personne coupable qui nie avoir commis la faute on dit ironiquement : Non, c'est le chat !

« Je ne vous ai pas vu, non, c'est le minet ! » — C.-à-d.: Je vous ai parfaitement bien vu.

> LEUVEN, *La poularde de Caux* (comédie).

179. « *Chatte !* interjection qu'on emploie lorsqu'on retire en plaisantant un objet que l'on feint d'offrir à un enfant, comme on retire un plat de l'atteinte d'un chat. » Centre, JAUBERT.

« Faire chatte à quelqu'un = ne pas tenir sa promesse. »

> Centre, JAUBERT.

« ... Oscar devenir régisseur ! mais il faut savoir l'arpentage, se connaitre à la culture... — Il apprendra. — Lui ? la chatte ! »

> BALZAC, *Un début dans la vie.*

« ... Et tu ne lui as pas rendu ? — La chatte ! par exemple ! »

> DUVERT, *Le marchand de marrons*, comédie.

Dans ces phrases, la chatte ! équivaut à : jamais ! ça n'est pas possible !

180. « Il ne ferait pas de mal à un chat. » — Se dit d'une personne inoffensive.

181 « Le bonhomme n'a pas plus de nerf qu'un petit chat de trois semaines. »

> MARCO SAINT-HILAIRE, *La veuve de la grande armée.*

182. « La nuit tous les chats sont gris. »

183. « On n'y trouve pas un chat. » On n'y trouve personne.

Cf. ci-dessus, p. 37 § 246.

« On n'y trouverait pas un chat coiffé. »

184. « Occasion trouve qui son chat bat. »   Français.

Cf. ci-dessus, p. 32 § 214.

185. « On dit d'un homme malpropre qu'il est propre comme une écuelle à chat. »

186. « Essergh el gatt in t' la zéndra. » — Esser il gatto nel focolare. Non esservi ancora acceso il fuoco per fare da mangiare.
                              Parme, MALASPINA.

« The cat in the fireplace is still sleeping. » — No preparations for cooking, little prospect therefore of dinner.
                              Proverbe telugu, CARR.

187. « I mucini hanno aperto gli occhi. » = On y voit clair maintenant, on a cessé d'être sot.   Italien.

188. « Pelagatos = pauvre diable vivant péniblement. »
                              Languedocien.

« Mettere alle mani ad uno una mala gatta a pelare, vale figuratam. — Dargli impresa difficile e pericolosa. »   Italien.

« Non pigliar gatta a pelare, vale non mettersi ad impresa troppo ardua, e da cui possa venir male a chi la fa. »   Italien.

189. « An s'poèul dir gatt gatt, s'el n'è in tel sacch. »
                              Parme, MALASPINA.

190. « Come un sacco di gatti, vale alla rinfusa, in qua, e in là. »
                              Italien.

« Fare un sacco di gatte, vale fuggire andando chi in qua, e chi in là. »   Italien.

191. « Es coum' un cat usclat. » c.-à-d.: il est plus qu'il ne parait, il ne faut pas le juger d'après les apparences.
                              Gard, com. par M. P. FESQUET.

192. « O tanjat sous catous. » — Il a changé ses petits de place. Se dit d'une personne qui après avoir vécu dans l'intimité d'une famille l'abandonne tout à coup pour en fréquenter une autre.

Gard, com. par M. P. FESQUET.

193. « Es coumo lous cats : doumai manjo, doumai reno. » — Plus il mange, plus il est hargneux, c.-à-d. la bonne fortune ne le rend pas meilleur qu'auparavant ; il est incorrigible.

Gard, com. par M. P. FESQUET.

II.

1. « Il ne faut pas acheter chat en poche (*var.* : en sac). »

Français.

« Vendere, o comprar gatta in sacco. » Italien.

« Non tener gatta in sacco. » Dire ouvertement ce que l'on pense.

Italien, DUEZ,

« Man muss die katze nicht im sacke kaufen. » Allemand.

Cf. « *To buy a pig in a poke.* » Anglais.

2. « Cerques pas cinq patos al cat. »

Languedoc, com. par M. P. FESQUET.

« Buscais cinco pies al gato y el no tiene sino quatro. »

Espagnol.

3. « Le belle parole non pascono i gatti. » Italien, PESCETTI.

4. « Katzengebet dringt nicht in den himmel. » Allemand.

5. « Darf doch die katze den kaiser ansehen ! » Allemand.

« Sieht doch die katze den kaiser an und sagt nicht : gnädiger Herr ! »

Allemand.

Cf. ci-dessus, p. 62 § 17.

6. « Le chat a vendu ses cornes pour du poisson. »

Sur l'amour du chat pour le poisson, voy. ci-dessus p. 92, § 82.

7. « D'un chat ou d'un chien écourté on dit, par manière de plaisanterie, qu'il a le droit d'aller partout. Au curieux qui demande

pourquoi, on répond : pour chercher le bout de queue qui lui manque. » Finistère, com. par M. L. F. Sauvé.

8. « Ai manjat lengo de cat. » — C.-à-d. : je ne puis garder un secret.
Gard, com. par M. P. Fesquet.

9. « Je donne ma langue au chat. » C.-à-d. : Je renonce à deviner. »

« On dit aussi : Je donne ma langue au chien. »

« La curiosité une fois éveillée se glissa partout et, comme une fouine affamée, fouilla dans tous nos environs pour essayer de découvrir quelque chose ; mais comme on dit chez nous, elle fut obligée de donner sa part au chat. »
Chauvelot, *Scènes de la vie de campagne* 1861, (Roman bourguignon) p. 28.

10. « Est-ce que le chat t'a mangé la langue ? » — Se dit à un enfant interrogé qui ne répond pas. Max Buchon, *Le Matachin.*

11. « La gatta frettolosa fece i gattini ciechi. » Italien.

Cf. ci-dessus, p. 60 § 3.

12. « Il ne faut pas couper la barbe des chats, cela les empêche de prendre des souris. » Laas, Loiret, c. par M. L. Beauvillard.

13. « On croit généralement que les chats ont dans le bout de la queue un ongle (ou un ver) qui les fait périr ou les rend chétifs pour toute leur vie. — Aussi on leur coupe fréquemment le bout de la queue. »

14. « On coupe le bout de la queue des chats pour les empêcher d'aller au sabbat. »
Le Charme (Loiret), c. par M. L. Beauvillard.

15. « Avoir la vie dure comme un chat. » Loc. française.

« Les chats ont neuf vies. »
Castelnaudary. c par M. Aug. Fourès.

« Avegh (*come i gatti*) sett anim e on animin. »
Milanais, Banfi.

« Le donne son come i gatti, finchè non battono il naso, non muoiono. » Italien.

« La gatta ha sette vite, e la donna sette più. » Italien.

« Li fimmini hannu setti spirdi comu li gatti. » Sicile, Pitrè.

« Eine katze hat neun leben, die zwiebel und das weib sieben haüte. »   Allemand, MEDIKUS.

16. « Figghiau la gatta e fici un surci. »   Sicilien, PITRÈ.

Cf. la fable de la montagne qui accouche d'une souris.

17. « Dans un roman de Sacher Masoch il est dit que tout paysan galicien se met à sourire lorsqu'il parle des chats. »

18. « Lasz mich los, oder ich schrei, sagte die Maus zur Katze. »   Prusse, FRISCHBIER.

19. « Strafe musz sein, sagt der kürschner und peitscht die katze mit einem strohhalm. »   Prusse, FRISCHBIER.

20. « Ce n'est qu'une question d'habitude dit le boulanger au chat dont il se servait pour nettoyer son four. »   Locution facétieuse allemande.

21. « Ce n'est pas pour rien que notre chat ne pouvait ch... » — Ce n'est pas sans cause que telle chose arrivait ; tout s'explique.   Proverbe wallon, DEJARDIN.

22. « C'est bien le chat de ce moulin, il a le bout du nez tout en farine. » — Voilà l'explication d'une chose qu'on ne comprenait pas jusqu'à ce jour.   Pamproux, Deux-Sèvres, c. par M. B. SOUCHÉ.

23. « He tied the fat to the cat's tail. » — The thief did so as a make believe that poor puss had stolen the meat and succeeded, as puss already had a bad name.   Bannu, THORBURN.

24. « Suona, compagno, suona alla gatta, a fin che balli la sposa. » — Il ritmo è acconcio per quei tali che fingono fare o dire una cosa ma fanno o intendono dire un' altra; ad imitazione di due innamorati, i quali mentre l'uno fingeva di fare la suonata per la gatta, il compagno se ne accorse della corrispondenza nel vicinato d'una figlia, che danzava contemporaneamente a tenor del suono.   Arabe maltais, VASSALLI.

25. « Quand une jeune fille refuse un jeune homme en mariage on dit qu'elle lui a donné le chat. »   Finistère, com. par M. L. F. SAUVÉ.

« Quand une jeune fille est recherchée par un galant qui n'a pas

la chance de lui plaire, elle lui donne son chat pour en compter les
poils, ce qui est considéré, non pas comme un simple congé, mais
comme un grand affront. »   Wallon, DEJARDIN.

Cf. ci-dessus, p. 94 § 93.

26. « Like a cat shutting her eyes, and fancying that one one's
could see her drinking the milk. » — A man fanciyng that he is
unseen when committing some crime.

Proverbe tulugu, CARR, § 1456.

27. « Wenn unglück will, fällt sich eine katze von stuhl zu tode. »

Allemand, REINSBERG.

28. « Lou cat de Soulatges (*nom d'un village*) manquèt pertout. »
— Invité à deux festins à la fois, il refusa l'un qu'il croyait devoir être
le moins somptueux, et arrivé pour prendre part au second, il se
trouva qu'il ne pouvait pas avoir lieu, de sorte qu'il manqua l'un et
l'autre.   Gard, com. par M. P. FESQUET.

29. « Farié lous ielhs emb' un cat. » — Il est très habile dans son
art, il en remontrerait à un savant, il ferait l'impossible.

Gard, com. par M. P. FESQUET.

30. « Consciencia de gatto de Portalegre. » — Conscience de
quelqu'un qui vend une chose pour une autre.

Portugais, PEREYRA.

31. « Fâ 'l gat de Pregn. » — Star in bottega a guardare senza
vendere nulla.   Fourbesque de Brescia, MELCHIORI.

32. « The barber without work shaved the cat's head. »

Proverbe telugu, CARR, § 1388.

« The jade who had nothing to do milked the cat. »

Proverbe telugu, CARR, § 1389.

« Chi non ha che fare, piglia la gatta a pettinare. »

Italie du sud.

Cf. ci-dessus, p. 39 § 260.

33. « A bon chat bon rat. »   Proverbe français.

« The rat went into a wine-jar and the cat began asking for it at
its hole. » — Meaning that two clever enemies seldom give each other
an opportunity.   Bannu, THORBURN.

« A mau chat mau rat. »   Ancien français, COTGRAVE.

34. « On dit de celui qui quitte une société sans dire adieu à personne, qu'il a emporté le chat. »

35. « Les chats, comme on sait, passent leur vie à se persuader tour à tour, que leur queue n'est pas à eux, et ils la mordent, ou à se convaincre qu'elle est bien à eux et ils lui témoignent les plus grands égards. »

Victor CHERBULIEZ. *Le fiancé de Mademoiselle Saint-Maur.*

36. « Si l'on a la muqueuse de la langue endolorie, un peu enflammée, c'est qu'on aura mangé après le chat. »

Démocratie franc-comtoise, 13 oct. 1878.

Cf. ci-dessus, p. 86 § 24.

« Si l'on a des dartres c'est qu'on a flatté ou embrassé un chat. »

Auxois, com. par M. H. MARLOT.

37. « Quand on a quelque chose dans le gosier qui produit une sorte d'étranglement on dit qu'on a un chat dans la gorge. »

38. « Il ne faut pas dire *chat* la nuit. »

NOËL DU FAIL, édit. Assézat, I, 112.

39. « En Bretagne on tue les jeunes chats nés au mois de mai, parce qu'ils sont plus mauvais que les autres. Le père chat lui même tue ses petits quand ils naissent dans ce mois. — On dit d'une personne méchante : qu'elle est mauvaise comme un chat de mai. »

Lorient, recueilli personnellement.

« Les chats nés dans le mois de mai sont les meilleurs, mais ils sont souvent mangés par les *marous* (= matous). »

Deux-Sèvres, SOUCHÉ.

« A cat born in may is supposed to be inclined to melancholy, and to be much addicted to catching snakes and reptiles and bringing them into the house. »   West Sussex, M⟨rs⟩ LATHAM.

« It is believed that a cat born in the month of may will suck the breath of a baby in the cradle if the opportunity offers. »

Superstition de Weardale, Durham, *Folklore Record*, 1879, p. 205.

40. « Gatta ci cova. » = La chose n'est pas claire, n'est pas naturelle ; il y a quelque anguille sous roche.   Italien.

« *Es ist ein katzenei !* = etwas unfindbares. »   All., GRIMM.

« Das wird eher geschehen, als (dasz) die katze ein ei legt. »
                                   Prusse, FRISCHBIER.

« Li farias creire que las catos pougnou d'ious. »
                              Gard, com. par M. P. FESQUET.

41. « Like the cat settling the dispute between two birds. » — By
eating them both up.   Proverbe telugu, CARR.

42. « Si, lorsque le chat se débarbouille, il ne dépasse pas son
oreille, on peut compter sur le beau temps ; s'il la dépasse c'est
signe de pluie. »   Beauce ; Gâtinais, com. par M. J. POQUET.

« Quand le chat se chauffe le derrière, c'est signe de neige ; s'il
éternue c'est signe de pluie ; s'il se débarbouille c'est signe de beau
temps. »   Deux-Sèvres, B. SOUCHÉ.

« Si vous voyez au commencement de l'hiver, un chat passer la
patte sur son oreille, c'est signe de froid. Examinez-le, autant de
fois il aura fait ce manège, autant de jours de gelée et de neige il y
aura. »   Auxois, com. par M. MARLOT.

« Il tire en bas de la pluie, se dit d'un chat qui se passe les pattes
de devant sur la tête. »   Vosges.

« Quand les chats se chauffent le derrière c'est un signe de neige. »
                           Loiret, com. par M. BEAUVILLARD.

« Quand les chats toussent, c'est un signe d'eau et quand ils tournent le dos au feu c'est un signe de froid. »
Bull. de la Société historique de St-Jean-d'Angély, 1866, p. 68.

« Quannu la gatta si lava la facci, signu ch' havi a chiòviri. »
                                   Sicilien, PITRÉ.

« Wenn sich die katze wascht (und mit der tatze hinter das ohr
fährt) so bekommt man Besuch. »
                           Canton de Berne, ROTHENBACH.

« — Capitaine, le temps se gâte et notre chat fait de ses farces ;
voyez comme il se roule et comme il court de l'avant à l'arrière du
navire. — C'est vrai fit le capitaine ; si nous n'étions dans un mousson
favorable, je craindrais la tempête ou une brise à tout rompre. —
C'est de l'orage répondit le gâbier, et *de la soignée...* Tenez, capitaine,

chaque fois que j'ai vu gambader les chats sur le pont, comme un mousse de l'école de Brest ou de Rochefort, je me suis méfié de la *marée qui portait au vent...* »

Pluchonneau, Voyage autour du monde, 1845.

43. « Si quelqu'un marche sur la queue d'un chat, il ne pourra pas trouver à se marier avant un an accompli. »

Superstition générale en France.

44. « On dit d'un homme marié: comme il aime son chat, il aime sa femme. »   Gâtinais, com. par M. J. Poquet.

45. « Celui ou celle qui soigne bien les chats aura un joli mari ou une jolie femme. »   Pamproux (Deux-Sèvres), B. Souché.

46. « Qui du chat est ami épousera certainement femme à grande bouche (c. -à-d. : de mœurs dissolues). »

Finistère, c. par M. L. F. Sauvé.

47. « Rêver de chat présage des contrariétés. »

Lorient, recueilli personnellement.

48. « Dans le département de l'Eure, on prétend que les chats sentent la mort. Si un chat a l'habitude de monter sur le lit de son maître, il cesse de s'y coucher si celui-ci est mortellement malade. »

Comm. par M. E. Isambard.

49. « Si, en entrant dans une maison vous voyez un chat noir, c'est un mauvais présage. »   Auxois, com. par M. H. Marlot.

« Guai, se entra in casa qualche gatto nero ! Caccisi via prestamente, perchè non è foriero di buona ventura. »

Sicile, Castelli.

50. « Going to a marriage with a cat under your arm. » — Manquer grossièrement aux convenances, la vue d'un chat étant un mauvais présage.   Proverbe telugu, Carr.

51. « If a strange dog or a strange black cat come to your house and remain domesticated there, it brings good fortune. So when a cat from a distance becomes restless, and tries to make her escape, put her into the cold oven, for it is said that the effect upon her will be that she will forget her former home completely. »

West Sussex. M[rs] Latham.

52. « Even the most favoured cat, if heard to sneeze, is instantly shut out of the house ; for, should she stay to repeat the sneeze three times indoors, the whole family will have colds and coughs. »

West Sussex, Mrs LATHAM.

53. « Traverser un ruisseau en portant un chat dans ses bras, dans un panier, ou un bissac, porte malheur et fait perdre les procès que l'on peut avoir par la suite. Lorsqu'on le porte dans un sac, il n'est pas rare de voir les personnes s'arrêter sur le bord du ruisseau, jeter le sac de l'autre côté et traverser ensuite pour reprendre le chat.—J'ai connu une personne qui, en pareille occurrence mit le bissac contenant le chat sur le dos de son chien, qui ne risquait rien, attendu, disait-elle, que les tribunaux n'étaient pas faits pour lui. » Creuse, com. par M. F. VINCENT.

54. « Pour qu'un chat soit bon il faut qu'il ait été volé. »

Deux-Sèvres, SOUCHÉ.

55. « Si vous donnez un chat à un ami, vous êtes sûr de vous brouiller avec lui. » Com. par M. Sylvain EBRARD.

56. On croit généralement que tuer un chat porte malheur.

« A Rouvray (Eure-et-Loir), quand on veut se débarasser d'un chat on va le perdre. On croit que le tuer porterait malheur. »

Com. par M. J. POQUET.

« Tuer le chat du bord porte malheur au bâtiment. »

A. JAL, *Scènes de la vie maritime*, III, 307.

« Un ancien préjugé rend les chats du bord inviolables. »

LA LANDELLE, *Le chien du bord*.

« Non meno di sette anni di miseria sono riserbati a colui che uccide un gatto; imperocchè quest' animale è sotto la protezione di Santa Marta. » Sicile, CASTELLI.

57. « Kill a cat, kill a brahman. » Doing harm to a cat is considered as sinful as injuring a brahman.

Superstition telugue, CARR § 1461.

58. « Tu as la berlue ; je croy que tu as été au trepassement d'un chat, tu vois trouble. » *Comédie des proverbes.*

Cette locution se trouve aussi dans Molière, *Don Juan ou le Festin de Pierre*, acte II.

59. « Cervel di gatta = un sot, un inconstant, un estourdy, qui a une mémoire de lièvre »   Italien, DUEZ.

60. « Aver mangiato il cervello di gatta o di gatto ; si dice di chi è impazzato. »   Italien.

61. « Il est en colère comme quelqu'un qui aurait mangé du chat.»
                                        Somme, com. par M. H. CARNOY.

62. « L'os frontal d'un chat *complétement noir* a la propriété de rendre invisible celui qui le porte. »
                                        Eure-et-Loir, com. par M. J. POQUET.

« Une cervelle de chat mort enragé est excellente pour préserver de la possession. »   Sologne, LA BUZONNIÈRE, *Les Solonais*, t. II.

« Wer einen daümling aus einem *ganz schwarzen* katzenbalg, an dem kein einziges weisses haar ist. am linken daumen trägt, ist unsichtbar. »
                                        Tyrol, *Zeit. f. d. d. Myth*. I, p. 237.

63. « All fire is extinguished where a corpse is kept and it is reckoned so ominous for a dog or a cat to pass over it, that the poor animal is killed without mercy. »
                                        Écosse, *Pennant's Tour in Scotland*.

64. « Les femmes ont été tirées de la queue du chat, c'est pour cela qu'elles ont plus de malice que les hommes. »
                                        Lorient, recueilli personnellement.

65. « Quand Dieu a voulu créer le chat, le diable lui a dit : « Tu feras le chat si tu veux, mais la tête sera à moi. » Aussi la tête du chat appartient-elle au diable tandis que le reste du corps est à Dieu. »   Deux-Sèvres, L. DESAIVRE. *Croyances*, etc, p. 23.

66. « On empêche les jeunes enfants de descendre à la cave ou de monter au grenier en leur faisant croire qu'ils y verront des *chattes à deux queues*, ce dont ils ont une peur extrême. »
                                        Eure-et-Loir, com. par M. J. POQUET.

67. « Le dimanche des *Bordes* (brandons) on attache un chat au bout d'une perche et les enfants le portent avec eux pour faire

la quête du combustible destiné à faire la *Borde*. On attache la perche avec le chat au milieu du feu en guise de mai et le pauvre animal périt brûlé. »

Environs de Semur (Côte-d'Or), com. par M. H. MARLOT.

Le même usage existe dans la Meurthe, le jour de la Saint-Jean. Voy. *Bull. de l'archéologie lorraine,* t. I, p. 58.

Sur les chats brûlés ainsi, voy. les rapprochements faits par Mannhardt dans *Uebereinstimmung deutscher und antiker Volksüberlieferung (Zeitsch. f. d. All.* nouvelle série, t. X, pp. 8 et suivantes du tirage à part).

68. « Dans un charivari fait à l'occasion d'un mari qui se laisse battre par sa femme, on se passe un chat de main en main en le maltraitant tant et plus. C'est ce qu'on appelle *faire le chat.* »

Auxois, com. par M. H. MARLOT.

69. « Si vous voulez tenir une chose secrète, gardez-vous d'en parler devant un chat, car, alors même qu'il semble endormi, il ne perd pas un mot de votre conversation. »

Finistère, com. par M. L. F. SAUVÉ.

70. « Le chien se réveille trois fois pour veiller sur son maître et le chat se réveille trois fois pour l'étrangler. »

Creuse, com. par M. F. VINCENT.

71. «Il gatto prega per la cecità, ma il cane prega per la sazietà de' padroni. » — Perchè il gatto ama rubare, e non vuol esser veduto ; ma il cane spera. Quello ladro, e questo fedele per natura.

Arabe maltais, VASSALLI.

« The cat wishes to see your eyes out, and the dog wishes to see you have children. — Both will then be well fed. »

Proverbe telugu, CARR, § 1455.

72. Les chats noirs fournissent des étincelles électriques quand on les frotte un peu longtemps avec la main, par un temps sec et dans l'obscurité.

Ce phénomène n'est peut-être pas étranger à la réputation diabolique des chats noirs.

73. « Le diable prend quelquefois la forme d'un gros chat noir et se place à la tête du lit pour guetter au sortir du corps l'âme d'un pécheur mourant. »　　　Creuse, com. par M. F. VINCENT.

74. « Pour faire venir le diable il faut faire bouillir un chat noir tout vivant dans une marmite. »

Vendée, L. DESAIVRE, *Croyances*, etc. 1881 p. 23.

75. « Le soir du mardi gras les chats vont faire le sabbat à tel ou tel endroit. A minuit il n'en reste plus un seul à la maison. »

Deux-Sevres, SOUCHÉ.

« Le chat va au sabbat. Notamment il ne manque jamais d'y aller le soir et la nuit du mardi gras. »

Creuse, com. par M. F. VINCENT.

Cf. Laisnel de la Salle, *Croyances*, etc tome I, p. 155.

76. « Fartar gattos que he dia de entrudo. »

Proverbe portugais, PEREYRA.

77. « Wenn eine Katze neun Jahre alt ist, so wird sie eine Hexe. »

Basse Autriche, BLAAS.

78. « Si vous avez un matou, noyez-le ou débarrassez-vous en de toute autre manière avant qu'il ait accompli sa septième année, car le jour même où il atteint cet âge, il tue infailliblement son maître. Un fermier de Pleyben paya de sa vie l'oubli de cette sage recommandation. Un dimanche matin qu'il était resté couché parce qu'il se sentait fatigué, ses gens le trouvèrent roide mort à leur retour de la messe. Il portait à la gorge une horrible blessure ; on crut à un crime et la justice fut appelée. Vainement les membres de la famille, puis les serviteurs, puis les voisins. furent interrogés les uns après les autres, personne n'avait rien vu, ne savait rien, ne pouvait rien dire. Le grand juge allait faire traîner en prison deux ou trois innocents. pour que ses archers ne revinssent pas les mains vides, quand le petit pâtre aperçut le chat de la maison qui, blotti dans un coin du foyer, regardait le cadavre avec des yeux flamboyants de colère. Sans mot dire il alla attacher une ficelle au bras du mort, après quoi jetant la pelote dans la cour, par la fenétre qu'il referma, il fit signe à tous de le suivre. Tout le monde sortit avec lui. — Bon ! maintenant, leur dit-il, approchez-vous de la fenétre et prenez bien garde à ce qui va se passer. Le petit pâtre sai-

sissant alors la ficelle la tira fortement à lui, et le bras du mort
s'étendit. Le chat qui avait vu ce mouvement s'imagina que son
maître revenait à la vie. Vite, d'un bond furieux il s'élance sur le lit,
prend le cadavre à la gorge, et des griffes et des dents se met à
fouiller la plaie saignante. Le vrai coupable s'étant ainsi dénoncé lui-
même, fut condamné à être brûlé vif, ce qui eût lieu sur l'heure. »

Finistère, com. par M. L. F. Sauvé.

79. « Wenn katz und hund zusammen einen furz lassen, entsteht
ein gespenst. »

Kœnigsberg, Frischbier.

80. « Quand une personne s'enrichit du jour au lendemain, sans que
l'on puisse expliquer d'une manière satisfaisante l'origine de sa fortune subite, on dit qu'elle possède un chat noir. Le chat entièrement
noir passe en effet pour apporter la richesse chez ceux qui prennent
soin de lui. Le jour ou l'on veut qu'il fasse son devoir, et l'on attend
pour cela l'une des fêtes de la Vierge, la maîtresse de la maison lui
donne le sein et le nourrit de son lait. Alors, il se met en route pour
une destination inconnue, portant sur le dos deux petits sacs, l'un
chargé d'argent ou d'or, l'autre vide, dans lequel il doit rapporter au
moins pareille somme. Le voyage est plus ou moins long, mais
comme le fardeau est généralement lourd, le chat noir ne manque
jamais de rentrer exténué de fatigue. Après les compliments d'usage
on lui prépare un bassin de bouillie, et la ménagère lui chauffe les
pattes et le ventre devant le feu avec mille attentions délicates. Un
chat noir qui a servi successivement neuf maîtres emporte de droit
l'âme du neuvième en enfer. Il en est de même si, pendant qu'il est
sous les ordres de l'un d'eux, celui-ci vient à mourir. Aussi, dès
qu'un homme a fait fortune, s'empresse-t-il de passer son chat noir
à quelque voisin, en accompagnant au besoin de belles poignées
d'écus la cession du diabolique animal. »

Finistère, communiqué par M. L. F. Sauvé.

« *Elle a trouvé le chat d'argent,* se dit d'une personne qui a toujours de la chance. Ce chat est un chat noir qui, si vous lui donnez
de l'argent, vous en rapporte le double. Si vous voulez sauver votre
âme, ne gardez pas cet argent chez vous, mais changez-le ou em-
ployez-le immédiatement. On fait avec le chat d'argent des arran-
gements pour un an. »   Lorient, recueilli personnellement.

81. « Il n'est pas rare, principalement à l'époque des avents, de
voir les chats quitter les maisons au tomber de la nuit. Tenez pour

certain qu'ils se rendent dans un lieu planté d'arbres ou dans quelque carrefour. Ils accourent par bandes de tous les villages environnants. Bientôt, des cris furieux s'élèvent ; ces animaux se prennent de querelle, se provoquent, se jettent les uns sur les autres et, à la grande stupéfaction des gens qui peuvent les entendre, profèrent d'épouvantables blasphèmes dans la langue des chrétiens. C'est ce que l'on appelle *un sabbat d· chats*. Un gros matou noir, qui n'est autre que le diable, préside ordinairement à ces réunions tumultueuses. »   Finistère, com. par M. L. F. Sauvé.

82. « Les *chats courtauds* sont des chats de taille extraordinaire qui tiennent conseil vers minuit, sur les *échaliers* de la Haute-Bretagne. Ils sont fort méchants et n'aiment point à être dérangés. Quand un intrus trouble leurs graves entretiens, ils l'entourent et lui font subir mille avanies. Ensuite, le président du conseil se munit d'une longue aiguille et l'enfonce dans le cœur du patient, qui devient hypocondriaque et dépérit lentement. »

> Paul Féval, *Le joli château de Coquerel* (dans *Le Voleur* du 10 avril 1843.)

83. « Un laboureur des environs de Strasbourg fut, un certain soir, assailli par *trois chats* en fureur. En se défendant, il réussit à les blesser sérieusement et les mit en fuite. Une heure après, le juge fit mander ce laboureur et l'envoya de suite en prison, comme coupable d'avoir maltraité *trois dames* de la ville. Le laboureur, très étonné, affirma n'avoir maltraité que trois chats qui l'avaient attaqué, en donnant pour preuve des poignées de leur poil qu'il avait eu la bonne idée de conserver. On le relâcha, le juge ne doutant point que le diable seul était coupable dans cette affaire ! »

> Bodin, *Démonomanie des sorciers.*

84. « Jeanne allant un jour au marché, rencontre un joli petit chat blanc qui semblait égaré. Elle l'enveloppe pour l'emporter chez elle. Arrivée au village et passant par devant une maison dans laquelle il passe pour notoire qu'il y a une sorcière, elle sent le petit chat se débarrasser de son linge et sauter à terre en lui disant d'une voix très douce : *merci, Jeanne.* C'était la bronche (sorcière) qui avait trouvé ce moyen de se faire ramener chez elle. »

> Bigorre, Deville, *Annales de la Bigorre*, p. 246.

85. « Dans un conte portugais (Coelho, *Contos populares*, 1879 p. 151) un mari veut battre sa femme qui a bu pendant son ab-

sence tout le vin de la cave. Elle s'excuse en disant que c'est la chatte qui a commis ce méfait. Comme il ne veut pas la croire elle l'emmène à un endroit où il y a un écho. Là, elle demande à haute voix : « qui a bu le vin ? est-ce moi ou la chatte ? » L'écho répond les derniers mots : *la chatte*, et le mari convaincu s'en retourne à la maison et tue l'animal. »

Sur le chat souvent accusé quoique innocent, voyez ci-dessus, p. 104, § 178.

86. « Kilkenny cat = a popular simile for a voracious or desperate animal or person, from the history of the two cats in that county, who are said to have fought and bitten each other until a small portion of the tail of one of them alone remained. »

Angleterre, J. C. H. Slang Dictionary.

Cf. ci-dessus, p. 74, § 76.

87. « Faire la chatte mouillée = faire l'hypocrite. »

Français du XVe siécle. LITTRÉ.

« Cato bagnado, catomiaulo = chattemite. »

Languedocien, com. par M. P. FESQUET.

« Faire la chattemite (¹) = affecter des manières humbles et flatteuses pour mieux tromper »

« Far la gatta morta, far il gattone .» — Dicesi di chi si finga semplice e non lo sia. Italien.

« Far el gatt amazzà, far la gatamogna. » Même sens.

Parme, MALASPINA.

« Todte Katzen beissen auch die Mäus. »

Allemand, REINSBERG.

Sur la chatte qui fait la morte pour attraper les souris, voyez Liebrecht, *Zur Volkskunde*, p. 215.

88. « Far la gatta di Masino, che chiudeva gli occhi per non veder passare i topi ; vale far le viste di non vedere.» Italien.

---

(1) Le mot *chatte-mite* vient de *chatte* et de *mite*, autre nom de la chatte plus particulièrement employé comme terme de caresse. Ce mot est donc formé par pléonasme.

« La gatta di Masino. » — Chiudea gli occhi a' topi grossi, e bra-
vava co' piccioli. Italien, PESCETTI.

89. « Guàrdati di la munachedda. — Detto preso dall'apologo de'
figliuoli d'una sorcia che temevano gli animali grossi e si diletta-
vano di una gattarella bianca e nera che seco loro voleva associarsi.
La madre però li avverti a guardarsi della monacella e non degli
animali più grandi. La monacella era la gatta. »

Sicile, PITRÉ.

90. «Degus noun voù estacà lou cascavel al cat. »

Languedoc.

« Nessuno vuol appiccar il sonaglio alla gatta. » — Certi topi de-
liberarono una volta d'appiccar un sonaglio alla coda della gatta,
per sentirla. Ma poiche il partito fù vinto, non si trovò mai nessuno,
che volesse pigliar l'assunto d'appicargliele.

Italien, PESCETTI.

Sur cette fable si connue *du conseil tenu par les rats,*
voyez Queux de Saint-Hilaire, *Œuvres d'Eust. Deschamps,*
T. I. p. 348.

91. « Se servir de la patte du chat pour tirer les marrons du feu. »

Français.

« Tirar sardinha ou castanha com a mão do gatto. »

Portugais, PEREYRA.

Comparez les proverbes suivants :

« Ressemblants au singe qui tire les chastaignes de sous la braise
avec la patte du levrier endormy au fouyer. »

NOËL DU FAIL, édit. Assézat, I, 298.

« To take the nuts from the fire with the dog's foot. »

Anglais.

« Con agena mano sacar la culebra del horado. » Espagnol.

« Sacar el ascua con agena. » Espagnol.

92. Dans certains contes le diable pour faire un pont
instantanément demande l'âme de la première personne

qui y passera. On y fait passer un chat et le diable est obligé de se contenter de cette proie. Voyez, par exemple, Leroux de Lincy, à l'art. *Beaugency.*

93. Sur le conte du chat qu'on offre en présent au roi d'un pays où cet animal est inconnu, voyez *Mélusine,* col. 153 et 158.

94. Sur le thème du *chat botté* voyez Gonzenbach, notes pour le n° 65 ; Pitrè, *Fiabe,* etc. n° 88 ; *Archiv. f. slav. Philol.* 1876, p. 286 ; *Rev. des langues rom.* III, 396.

95. Sur le conte du chat souhaitant mille ans d'existence au rat qui éternue, voy. Liebrecht, *Zur Volkskunde,* p. 121.

96. « On chante à l'ile de Sein une berceuse dont voici la traduction : J'ai un petit chat roux — qui a la teigne et les yeux chassieux — je ferai de sa peau — quatre draps et deux couvertures ; — je ferai de sa patte droite — un maillet pour piler les œufs ; — je ferai de sa patte gauche — un maillet pour piler l'orge ; — je ferai de ses yeux — une paire de lunettes pour mon père ; — je ferai de ses oreilles — deux petites tasses (pour boire) à l'auberge ; —je ferai des trous de son nez — deux lucarnes sur ma maison ; — je ferai de son trou puant — un dé pour le tailleur. »

Comm. par M. L. F. Sauvé.

97. Formulette du chat qui a des puces :

« Nostre paure cat — n'o de nieiros — n'o de nieiros — nostre paure cat — n'o de nieiros un pleu sac — si grato e si freto — sens n'attrouba ges — perco qu'es sens detz. » — « Notre pauvre chat a des puces un plein sac, il se gratte, il se frotte sans en trouver, car il n'a pas de doigts. »   Gard, com. par M. P. Fesquet.

98. « Le jeu de la *main chaude* est appelé *jeu de cachemite.* »
Centre, Jaubert.

99. « Le jeu de *colin-maillard* est appelé jeu de *chatta-mitta.* »
Forez, Gras.

« En italien il est appelé *gatta orba, gatt'orbola.* »   Duez.

100. « Il y a une espèce de jeu appelé *chat bouri, d'où viens-tu?* »

Meuse, CORDIER, *Coumédies*, p. 61.

101. Voir dans Montel p. 584, une formulette qui se récite dans un jeu appelé *lou cat.*

102. « JEU DU CHAT ET DE LA SOURIS. — C'est un jeu de jardin qui ressemble assez à une ronde, mais qu'on exécute sans aucun chant. Cela ne veut pas dire qu'on y garde le silence le plus absolu : loin de là, les miaulements, les ruses de chat, les transes de la souris, le soin de sa défense, tout cela excite des ris continuels. Mais, voyons d'abord comment on joue à ce jeu. Comme dans tous les rondes ordinaires, les joueurs forment un cercle en se tenant par les mains. Une dame, placée au milieu du rond est la souris ; un jeune homme, laissé en dehors, est le chat. La ronde tourne rapidement en écartant les bras de manière que le chat puisse passer par-dessous et pénétrer dans le centre, tandis que la souris s'échappe du côté opposé. Il faut voir le chat sauter tout autour du rond, en miaulant de son mieux, et chercher à se ménager une issue ; mais, s'approche-t-il d'un côté, les bras se resserrent et lui barrent le passage. Sans perdre son temps à le forcer, le chat continue ses excursions et passe à l'endroit où la place est sans défense. Avec un peu d'habileté, il pénètre dans le rond : mais aussitôt on fraye un passage à la souris, que le chat veut en vain poursuivre, car on s'efforce de le retenir en resserrant la chaine. Néanmoins, comme on est bien forcé de tourner et de sauter, le matou, l'œil au guet, ne tarde pas à découvrir un endroit faible ; une fois échappé, il court après la souris qui se réfugie dans le rond, mais, quelle que soit la rapidité de sa fuite, il est rare que le chat n'y entre pas avec elle. Il est plus rare encore qu'il ne parvienne pas à pénétrer dans le centre, tandis qu'elle y est, et qu'il ne la croque, c'est-à-dire qu'il ne lui prenne un baiser ou ne la force à donner quelque gage. Dans ce cas, le chat et la souris vont reprendre leur place dans le cercle : on leur choisit des successeurs, et le jeu se continue ainsi jusqu'à ce que tous les messieurs aient fait le rôle de Rominagrobis, et que les dames aient été élevées à la dignité souricière. Rien de plus amusant que ce jeu et de plus propre à donner de l'exercice. »

Mme CELNART, *Manuel des jeux de société.*

Cf. *Rivista di letteratura populare*, 1878, p. 143.

103. « LE CHAT ET LE RAT. — Ce jeu est le jeu favori des écoliers

en promenade. On choisit deux acteurs ; les autres enfants restent simples spectateurs, en attendant que leur tour arrive. On fixe en terre un bâton ou piquet à peu près semblable à ceux dont font usage les jardiniers pour étendre leur cordeau ; on partage ensuite une longue corde en deux, et on l'attache par le milieu après le bâton ; les deux joueurs en prennent chacun un bout, après s'être bandé les yeux. Celui qu'on appelle le *chat* est armé d'un tampon ; l'autre, qui se nomme le *rat*, tient une latte ou morceau de bois plat, dentelé en scie, d'où il tire un son aigre et discordant, en passant une baguette dessus. Le chat poursuit le rat sans relâche, et lui applique force coups de tampon jusqu'à ce qu'il se soit mis hors de sa portée ; le pauvre rat n'a pas le droit de se défendre, et, de plus, il est obligé d'indiquer l'endroit où il se trouve quand son adversaire lui crie : *du rat ! du rat !* Il racle alors son bizarre instrument en guise de signal, et court du côté opposé à celui où la voix du chat s'est fait entendre ; mais, comme il n'y voit goutte, il lui arrive souvent de se jeter au-devant du matou, qui ne le ménage guères. Quand le temps fixé pour la partie s'est écoulé, ou que le rat demande du répit, on ôte le bandeau aux joueurs et deux nouveaux figurants les remplacent. » BESCHERELLE

104. « JEU DU CHAT PERCHÉ. — Un des enfants, désigné par le sort, doit poursuivre les autres ; mais ceux-ci peuvent se mettre hors de ses atteintes, en se plaçant sur un tabouret ou sur une chaise, n'importe où, pourvu que les pieds ne touchent pas la terre. Si c'est dans un jardin que se fait le jeu, on désigne les objets sur lesquels il sera permis de monter. Lorsqu'un des joueurs est saisi avant d'avoir pris sa place, il doit à son tour poursuivre les autres. »

105. « Veux-tu mesurer si la queue du chat est aussi longue que ton bras ? — Si le niais ainsi interrogé accepte, on lui fait embrasser le derrière du chat, en faisant semblant de prendre la mesure. »
Facétie de l'Auxois, com. par M. H. MARLOT.

106. « De qu'es aco ? de qu'es aco ? Penjoulin que penjoulavo, — marmoutin que marmoutavo — se penjoulin ero tounbat — marmoutin l'aurié manjat. — Lou cat e lou missou ([1]) (le chat et le saucisson). » Devinette du Gard, com. par M. P. FESQUET.

107. « A Besançon sept femmes y a, chacune femme sept sacs a, et chacun sac sept chattes a, chacune femme a sept chattons, dites

(1) *Missou* vient de *mixtionem.*

combien de chats y sont ? — On prend la plume, on calcule, on trouve qu'il doit y avoir quatre cent trente : mais il n'y en a point, car à bien examiner, il n'y a que des chattes et des chattons, mais point de *chats*. »   Devinette, LEROUX. *Dict. com.*

108. « Dans une chambre il y a quatre coins ; dans chaque coin il y a un chat ; chaque chat a devant lui trois chats assis sur leurs queues, sur chaque queue il y a un chat. Combien cela fait-il de chats ? — Quatre chats. »

Devinette de Paris, recueillie personnellement.

109. « L'ÉPREUVE DU CHAT. — Lorsque dans une pension ou un collège un objet a été volé, on emploie quelquefois le moyen suivant pour découvrir le coupable : Le maître ou un écolier mis au courant de la ruse, prend sur ses genoux un chat secrètement enduit de suie qu'il recouvre d'une serviette. Il ordonne qu'on fasse l'obscurité complète, puis dit aux élèves de passer leurs mains sur le dos de l'animal, en les avertissant que celui-ci miaulera quand il se sentira touché par le voleur. Chacun doit ensuite garder les mains derrière le dos. Quand l'opération est terminée, on éclaire la chambre et tous les écoliers font voir leurs mains, qui sont toutes noircies, excepté celles du coupable qui a eu soin de ne pas toucher le chat de peur d'être reconnu. »

EQUUS CABALLUS. — LE CHEVAL.

I.

1. On appelle l'ensemble des chevaux entiers et hongres, des juments et des poulains :

LA CAVALINO, Gard, communiqué par M. P. Fesquet.
LA CHEVALINE, Centre, Jaubert. — Deux-Sèvres, communiqué
par M. L. Desaivre.
L'ESPÈCE CHEVALINE, LES BÊTES CHEVALINES, français.
LA CHEVALERIE, Aunis, L. E. Meyer.

2. D'une manière générale, le cheval est appelé :

CABAL, *m.* Ariège, Montel, p. 100 et p. 172.
CAVA, *m.* Menton, Andrews.

K'VA, *m.* normand.

CHABAL, *m.* Béziers, *Revue des langues romanes*, novembre
1877, p. 239. — Narbonne, Montel, p. 442. — Lauragais,
communiqué par M. P. Fagot.

CHAVAL, *m.* Gard, communiqué par M. P. Fesquet.

CHAVAU, *m.* Haute-Vienne, Montel, p. 239.

CHAVAU, TCHAVAU, TÇAVAU, Creuse, comm. par M. F. Vincent.

CHEVAL, *m.* français.

JEVAL, *m.* Mantes, Cassan.

CHEVAU, *m. (au pluriel* les chevals), Centre, Jaubert. — Loiret,
communiqué par M. L. Beauvillard.

CHEVAU, CHVAU, CHVÔ, JVÔ, Lorraine, Pays messin, Loiret, Côte-
d'Or, Morvan, etc.

CHIVAL, *m.* Alais, Montel, p. 156.

CHIVÀ, *m.* wallon, Grandgagnage.

CHIVAU, *m.* Ardèche, Montel, p. 159.

CHIBAOU, *m.* Bayonne, Lagravère. — Bagnères-de-Bigorre,
communiqué par M. A. Cazes.

TJIBAOU, *m.* Médoc, Tourtoulon.

CHOBAL, *m.* Rouergue, Duval.

ÇOBAL, *m.* Dordogne, Montel, p. 167.

CHOUÄ, *m.* Lunéville, Oberlin.

CHOUAU (*monosyllabe*), *m.* Beauce, Gâtinais, communiqué par
M. J. Poquet.

CHOUAOU, CHEVAOU, *m.* Pamproux (Deux-Sèvres), communiqué
par M. B. Souché.

DCHVÀ, *m.* Ban de la Roche, Oberlin.

J'VA, *m.* Bessin, Joret.

TSAVAU, *m.* Haute-Loire, Montel. — Gruyère, Cornu.

TSEÔ, *m.* Bagnard, Cornu.

TSOUAU, *m.* Les Fourgs, Tissot.

TSCHEVAU (*au pluriel* tschevals), Plancher-les-Mines, Poulet.

TCHOUVA, *m.* Montbéliard, Contejean.

Cf. **Cabalo**, gallicien, Piñol. — **Cavallo**, ital., esp., port. — **Caal**, Brescia, Melch. —
Caddu, sarde logodourien, Spano. — **Cal** (*au pluriel* **Cai**), roumain, Cihac.

Tous ces noms dérivent du latin *caballus*. — Sur l'origine de ce mot *caballus*, voyez un article de François
Meunier, Καβάλλης *et ses descendants* (dans *Mémoires de
la Société de Linguistique*. I, p. 408).

3. Autres noms généraux donnés au cheval :

AIGUE, *m.* (= latin *equus*), Camargue, Mme L. Figuier, *Le Gardian de la Camargue.*

DADA (¹), *m.* français (terme enfantin).

DHIODHIO, *m.* (dh = th anglais doux), (terme enfantin), Pamproux (Deux-Sèvres), communiqué par M. B. Souché.

HÙHÙ (²), (terme enfantin), Vagney (Vosges), communiqué par M. D. Pierrat.

YUYU (³), (terme enfantin), Montbéliard, Contejean.

CADET (⁴), *m.* terme enfantin ou plaisant.

MARC'H (⁵), *m.* breton armoricain.

ZÀLDIÁ, basque, Fabre.

KÌLLO, argot bellau, Toubin.

GRÉ, *m.* argot, Leclair, *Histoire des brigands d'Orgères,* Chartres, in-12, an VIII.

GAYE, *m.* argot, suivant différents auteurs.

GALIER, *m.* argot, Halbert d'Angers, *Dict. du jargon,* 1840.

MARCHEA, GRAMI, CRASHNIA, tsigane des pays basques, Baudrimont.

4. Noms généraux étrangers donnés au cheval :

῎Αλογον, grec moderne, Bik. — **Battafang,** fourbesque de Parme, Mal. — **Konj,** Carniole, Freyer. — **Agóri, Agóra,** tsigane de Turquie, Paspati. — **Soh'lij, Husánáisch,** tsigane d'Egypte, *Petermann's Mittheilungen* II (1862), p. 43.

5. Le cheval mâle non châtré est spécialement désigné par les noms suivants :

ROUSSIN, *m.* français.

RONSIN, RONCIN, *m.* Pays wallon, Lorraine, Montbéliard, etc.

___

(1) **Dia ! dia !** sont des interjections qu'on emploie pour faire marcher un cheval. Les enfants en ont fait **dada** et ont donné ce nom à l'animal.

(2) A côté de **dia ! dia !** on emploie encore **hù ! hù !** d'où le terme enfantin (voyez la note précédente). Cf. **huy huy,** nom enfantin du cheval en hollandais.

(3) **Yu !** est une exclamation usitée pour faire marcher les chevaux (Contejean).

(4) Dans *Le Coin de Rue,* comédie de Brazier et Dumersan, jouée aux Variétés en 1820, un cocher mis en scène dit : «... je ne perds pas une minute, j'avale la goutte à règle, je saute sur mon siège, **je serre mes deux cadets** et j'arrive chez le bourgeois dès potron minette... »

(5) D'où **marchosi** (= écurie), breton, d'Arb. de Jubainville, *Origine du breton.* — *Marc'h* se rattache au gaulois **marcos.**

CHEVAL ENTIER, ENTIER, ÉTALON, français.

ATLON, *m.* Loiret, communiqué par M. L. Beauvillard.

MOURÉ, *m.* Les Fourgs, Tissot.

GARAGNOU, GAZAGNOU, languedocien, comm. par M P. Fesquet.

GARAÑUA, basque, Fabre.

Noms étrangers donnés au cheval entier :

Stallone, Guaragno, Cavallo di guadagno, italien. — **Hengst,** allemand.

6. Le cheval mâle qui a subi l'opération de la castration est appelé :

CHEVAL HONGRE, HONGRE, CHEVAL HONGRÉ.

7. Noms étrangers donnés au cheval hongre :

Gelding, angl. — **Wallach,** all. — **Ruin,** hollandais. **Armasar,** roumain, Cihac.

8. Le cheval femelle est appelé :

ÉGA, *f.* (= lat. *equa*) Bas Valais, Gilliéron.

EGUA, *f.* Auvergne, Gras. — Velay, *Romania*, II, 63.

EGO, *f.* Rouergue, Duval. — Gard, com. par M. P. Fesquet.

IVE, ancien français, Littré.

CAVALA, *f.* Bas Valais, Gilliéron. — Menton, Andrews.

CABALO, *f.* Bagnères-de-Bigorre, com. par M. A. Cazes. — Lauragais, com. par M. P. Fagot.

CAVALO, *f.* Alpes cott., Chab. et Rochas. — languedocien.

CAVALE, *f.* français. — wallon, Grandgagnage.

QUÈVALE, *f.* Rouvray-Saint-Denis (Eure-et-Loir), com. par M. J. Poquet.

JUMENT, *f.* français.

JEMENT, J'MENT, *f.* Côte-d'Or, Pays messin, Bessin, Loiret, etc.

JIMENT, JOUMENT, *f.* Le Charme (Loiret), com. par M. L. Beauvillard.

PONNE, *f.* argot, Leclair, *Hist. des brigands d'Orgères,* Chartres, an VIII.

GALIÈRE, *f.* GALIENNE, *f.* argot, Halbert d'Angers, *Dict. du jargon,* 1840.

BEHORRA, basque, Fabre.

BEOR, BIGOR, basque guipuzcoan, Van Eys.

BIOR, basque biscaïen, Van Eys.

BEHOR, basque labourdin, Van Eys.

9. Noms étrangers donnés à la jument :

Φοράδα, grec moderne, Bik. — **Cavalla**, it. — **Cavàla**, Parme, Mal. — **Egua**, gall., Piñol. — **Egoa**, port., gall.— **Yegua**, esp. —**Merry, Merrypaard**, holl. —**Mare**, anglais.

10. Le jeune cheval mâle, jusqu'à ce qu'il ait atteint l'âge de deux ans et demi environ, est appelé :

POLIN, *m.* (= lat. *pullinus*) mentonais, Andrews.

POLAIN, POLOIN, *m.* Environs de Semur, com. par M. H. Marlot.

POULAIN, POULIN, *m.* français. — Bessin, Joret.

POULAIN LAITRON, LAITRON (= poulain jusqu'à l'âge de quinze mois), français, terme des éleveurs.

POULI, *m.* Hérault, Montel, p. 110. — Haute-Loire, Mont. p. 527. — Lauragais, com. par M. P. Fagot. — Creuse, com. par M. F. Vincent. — Gard, com. par M. P. Fesquet.

POURI, *m.* Bagnères-de-Bigorre, com. par M. A. Cazes.

POULHI, *m.* Ariège, Montel, p. 100.

POULEUT, *m.* POULIGNOT, *m.* Montbéliard, Contejean.

POUTERAIN, *m.* wallon, Grandgagnage.

POTRO, basque labourdin, bas navarrais, Van Eys.

JITON, *m.* Deux-Sèvres, com. par M. L. Desaivre.

JETON, *m.* Poitou, Rousseau.

EBEUL (= gaulois epâlos, dérivé d'epos), breton, d'Arb. de Jub.

CHALDIÑUA, basque, Fabre.

GALTRON, *m.* argot, Halbert d'Angers.

11. Noms étrangers donnés au poulain :

Puledro, Poltracchio, it. **Poleder**, piémontais, Zalli.— **Poldro**. port. — **Potro**, esp. — **Colt**, angl. — **Füllen, Fohlen**, all. — **Veulen**, holl.

12. Le jeune cheval femelle est appelé :

POULINO, *f.* Lauragais, com. par M. P. Fagot. — Gard, com. par M. P. Fesquet. — Creuse, com. par M. F. Vincent.

POULINE, *f.* ancien français. — Loiret, com. par M. L. Beauvillard. — Deux-Sèvres, com. par M. B. Souché.

POULAINE, *f.* Deux-Sèvres, com. par M. B. Souché.

POULAIGNE, *f.* POULIGNE, *f.* Côte-d'Or, com. par M. H. Marlot.

POULAGNE, *f.* Haute-Loire, Montel, p. 527.

POULICHE (¹) (= lat. *pullicem*), normand, Joret. — français
 moderne.

POULICHE LAITRONNE, LAITRONNE (= pouliche jusqu'à l'âge de
 douze mois), français, terme des éleveurs.

PEUDRA, *f.* Bas Valais, Gilliéron.

POUTRE, *f.* POUTROTTE, *f.* Montbéliard, Contejean.

PUTROTTE, *f.* Les Fourgs, Tissot.

POÙTE, *f.* wallon, Grandgagnage.

EBEULEZ, EUBEULEZ, *f.* breton armoricain, Troude.

BEHOKA, basque, Fabre.

13. Noms étrangers de la pouliche :

Poldra, port., gall. — Potra, Potranca, esp. — Polera, Piémont, Zalli. — Putra,
sic., Pitrè. — Cavallina, it. — Filly, angl. — Fülche, allemand bavarois.

14. « Le mot *sorandze* sert à désigner un cheval ou une jument
d'un an et demi. »   Bas Valais, GILLIÉRON.

« *Ant'née, anqu'néc* = poulain de l'année précédente, poulain de
plus d'un an (*racine* antan = *ante annum*). »   Bessin, JORET.

« *Razo* = cheval de sept ans. »   Bas Valais, GILLIÉRON.

15. On emploie à l'égard des chevaux qui sont ou trop
maigres, ou trop faibles, ou trop petits, ou trop grands,
ou trop vieux, les termes de mépris suivants :

CARCAN, *m.* ROSSE, *f.* HARIDELLE, *f.* français.

HAROTTE, *f.* pays wallon, — Lorraine.

MAZETTE, *f.* BIDET, *m.* CRIQUET, *m.* BIQUE, *f.* français.

CARNE, *f.* HARIN, *m.* BIROQUE, *f.* BIDÀYON, *m.* Bessin, Joret.

CARCASSE, *f.* ROSSAILLE, *f.* CHAROGNE, *f.* Côte-d'Or, communiqué
 par M. H. Marlot.

CAGNON, *m.* normand, Delboulle.

HÈGUÈTE, BRINGUE, pays messin, Jaclot.

ÉGOT, *m.* Forez, Gras.

RONSA, *f.* Nice, Toselli.

ROUSSI, *m.* languedocien.

ROÛTA, *f.* Fribourg, Grangier.

(1) C'est le mot normand **pouliche** qui, depuis le XVIIᵉ siècle, s'est substitué au
français **pouline**. (Joret).

16. « On appelle *ro* le cheval qui n'a qu'un testicule dans le scrotum, l'autre n'étant pas descendu. »

Wallon, GRANDGAGNAGE.

17. « Le hongreur est appelé *magnin*. »

Bas Valais, GILLIÉRON.

« *Chikiratzea* en basque a le sens de *hongrer.* »   FABRE.

18. « La jument en feu est dite *chaoude* ou *en humeur.* »

Deux-Sèvres, communiqué par M. B. SOUCHÉ.

« *Rossen, rossig werden* = être en chaleur, en parlant de la jument. » Allemand. — « *Ritsig zyn*, même sens. » Holl. — « *Essere in frega*, même sens. » Italien.

19. « Pour dire qu'on fait saillir la jument on emploie ces termes : *on la fait servir*, ou *on l'ânaïe.* »

Deux-Sèvres, communiqué par M. B. SOUCHÉ.

« *Servi* = couvrir la jument. »   Bas Valais, GILLIÉRON.

« *Fére vée* = faire saillir (une jument). »   Bessin, Joret.

« On appelle *véyou*, le possesseur d'un étalon, homme qui fait *vée* les juments. »   Bessin, JORET.

« *Atlonner* = saillir une jument. — *Atlonier* = celui qui conduit les étalons (¹). »

Le Charme (Loiret), communiqué par M. L. BEAUVILLARD.

« *Faire sauter les juments* = faire saillir les juments. »

Auxois, communiqué par M. H. MARLOT.

« *Roncenai* = saillir une jument. »

Montbéliard, CONTEJEAN.

« En espagnol *caballage* = action d'un cheval qui saillit une jument. »

« Un haras de chevaux ou de baudets s'appelle un *atelier*. — Le palefrenier de ce haras s'appelle *un maquerea*. »

Deux-Sèvres, communiqué par M. L. DESAIVRE.

« Un haras de juments est appelé *egatado.* »

Gard, communiqué par M. P. FESQUET.

(1) Dans l'Auxois il est appelé *étalonier*. (H. Marlot).

20. « ... Les juments devront être bouclées (¹), afin d'éviter la
monte libre et lorsqu'il nous plaira de les faire emplir nous les
débouclerons et nous les ferons saillir... »

JOUBERT, *L'agriculture en Sologne*, 1845.

21. La jument employée pour la reproduction est appelée :

POULINIÈRE, JUMENT POULINIÈRE, *f.* français.

POLAINIÈRE, *f.* environs de Semur, com. par M. H. Marlot.

« Sur les marchés on appelle *jument suivie* la jument accompagnée de son poulain. »

22. De la jument qui met bas, on dit :

POULINER, français.

POUL'NÉ, PON'LÉ, Bessin, Joret.

PO*th*ENA, Bas Valais, Gilliéron.

EALAN, ALAN, EBEULIA, breton, Troude.

23. Du cheval qui fait entendre son cri, on dit :

HENNIR, français.

HÉGNÉ, pays messin, Jaclot.

HENDINER, Centre, Jaubert.

ANILHÁ, Béziers, *Revue des langues rom.*, nov. 1877, p. 239.

RECHÀNER, Berry, Jamet Massicault, *Thibaud*, p. 175. — Deux
      Sèvres, communiqué par M. B. Souché.

ARCHANÂ, Creuse, communiqué par M. F. Vincent.

RAIJONNAI, Auxois, com. par M. H. Marlot.

Synonymes étrangers :

Renillar, anc. cat., Diez. — Nitrire, annitrire, rignare, it. — Relinchar, esp. —
Rinchar, port. — Renchezà, roumain, Diez. — Hinneken, runnikken, grinneken,
hollandais. — To neigh, anglais. — Wiehern, allemand (2).

24. L'action de hennir est dite :

HENNISSEMENT, *m.* français.

KRISTILIADEN, C'HOUIRINADEN, GOURRISIADEN, breton, D'Arbois de
      Jubainville.

(1) Opération qui consiste à passer de petites boucles de fil de fer dans la partie naturelle d'une jument pour empêcher qu'elle ne soit saillie au hasard.

(2) Sur les mots germaniques ayant le sens de **hennir** voy. Wackernagel, *Voces variæ
animantium*, p. 65.

Noms étrangers :

Hinnitus, lat. — **Nitrito**, it. — **Relincho**, espagnol. — **Rincho**, portugais.

25. « *Rouâner*, se dit du hennissement d'une jument en chaleur. »
Morvan, CHAMBURE.

« Le cheval ne crie pas, *il sîle.* »
Pamproux (Deux-Sèvres), com. par M. SOUCHÉ.

« *Vouisenait, m.* petit cri qu'un cheval chatouilleux pousse quand on l'approche. — *Vouisenai*, pousser ce cri. »
Montbéliard, CONTEJEAN.

« *Ouiné*, pousser le cri particulier que font entendre les chevaux qui se battent. »
Bessin, JORET.

« *Rouinchié*, crier en parlant des chevaux qui se battent. »
Bessin, JORET.

26. « *Gangheggiare* = renverser les lèvres comme un roussin qui a senty la jument. »
Italien, DUEZ.

27. « *Guinchié* = regarder de travers en baissant les oreilles comme font les chevaux qui mordent. »
Bessin, JORET.

28. Pour appeler à soi un cheval ou un poulain en liberté on lui dit : *tóóóó, tóóóó, lou lou lou lou lou lou ou !* »
Deux-Sèvres, communiqué par M. B. SOUCHÉ.

29. « Quand on ordonne à un chien de ramener un cheval, on lui dit *à l'âne, à l'âne, à l'âne, va la cri! arrü!* Ce dernier mot se prononce avec les lèvres seulement, en fermant la bouche. »
Pamproux (Deux-Sèvres), communiqué par M. B. SOUCHÉ.

30. Pour stimuler ou faire avancer les chevaux, on se sert des exclamations suivantes ([1]) :

ɪ ! Bessin, Joret. — Montbéliard, Contejean.

DJIÚ ! Ban de la Roche, Oberlin.

HUE ! français.

HIÙ ! *ou* HUÙ ! Suisse romande, Blavignac.

[1] Sur les termes languedociens usités pour parler aux chevaux et aux mulets, voyez Montel et Lambert, *Chants popul. du Languedoc*, pp. 274 et suivantes.

YU ! Montbéliard, Contejean.

HAÏ ! Landes, Métivier.

AREMAU ! ARI ! pays messin, D. Lorrain.

Locutions étrangères :

Hott ! he ! hi ! heda ! je ! Prusse, Frischbier. — Ptrü ! milanais, Banfi. — Tru ! arri ! italien.

« ...... Le messager prit la bride de Rougeot et fit ce cri guttural de *kit! kit!* pour dire aux deux bêtes de rassembler leurs forces... »

BALZAC, *Un début dans la vie.*

« *Popizzare* signifie claquer avec la langue pour encourager un cheval. » Italien, DUEZ.

31. Pour les faire arrêter :

BRRR ! français.

OUOH LA ! Seine.

HÛO ! Seine-et-Marne, Fourtier.

HOU ! ancien français, Duez.

DYO ! Bas Valais, Gilliéron.

OUÔ ! *ou* HUEZ ! Suisse romande, Blavignac.

Termes étrangers :

Burr ! Purr ! Prusse, Frischbier.

32. Pour les faire tourner à droite :

HÛO ! HÛYO ! Bessin, Joret.

HÙOT ! pays messin, Jaclot.

O HUUÔ ! O HIÔ ! Suisse romande, Blavignac.

HÛ-OH ! Seine-et-Marne, Fourtier.

HURHAUT ! français, Poëtevin, Duez.

HÛRHAU ! Lunéville, Oberlin.

OTTE ! Montbéliard, Contejean.

HOTT ! Vaudois, Callet.

BIÓ ! midi de la France, Azaïs.

DIA ! DIC'HA ! breton, Troude.

HUTT ! VOHUE ! (*cris pour exciter les chevaux de droite*) pays messin, D. Lorrain.

Termes étrangers :

Hotte ! allemand. — Hott ! Prusse, Frischbier. — Ceala ! ou cea ! roumain, Cihac.

33. Pour les faire tourner à gauche :

> DIA ! Seine-et-Marne, Fourtier. — Pays messin, D. Lorrain. — français.
> HÙ DIA ! Lunéville, Oberlin.
> DIA HEU ! Suisse romande, Blavignac.
> HUÏO ! Vaudois, Callet.
> HARE ! pays messin, D. Lorrain.
> BICI ! midi de la France, Azaïs.

Termes étrangers :

Tule ! allemand, Poëtevin. — **Hüst !** *oder* **wiste !** all., Poëtevin. — **Schwude !** all., Poëtevin. — **Je he !** Prusse, Frischbier. — **Hais !** ou **haisa !** ou **hoisa !** roumain, Cihac.

34. Pour les faire reculer :

> ERRIÈRE ! ou URRIÈRE ! Seine-et-Marne, Fourtier.
> ARYO ! Bas Valais, Gilliéron.
> ARRI ! Suisse romande, Blavignac.

35. « Il ne veut entendre ni à hue ni à dia. »

Locution française.

« Il n'entend ni à dia ni à hurhaut. »
> Locution française, *Dictionnaire port. des proverbes.*

« Prind' hâr po hote. » — Prendre la gauche pour la droite, se méprendre grossièrement.   Wallon, DEJARDIN.

« L'un tire à la hâ, l'autre au bacu. » — Ça ne marche pas, on n'est pas d'accord.   Perche, FRET, *Scènes*, etc. p. 107.

« Unul zice cealacea, altul haisa-hais. »   Roumain, CIHAC.

« Der eine gehet hott, der andere wiste *oder* schwude. »

Allemand, POËTEVIN.

« Der eine hodder, der andere schwodder. »

Prusse, FRISCHBIER.

36. La crinière du cheval est appelée :

> KÔMA, Bas Valais, Gilliéron.
> CÔMOTTE, *f.* Les Fourgs, Tissot.

Noms étrangers :

Chioma, Giubba, Criniera, it. — **Gringa,** (= crine), mil., Banfi. — **Crén'na** (= crine), Panne, Malaspina.

37. Les excréments du cheval sont appelés :

BOUSET, *m.* Montbéliard, Contejean.
CROTIN, CROTIN DE CHEVAL, *m.* français.
FIGO, FIGATA, *f.* Alpes cottiennes, Chabrand.
FIEZ GLAZ (m. à m. : *figues vertes*), breton, Troude.
TSOUGNE, *f.* Les Fourgs, Tissot.

Nom étranger :

Paardvyg, hollandais.

38. « L'anus du cheval est appelé facétieusement *milin brenn,* c.-à-d.: moulin à son. »   Breton, TROUDE.

39. « Peter comme un roussin. »   Locution française.

« Vesser comme un roussin. »   Loc. française, POËTEVIN.

40. « On dit d'un cheval qui se roule sur le dos, qu'il gagne son avoine. »   Locution française.

« Faire le tour de Michel ou faire la counigealle. » — Se dit dans le même sens.   Auxois, com. par M. H. MARLOT.

41. « Travailler comme un cheval. » — Travailler beaucoup.

« C'est un cheval pour le travail. » — Se dit d'une personne qui abat beaucoup d'ouvrage.

« C'est un travail de cheval. » — C'est un travail pénible comme on en impose aux chevaux.   Locution française.

« Médecine de cheval. » — Médecine trop forte pour un homme.

« Une fièvre de cheval = une forte fièvre. »

« Fort comme un cheval. » — « Dur comme un cheval. »
                    Locutions françaises.

42. « Heureux comme un cheval échappé. »   Loc. française.

« Faire le cheval échappé. » — Être libertin, ou s'emporter.
                    Locution française, FÉRAUD.

« Être comme un poulain délicoté (= en liberté). » Se dit d'un enfant vif, déluré.

« Cavallaccio = un cheval échappé, un enfant mal appris, remuant et importun. »   Italien, DUEZ.

« Correr la cavallina = S'abandonner à la débauche. »
                                                    Italien.

« Poulinado = une escapade. » Gard, com. par M. P. FESQUET.

« Fo lou chaval escapat quand un efan lou dountarié (le dompte-rait). »   Gard, com. par M. P. FESQUET.

« S'emporter comme un poulain. »   Locution française.

43. « Porter un petit enfant au petit poulain, c'est le mettre à cheval sur ses épaules, jambes de ci, jambes de là. »
                                        Morvan, CHAMBURE.

« A chevauchons. » — Jambe de ça, jambe de là ; comme si l'on était à cheval.   Locution française.

« A drague. » — Même sens.
                    Bouilly (Loiret), c. par M. J. POQUET.

Synonymes étrangers :

Calare ou Calari, roumain, Cihac. — A cavalon, mil., Banfi. — A cavalcioni, ital. — A cavaloto, vénitien. — Reitlings, Rittlings, allemand.

44. « Chevaler (Vieux mot). = Faire plusieurs allées et venues, plusieurs pas pour une affaire. »   FÉRAUD.

45. « Lourd comme un cheval de brasseur. »
                    Loc. française. A. RICARD, *Le Tapageur*.

« Grossier comme un cheval de carrosse. »   Loc. française.

« Cheval de carrosse = homme brutal, grossier. »

« Cheval de charrue = homme stupide et grossier. »

« Raisonner comme un cheval de carrosse = raisonner mal. »

« C'est un cheval de bât. = C'est un homme grossier et mal-appris. »

« Brutal comme un chevau de bronche. »
                    Loiret, com. par M. J. POQUET.

« De quelqu'un qui est grossier on dit : Quel cheval ! »

Auxois, com. par M. H. Marlot.

46. « Chavaú » ou « béquio (bête) coum' un chavaù » sont des locutions qu'on emploie à l'égard d'un individu d'une intelligence bornée. »   Creuse, com. par M. F. Vincent.

47. « Can magro e caval desto. » — Tali voglion esser i cani e i cavalli, s'hanno a esser buoni.   Italien, Pescetti.

48. « Caval morello, ò tutto bono, ò tutto fello. »

Italien, Pescetti.

49. « Caval, puttana e persicar, trent' anni in bontà non pon durar. »   Italien, Pescetti.

50. « Al pisciar si conoscon le cavalle. »   Italien, Pescetti.

51. « Passo levato, trotto sciolto, galoppo gagliardo, carriera veloce. »   Italien, Pescetti.

52. « La sferza al cavallo, la cavezza all' asino, e'l bastone a' pazzi. »   Proverbe italien, Pescetti.

53. « Cavallo e cavalla cavalcalo in sù la spalla, asino e mulo, cavalcalo in sù 'l culo. »   Proverbe italien, Pescetti.

54. « Il cavallo vuol la biada in corpo, e'l mullo nelle gambe. »

Proverbe italien, Pescetti.

55. « Caval dusolino, ò da piazza, ò da molino. » — (*Dusolino* e colore simile a quel de topo.)   Italien, Pescetti.

56. « Caval melato, caval ammalato. »   Italien, Pescetti.

57. « Caballo grande — ande ò no ande. »   Prov. espagnol.

58. « Alazan tostado — antes muerto que cansado. »

Proverbe espagnol.

59. « Djammai chaval djaratié — o pas laissat soun mestre al mitan del bourbié. »   Gard, com. par M. P. Fesquet.

60. « De tous poils bons chevaux. »   Prov. français.

« Pur che'l cavall sia buono e bello, non guardar di che razza sia, ni di che mantello. »   Proverbe italien, Pescetti.

61. « Il n'est cheval qui n'ait son mehain. »

Ancien français, NUCÉRIN.

« Nul poulain — n'est sans mehain. »

Ancien français, Henri ESTIENNE.

« Il n'est cheval qui n'ait sa tare. »   Proverbe français.

« Des femmes et des chevaux — il n'en est point sans défauts. »
Proverbe français.

« Il n'y a femme, cheval, ne vache — qui n'ait toujours quelque
tache. »   Proverbe français.

« Nam ha cavallo sem tacha. »   Portugais, PEREYRA.

« Quem quer cavallo sem tacha, — sem elle se acha. »
Proverbe portugais, PEREYRA.

« Kein Mann ohne Wolfszahn, kein Ross ohne Tücke, kein Weib
ohne Teufel. »   Proverbe allemand.

62. « On est plus trompé en femmes et en chevaux qu'en tout
autre animal. »   Laurent JOUBERT, *Erreurs populaires*, p. 490.

« En fait de chevaux, on tromperait son père. »
Proverbe français, ROCHEFORT, *Les Maquignons*.

« Normands et Bretons à vendre des chevaux attraperaient le
diable. »   CANEL, *Sobriquets*.

63. « Marie-toi plutôt d'après tes oreilles que d'après tes yeux,
mais en achetant un cheval, consulte plutôt tes yeux que tes
oreilles. »   Proverbe de la Bohême, *Almanach de Carlsbad*.

« Kauf' den Gaul, soll er was taugen — nicht mit den Ohren,
sondern mit den Augen. »   Prov. tchèque, WENZIG.

64. « Moglie e ronzino pigliali dal vicino. »   Prov. italien.

« Caddu et pobidda leadila in bidda, et si ses a manera, leala in
carrera. » — Cheval et femme prends les dans ton village et si tu
peux, dans ta rue.   Sardaigne, SPANO.

65. « On achtèie les bons chvâs so stà. » — On achète les bons
chevaux à l'écurie.   Prov. wallon, DEJARDIN.

66. « Méchant poulain peut devenir bon cheval. »
Proverbe français.

« De poulain rogneux — devient souvent un cheval précieux. »
Proverbe ancien français.

« Un ioen pourin, raitiou (*rétif*) è mes saouatgé — souben se rend boun roussin en soun atgé. »   Proverbe gascon.

« Di puledro scabioso, talvolta hai cavallo prezioso. »
Proverbe italien.

« Aus klattrigen Fohlen werden die schönsten Hengste. »
Proverbe allemand.

« Of a ragged colt cometh many a good horse. »
Norfolk, GLYDE.

67. « Entre un effont et un pouli — biro lou cap et tournos y. »
— Soit un enfant, soit un poulain, tournez la tête, il faut y revenir.
Il y a toujours chez eux quelque défaut à corriger.
Rouergue, DUVAL.

68. « Dôou péou ou dé l'espale — lou poulin sèmble la cavale. »
Par le pelage ou par l'épaule, le poulain ressemble à sa mère.
Vaucluse, BARJAVEL.

« Lu sàutu chi fa la jimenta fa la putra. »   Sicile, PITRÈ.

« Wie die März so das Füllen »   Prov. all. LEOPRECHTING.

« When the mare has a balld face, the filly will have a blaze. »
Proverbe anglais.

69. « Ce que poulain prend en jeunesse il le continue en vieillesse. »
Ancien français, NUCÉRIN.

« Ce que poulain prend en domture (*quand on le dresse*) — il le maintient autant qu'il dure. »   Ancien français, NUCÉRIN.

70. « Jamais cheval ni méchant homme n'amenda pour aller à Rome. »   LEROUX, *Dictionnaire comique*.

« Freno indorato non migliora cavallo. »   Prov. ital.

« Golden Gebiss macht's Pferd nicht besser. »   Prov. all.

71. « Lou viei cavau perde diffisilamen lou sieu trot. »

Nice, TOSELLI.

« Cavallu di trent' anni un muta più pelu (*var.* : andatura). »

Proverbe corse, MATTEI.

« Non muta andatura il caval vecchio. »   Italien.

72. « Qui s'wâde poutrain, si r'trouve ronçin. » — Celui qui se garde poulain, se retrouve étaion. C.-à-d. : Celui qui a maîtrisé l'effervescence de sa jeunesse, prolonge sa virilité.

Proverbe wallon, DEJARDIN.

73. « Que travalha pas pouli — cal que travalhe roussi. »

Hérault, Ad. ESPAGNE.

« Que trobalho pas pouli — cal que trobalhe roussi. »

Rouergue, DUVAL.

« Qu non troto poulhin — troto roussin. »   Provençal mod.

74. « Chi và a caval da giovane, và a piedi da vecchio. »

Proverbe italien, PESCETTI.

75. « Tre sievi dura un can, tre cani dura un cavalo, tre cavai dura un omo, e tre omeni dura un corvo. » — Un chien vit aussi long-temps que trois haies, un cheval autant que trois chiens, un homme autant que trois chevaux et un corbeau autant que trois hommes.

Proverbe vénitien, PASQUALIGO.

76. « La civado fo lou roussi. »

Gard, communiqué par M. P. FESQUET.

« L'argent fait le maitre, le houblon le héros, l'avoine le cheval. »

Proverbe de la Bohême, *Almanach de Carlsbad*.

77. « Il ne faut jamais épargner l'avoine quand on a besoin du cheval. »   *Théâtre des boulevards*, 1756, t. III. p. 84.

78. « Cheval de foin — cheval de rien ;
    Cheval d'avoine — cheval de peine ;
    Cheval de paille — cheval de bataille. »

Proverbe français.

« Caval di paglia, caval da battaglia. »   Italien, PESCETTI.

« Orzo e paglia fa caval de bataglia. »   Italien, PESCETTI.

« Ami de bouco, chabal d'erbo, oustal de terro, baloun pas uno semello. »   Languedoc, *Armana de Lengado* pour 1877.

« Casa di terra, caval d'erba, amico de bocca, non vagliono il piede d'una mosca. »   Italien.

« Casa de terra, cavallo de herva, amigo de palavra, tudo he nada. »   Portugais.

« Een huis van leem, een paard van gras, een vriend van mond, 't is al maar glas. »   Hollandais.

79. « S'orzu meda faghet ispumare su caddu. » — Il molto orzo fa uscire la schiuma al cavallo. Dicesi di uno quando ricalcitra dal troppo star bene.   Sardaigne, SPANO.

80. « Conosco il trotto del mio cavallo. »   Italien, PESCETTI.

« Wer ein Pferd reitet, erkennt seine Art. »
        Proverbe allemand.

81. « Il fatto de' cavalli non istà nella groppiera. »
        Italien, PESCETTI.

82. « Si la route est longue, on connaît la force du cheval; une longue suite de jours fait connaître le cœur de l'homme. »
        Proverbe mandchou, KLAPROTH.

83. « A méchant cheval bon éperon. »   Proverbe français.

« A marid chaval bon esperou. »
        Gard, com. par M. P. FESQUET.

« Einem unwilligen Ross muss man die Sporen geben. »
        Proverbe allemand.

84. « Boun ou movès caval, vol l'esperoun ; à la movèse fenne un boun batoun. » — C'est-à-dire : à bon ou mauvais cheval, il faut l'éperon, à mauvaise femme, il faut un bon bâton.
        Alpes cottiennes, CHABRAND et ROCH.

« Buon cavallo e mal cavallo vuole sprone. »   Italien.

« Cu la virga e cu lu spruni lu cavaddu. »   Sicile, PITRÈ.

« A cavalo speron, a la dona baston. »   Proverbe vénitien.

« Weiber und Pferde wollen geschlagen sein. »   Allemand.

« Pferd ohne Zaum, Kind ohne Ruth', thun nimmer gut. »
Proverbe allemand.

85. « Cheval bon et trotier — d'esperon n'a métier. »
Proverbe ancien français, LEROUX DE LINCY.

« Il buon cavallo non ha bisogno di sprone. »
Proverbe italien.

« Cavallu cacciatu unn'à bisognu di spronu. »   Corse, MATTEI.

« A caval che corre non fà bisogno sprone. »
Proverbe italien, PESCETTI.

« Aggiugner sproni a caval che corre. » Faire une chose inutile.
Proverbe italien, PESCETTI.

« Williges Pferd soll man nicht sporen. »
Proverbe allemand.

86. « Il n'y a pas de cheval auquel on ne puisse mettre la
bride. »   Bas Valais, GILLIÉRON.

87. « Seloun lo chobal lo brido. » — Selon le cheval, la bride.
Rouergue, DUVAL.

88. « Cheval qui se cabre sous l'éperon à ses côtes porte
dommage. »   Proverbe breton, SAUVÉ.

« Tristo a quel cavallo, che tira contro allo sprone; modo
proverb. che vale : Tristo a colui, che vuol contrastare con chi può
offenderlo. »   Proverbe italien.

89. « Caval che suda, uomo che giura, e donna piangente, non
gli creder niente. »   Proverbe italien.

« Omo che pianzi, caval che suda, dona che giura, no se ghe
credi un corno. »   Trieste, CASSANI.

« Ommu chi sperghiura, cavallu chi suda e donna chi pianghie.
un tine fida. »   Corse, MATTEI.

90. « Il n'est si bon cheval, qui ne devienne rosse. »
Proverbe français.

« Non c'é buon cavallo, che non diventi una rozza. » Italien.

91. « Jamais bon cheval ne devint rosse. »

Proverbe français.

« Bo chaval es pas jammai rosso. »

Gard, communiqué par M. P. FESQUET.

« Un buon cavau non es mai ronsa. »   Nice, TOSELLI.

92. « He is cleaning the teeth of a blind horse. » — Prendre soin d'une chose qui n'a pas de valeur.   Prov. telugu, CARR, § 778.

93. « Tanto mangia una rozza, quanto un bon cavallo. »

Proverbe italien.

« A bad horse eats as much as a good one. »

Proverbe anglais.

« En ond hest aeder saa meget som en god. »

Proverbe danois.

« Although the horse be blind, he won't eat less corn. » — Supporting a useless person.   Proverbe telugu, CARR, § 793.

94. « Abreuver son cheval à toutes les fontaines, mener sa femme à tous les festins, de son cheval on fait une rosse, et de sa femme une catin. »   Proverbe français.

« Qu'en toutos peiros voù soun coutél azugà, en toutos aigos soun chaval abeurà, a la fi de l'annado o pus qu'une coutèlo e qu'uno rosso. »   Gard, communiqué par M. P. FESQUET.

« Chi mena la sua moglie ad ogni festa, e fa bere il cavallo a ogni fontana, in capo all'anno, il cavallo é bolso e la moglie é p... »   Italien.

« Die zijne merrie laat drinken bij alle beesten, die zijne dochter laat gaan tot alle veesten, heeft binnen 't jaar dit ongeval : en hoer in huis, en guil in stal. »   Hollandais.

95. « A chaval manjaire, cabestre court. »

Gard, communiqué par M. P. FESQUET.

« A cavallo mangiatore, capestro corto. »

Proverbe italien.

« A caddu mandigadore fune curza. »   Sardaigne, SPANO.

96. « A cheval rueur d'avant passe. »

Proverbe ancien français.

« A cavallo innanzi, ad archibuso di dietro, a tavola a mezzo, a quistion da lontano. »   Proverbe italien, PESCETTI.

« Guardati da donna ubbriaca, e da caval sbrigliato. »
                    Italien, PESCETTI.

« Guardate da cavallo de na stalla. »
                    Proverbe napolitain, REINSBERG.

« Vardite de la piova e dal vento, — da un frate fora de convento — da una cavala che fa hin (1) — e da una dona che parla latin. »
                    Proverbe vénitien, REINSBERG.

« Peerdsvoet, wolfstand, hoereneers en dobbeleershand, niet te betrauwen. »   Proverbe hollandais.

« Trust not a horse's heel, nor a dog's tooth. »
                    Proverbe anglais.

97. « Quand il n'y a plus d'avoine dans l'auge, les chevaux se battent. »   Proverbe français.

« Wenn die krippe leer ist, schlagen sich die pferde. »
                    Proverbe allemand.

« When the manger is empty, the horses fight. »
                    Proverbe anglais.

« Toom stalls mak biting horses. »   Proverbe écossais.

98. « L'œil du maître engraisse le cheval. »
                    Proverbe français.

« L'occhio del padrone ingrassa il cavallo. »   Italien.

« O olho do amo engorda o cavalho. »   Portugais.

« O cavallo engorda com olho de seu dono. »
                    Portugais, PEREYRA.

« O melhor penso do cavalho he o olho de seu amo. »
                    Portugais.

« The masters eye makes the horse fat. » Proverbe anglais.

99. « Jamais coup de pied de jument ne fit mal à cheval. »
                    Proverbe français.

____

(1) Qui hennit.

« Cop de pé d'éguo noun estroupiét jammai roussi. »
Gard, communiqué par M. P. Fesquet.

« Calcio di giumenta non nuoce a stallone. »
Italien, Pescetti.

« Calcio di stallone non fa male alla cavalla. »   Italien.

« Calcio di cavalla non fece mai male a poledro. »   Italien.

« Peada de manza no mazza cavalo. »   Vénitien.

« Couces de egoa, amores para rocim. »   Portugais.

« O couce da egoa não faz mal ao potro. »   Portugais.

« Het vergramt de merrie niet als de hengst slaat. »
Hollandais, Reinsberg.

« The kick of the dam does not hurt the colt. »   Anglais.

« Calciu di jumenta unn' ammazzò mai cavallu. »
Corse, Mattei.

100. « Füllen schlagen oft ihre stuten mit fersen. » — Les enfants
sont souvent ingrats.   Proverbe allemand.

101. « Bon Dieu d'en haut, — prends ma femme, laisse mes chevaux. »
Haute Bretagne, Sébillot, Littérature orale
de la Haute Bretagne, 1881.

« Môon de fomme et vèye de chevau — mat l'homme haut. » —
C'est-à-dire : Mort de femme et vie de cheval fait l'homme riche.
Pays messin, recueilli personnellement.

« Wem die frauen sterben, die pferde aber gedeihen, der kann
reich werden. »   Proverbe masure, Frischbier.

Cf. le proverbe anglais : « The death of wives and the life of sheep
make men rich. »

102. « Il n'y a cheval si bien ferré qui ne glisse. »
Proverbe français, Cotgrave.

« Il n'y a si bon cheval qui ne bronche. »
Proverbe français.

« Il n'y a si bon cheval qui ne trébusche. »
Proverbe ancien français.

10

« On chvâ d'méie cârlus pout s'trébouchî. » — Un cheval de mille florins peut trébucher.   Proverbe wallon, DEJARDIN.

« L'moyeur quévau peut chopper. »   Mons, DEJARDIN.

« Tout bo chaval bruco. »

Gard, communiqué par M. P. FESQUET.

« On ne coupe point le pied à un cheval la première fois qu'il oronche. »   Proverbe fribourgeois, CHENAUX.

« Egli erra un prete all' altare, e cade un cavallo che ha quattro gambe. »   Italien.

« Inciampa un cavallo che ha quattro gambe. »   Italien.

« Tot bon caball ensopega. »   Catalan moderne.

« A horse stumbles that has four legs. »   Anglais.

« It is a good horse that never stumbles. »   Prov. anglais.

« Das Pferd stolpert mit vier Füssen, und der Mensch mit zwei Füssen stolpert noch mehr. »   Proverbe lithuanien, SCHLEICHER.

103. « Changer son cheval borgne contre un aveugle. »

Proverbe français.

104. « En style proverbial, celui à qui l'on demande son âge, répond que l'âge est pour les chevaux, chez lesquels en effet l'âge décide pour le prix. »   FERAUD.

105. « A proud horse that will not bear his own provender. »

Proverbe anglais.

106. « Where the horse lies down, there some hair will be found. »   Proverbe anglais.

107. « ... Ça me fait dresser l'oreille comme un cheval qu'entend vanner de l'avoine... »

DENNERY, *La mariée de Poissy* (vaudeville joué aux Variétés en 1850).

108. « ... Tenez, faut jamais tourner comme ça autour de la croupe d'un cheval quand on fait claquer son fouet.... (¹) »

DENNERY, *La mariée de Poissy.*

---

(1) Telle est la réponse faite, dans cette comédie, à une personne qui fait des allusions détournées à un sujet brûlant, qui *tourne autour du pot*, comme l'on dit plus habituellement.

109. « Dins tous poïs y o d'égos bouorlhos. » — En tout pays il a des juments borgnes. Se dit au figuré.

Rouergue, DUVAL.

110. « Il est faraud (orgueilleux) comme un cheval aveugle. »
Proverbe du pays messin, recueilli personnellement.

111. « Miner li chvâ à l'aiwe po l'bride. » — Mener le cheval à l'eau par la bride. Faire facilement les affaires. Venir facilement à bout des personnes ignorantes.

Wallon, DEJARDIN.

112. « Chivâou dé mita la coua y sèque. » — Cheval qui a deux maîtres montre par le piteux état de sa queue qu'il est mal soigné.

Vaucluse, BARJAVEL.

113. « D'un ego pleno — cal bendre lo sello. » — D'une jument pleine, il faut vendre la selle. Rouergue, DUVAL.

114. « Cheval rongneux n'a cure qu'on l'étrille. »
Proverbe ancien français, COTGRAVE.

115. « Ne te tiens pas à la queue si tu as lâché la crinière. »
Proverbe russe, *Élém. de la langue russe.*

116. « Cheval sur ses gardes le loup ne le mangera pas. »
Proverbe russe, *Élém. de la langue russe.*

117. « A jeune soldat vieil cheval. » Prov. ancien français.

« A cheval neuf, vieux cavalier. » Proverbe français.

« A cavallo novo cavalleiro velho. » Prov. port., PEREYRA.

118. « A jouve cavalo vielh chaval. »
Gard, communiqué par M. P. FESQUET.

119. « Ogni cavalo se para le mosche colla sua coda. » Ital.

« If the horse has a tail, it drives away its own flies ; does it drive away the flies from all the horses in the stable ? »
Proverbe telugu, CARR.

120. « Short horse is soon curried. » Anglais.

121. « One thing thinketh the horse and another he that saddles him. »   Anglais.

122. « Magnî comme inc mohe et chîr comme on ch'vâ. »— Manger comme une mouche et ch..comme un cheval ; petites causes, grands effets.   Prov. wallon, DEJARDIN.

123. « On dit d'un méchant cheval, qu'il ne sçauroit aller ni avant, ni arrière.   *Dictionnaire portatif des proverbes.*

124. « On dit qu'un bon cheval va bien tout seul à l'abreuvoir, quand quelqu'un se lève de table pour prendre lui-même à boire au buffet. »   *Dictionnaire portatif des proverbes.*

125. « Ces jérémiades ne l'épouvantaient guères. Il les écoutait comme un cheval reçoit une averse à une porte... »
                                    BALZAC, *César Birotteau.*

126. « ... Quoique dit en riant, ce mot profond fut compris à peu près de la même manière que les chevaux comprennent un coup de fouet... »   BALZAC, *Les Paysans.*

127. « ... Elle se souciait de moi comme un cheval se soucie de poulets rôtis. »   BALZAC, *Le médecin de campagne.*

128. « Comme les chevaux de trompette. »— Beve per tutto, beve ad ogni hora.   Loc. fr. DUEZ, *Dictionnaire français-italien.*

« Il est bon cheval de trompette, il ne s'étonne pas pour le bruit. » — C'est lorsqu'il ne craint point les menaces ni les crieries.
                                    LEROUX, *Dictionnaire comique.*

129. « Faire voir à quelqu'un que son cheval n'est qu'une bête. » — Faire connaitre à quelqu'un son ignorance, et qu'il n'est rien moins que spirituel, sage, prudent, comme il le veut paroître.
                                    LEROUX, *Dictionnaire comique.*

« Quand il pense son cheval ils sont deux bestes ensemble. »
                                    Glossaire de l'ancien théâtre français.

130. « J'ai fait comme les bons chevaux, je me suis échauffé en mangeant. »   *Comédie des proverbes.*

131. « Ome a cavau, ome mieç muort. »   Nice, TOSELLI.

« Omu a cavaddu sepultura aperta. »   Sicilien, Pitrè.

« Chi ba a cavallu è sempre nantu l'orlu d'un precipiziu. »

Corse, Mattei.

132. « Un homme à cheval n'y verra rien. » — C'est-à-dire : on ne s'apercevra pas d'une si petite chose.   Leroux de Lincy.

133. « Chercher quelqu'un à pied et à cheval. » — Pour dire faire toutes les diligences possibles pour le trouver.

Leroux, *Dictionnaire comique.*

134. « On appelle une selle à tous chevaux, une chose qui peut servir à plusieurs usages, en plusieurs occasions, comme des lieux communs, de certains discours généraux, etc. »

Leroux, *Dictionnaire comique.*

135. « Il est déferré des quatre pieds. Se dit d'un homme qui a été si bien repoussé et contredit, qu'il ne sait plus que dire ni que faire. »   Leroux, *Dictionnaire comique.*

136. « Des coffres à avoine. » — Se dit des grands chevaux auxquels il faut beaucoup de nourriture.

Leroux, *Dictionnaire comique.*

137. « Buon da portar putti à scuola. » — Il est bon à porter les enfants à l'école, cela se dit d'un cheval fort long.

Italien, Duez.

138. « Ils ne manquent que par les jambes. » — Se dit des chevaux et des ânes.   Leroux, *Dictionnaire comique.*

139. « Se rendre la jument. » — Se faire des politesses réciproques ; allusion aux gentilshommes qui s'empruntent mutuellement leurs juments pour avoir de la bonne race.

Ducatiana, t. II, p. 510.

140. « Ce sont les poulains du Perche, ils se défont au croître. » — C.-à-d. : belles espérances et plus rien après.

Fret, *Antiquités percherones*. t. I, 183.

141. « ... Six chevaux attelés ne lui tireraient pas un mot. » — Phrase dite à propos de quelqu'un qui ne parle pas, s'obstine à ne pas parler ou à ne pas répondre.

Gust. Vaez, *Le coffre-fort*, comédie jouée au Vaudeville en 1839.

142. « Vai en Puètou ferrà de cavalos avuglos! »

Gard, com. par M. P. Fesquet.

143. « Ferrat d'argen coumo pouli quand naï. »

Gard, com. par M. P. Fesquet.

144. « On dit d'un cheval maigre : *il mange des oublies.* » — C.-à-d.: son maitre oublie de lui donner à manger.

Ducatiana, t. II, p. 524.

145. « Panser les chevaux à la fourche, c'est leur donner des coups de fourche, au lieu de les étriller. »

Dictionnaire portatif des proverbes.

146. « Qui aura de beaux chevaux, si ce n'est le Roi ? » — Se dit, quand on voit quelque chose de précieux entre les mains d'un homme riche.   Proverbe français.

147. « A un cheval hargneux il lui faut une étable à part. » — Pour dire, que les hommes chagrins et fantasques ne sont pas volontiers admis dans les bonnes compagnies.

Leroux, *Dictionnaire comique.*

« On dit des personnes peu sociables, qui se querellent souvent, qu'il faut mettre une barre entre deux, comme on fait aux chevaux dans les écuries. »   Leroux, *Dictionnaire comique.*

148. « Fer comme les mâvas ch'vâs. » — Faire comme les mauvais chevaux, hocher la tête sans parler.   Wallon, Dejardin.

149. « Il cavallo generoso non si cura dell' abbajar de' cani. »

Italien.

« Luna e cavaddu nun curanu l'abbajari di li cani. »

Sicilien, Pitrè.

« Tapfer Ross achtet nicht der Hunde Bellen. »

Proverbe allemand.

150. « Sproni proprii e cavalli d'altri fanno corte le miglia. »

Italien.

« Fremdes Pferd und eigne Sporen machen kurze Meilen. »

Proverbe allemand.

« Mit eigner Peitsche und fremden Rossen ist gut fahren. »

Proverbe allemand.

« A horse hired never tired. »   Proverbe anglais.

« Chevaux à autrui, harnais aussi, fouette sans répit. »
Proverbe russe, POUSHKINE, *La fille du capitaine* (traduct.).

151. « Ne prête pas ton cheval, ni ton glaive, ni ton corps. »
FISCH, *Initiation à la philosophie de la franc-
maçonnerie*, p. 80.

« La moglie, lo schioppo e il cane non si prestano à nessuno. »
Proverbe italien.

« Frauen, Pferde und Uhren soll man nicht verleihen. »
Proverbe allemand.

« Dein Pferd, dein Schwert und dein Weib leihe nicht her. »

« Dein Weib, dein Schwert und dein Pferd magst du wohl zeigen
aber nicht ausleihen. »   Proverbe allemand.

« The wife, the horse and the sword may be show'd, but not lent. »
Proverbe anglais.

152. « Qui n'a cheval ne chariot, il ne charge pas quand il veut. »
Proverbe ancien français, NUCÉRIN.

153. « Qui n'a cheval si voist (*aille*) à piét. »
Ancien français, LEROUX DE LINCY.

« Qui ne peut galopper, qu'il trotte. »   Proverbe français.

« Que nam pode andar a cavallo, ande a pè. »
Proverbe portugais, PEREYRA.

« In mancanza di cavalli gli asini trottano. »   Italien.

« Caminhante cançado sobe em asno, se não tem cavallo. »
Portugais, PEREYRA.

« Hast du kein Pferd, so brauche den Esel. »
Proverbe allemand.

« Wer kein Ross hat, der muss zu Fuss gehen. »
Proverbe allemand.

154. « A cheval donné on ne regarde point à la bouche (ou à la
bride ou à la dent). »   Proverbe français.

« A cheval donné, on ne doit pas la gueule ouvrir, pour regarder s'il est âgé. »   Proverbe français.

« O chobal dounat cal pas ogocha lo brido. »
Aveyron, AFFRE.

« A caval donato non si guarda in bocca.»   Proverbe italien.

« A cavall dado não olhes o dente. »   Proverbe portugais.

« A caballo regalado no hay que mirarle el diente. »
Proverbe espagnol.

« Einem geschenkten Gaul sieht man nicht in's Maul. »
Proverbe allemand.

« Geschenktem Gaul sieh nicht in's Maul ; nimm's, die Haut ist dankenswerth. »   Proverbe allemand, REINSBERG.

« Een geschonken paard moet men eerder naar den aars dan naar de tanden kikjen. »   Proverbe hollandais, REINSBERG.

« Look not a gift horse in the mouth. »   Proverbe anglais.

155. « Qui ne s'aventure n'a ni cheval ni mule. »
Proverbe français.

156. « Qui trop s'aventure perd cheval et mule. »
Proverbe français.

157. « N'avoir ni cheval ni mule. »   Proverbe français.

158. « Tel estrille fauveau qui puis le mort. »
Proverbe ancien français, NUCÉRIN.

159. « Conm dit conte là : quand milatt tini yon viè chouval yo dit négress pas manman yo. » — Comme dit le conte, quand les mulâtres ont un vieux cheval, ils prétendent que les négresses ne sont pas leurs mères.   Proverbe créole, TURIAULT.

« Quando villano è a cavallo, non vorrebbe mai che si facesse sera. »   Proverbe italien.

« Wenn ein Bettler auf's Pferd kommt, so kann ihm kein Teufel mehr voreilen. »   Proverbe allemand.

« Kommt der Bettler auf den Gaul, so wird er stolz wie König Saul. »   Proverbe allemand, REINSBERG.

« Kommt der Bauer auf den Gaul, so reitet er stolzer als der Edelmann. »   Proverbe allemand.

« Helpt gij een' bedelaar te paard, hij draaft niet, maar hij galoppeert. »   Proverbe hollandais.

« Beggars mounted run their horses to death. »
                                                Proverbe anglais.

« Set a beggar on horse-back and he 'll ride a gallop. »
                                                Proverbe anglais.

« When cowards obtained horses, they rode them first against their own villages. » — That is, when such men have the means, they injure their own people instead of an enemy.
                                                Bannu, THORBURN.

160. « Il a vendu son cheval pour avoir de l'avoine. »
                        Proverbe français, *Comédie· des proverbes.*

161. « Si met al reng des bèles chavals e noun pot attegne la grepio. » — Il veut se faire passer pour un beau cheval et il ne peut atteindre au ratelier.
                        Gard, communiqué par M. P. FESQUET.

162. « Chi tien puttana e non ha pane, e cavallo e non ha strame, in capo all' anno si gratta il forame. »
                                        Proverbe italien, PESCETTI.

163. « A grand cheval grand gué »   Français, NUCÉRIN.

164. « A cent chevaux il faut cent selles. »
                Proverbe basque, Fr. MICHEL, *Le pays basque*, p. 33.

« Ne mettez pas deux selles sur un cheval ; un sujet fidèle ne peut servir deux maîtres. »   Proverbe mandchou, KLAPROTH.

165. « A chevaux maigres vont les mouches. »
                                                Proverbe français.

« Flies go to lean horses. »   Anglais.

« E mosche vanu ai cavalli magri. »   Corse, MATTEI.

« A' cani e a' cavalli magri vanno addosso le mosche. »
                                                Italien.

« A cavallo magro Dio manna mosche. »

> Proverbe napolitain, REINSBERG.

166. « On touche toujours le cheval qui tire. »　　Français.

« Das pferd, das am besten zieht, bekommt die meisten schläge. »

> Proverbe allemand.

« The horse that draws most, ist most whipped. »

> Proverbe anglais.

167. « Il est aisé d'aller à pied, quand on tient son cheval par la bride. » — Pour dire, qu'on souffre bien de petites incommodités volontaires, quand on peut s'en délivrer sitôt qu'on le veut.

> LEROUX, *Dictionnaire comique.*

« A eise va à pié qui son cheval maine en destre. »

> Ancien français, REINSBERG.

« Chi a cavall' in stalla, può ire a piede. »　　Italien.

« Chi ha buon cavallo in stalla, non si cura d'andare à piè. »

> Italien.

« Good walking with horse in hand. »　　Anglais.

168. « Bien mérite d'aller à pied qui n'a soin de son cheval. »

> Proverbe français, *Proverbiana.*

169. « Brider le cheval par la queue. » — Faire une chose à rebours.　　Locution française.

« Atteler les chevaux derrière la charette. »

> Proverbe breton, SAUVÉ.

« Die pferde hinter den wagen spannen. »

> Proverbe allemand.

« To put the cart before the horse. »　　Proverbe anglais.

170. « Marcher bride en main. » — Faire quelque chose avec précaution, se tenir sur ses gardes.

> Locution française, *Dictionnaire portatif des proverbes.*

171. « Das pferd beim zaume, den mann beim wort. »

> Proverbe allemand.

« Men vangt het paard bij den brijdel, en den man bij zijn woord. »
Proverbe hollandais.

172. « C'est la façon de prendre un cheval farouche, que d'amasser tous les vieux chevaux du village. »
Noël du Fail, II, 184.

173. « Il vaut mieux être cheval que charrette. »
Ducatiana, II, 495.

174. « Qui ne peut battre le cheval batte la selle ou le bast. »
Vieux français.

« Si batte la sella per non battere il cavallo. »
Proverbe italien.

« Die het paard niet slaan kan, sla den zadel. »   Hollandais.

« Who cannot beat the horse, let him beat the saddle. »
Anglais.

175. « Après bons vins, bons chevaux (1). »
Ancien français, Noël du Fail, *éd. Assézat*, II, 221.

« Après bon vin, bon roussin. »
Proverbe français, *Glossaire de l'ancien théâtre français.*

176. « I 'll not hang all my bells on one horse. »
Proverbe anglais.

177. « É meglio perder la sella che il cavallo. »   Italien.

178. « On a bien raison de dire qu'il n'y a rien de plus beau que frégate à la voile, cheval au galop et femme qui danse. »
Balzac, *Le père Goriot.*

179. « Chi ha buon cavallo e bella moglie, non istà mai senza doglie. »   Proverbe italien.

« Cavalo bianco e bela muger, dà sempre del pensier. »
Venise, Pasqualigo.

180. « In the world two things afford delight, riding on horseback and sleeping on maiden's breast. »
Bannu, Thorburn.

---

(1) Ce proverbe signifie que quand on a bien bu et bien mangé on est mieux disposé à bien mener son cheval.

181. « Nououi chouval pou baille zofficié monté. » — Nourrir des chevaux pour les donner à monter aux officiers. C'est-à-dire : être dupe. Proverbe créole, TURIAULT.

« Uno fa ferrare, e un altro cavalca, non è equità. »
Arabe maltais, VASSALLI.

« Menig brengt den zadel op de merrie, en een ander rydt er op. »
Proverbe flamand.

182. « Chi pretende d'andare a cavallo, gli é d'uopo ferrare la cavalcatura. » — Pas de plaisir sans peine. Arabe maltais, VASSALLI.

183. « Es coumo lou chibau dou moulin, s'arresto dauant cado porto. » — Il est comme le cheval du moulin, il s'arrête devant chaque porte. Armagnac, BLADÉ, *Prov. et Dev.*

184. « Eén man kan het paard naar het wed brengen, maar geen tien man kunnen het doen zuipen. » Hollandais.

« Pferde lassen sich zum wasser bringen, — aber nicht zum trinken bringen. » Proverbe allemand.

« Man kan tvinga hästen till vattnet, men inte at dricka. »
Proverbe suédois.

« A man may lead his horse to water, but he cannot force him to drink. » Proverbe anglais.

« A child may take a horse to water, but ten men cannot make him drink. » Proverbe anglais.

185. « Cela ne se trouve pas dans le pas d'un cheval. » — Se dit d'une chose qu'on ne trouve pas facilement.
Locution française.

« C'est comme de l'argent trouvé dans le pas d'un cheval. » — C'est tout bénéfice. Locution française.

186. « Il ne vaut pas les quatre fers d'un cheval. » — Se dit d'une personne qu'on estime bien peu. Locution française.

187. « ... l'un des grands gaudisseurs qui soit d'icy à la journée d'un cheval... »
NOËL DU FAIL, édit. Assézat, I, 13.

188. « On ne. peut pas pleurer et mener la jument. »

Bas Valais, GILLIÉRON.

189. « Ich will den gaul gewinnen oder den sattel verlieren. » —
Tout ou rien, comme disent volontiers les joueurs.

Proverbe allemand.

190. « Est-il vray que les hommes ensuivent le naturel des
chevaux de leur pays? »   Laurent JOUBERT.

191. « Vous parlez bien à cheval, qui que vous soyez. » — C'est-
à-dire : impérieusement et d'un ton de maître.

« Ecrire à cheval, écrire à quelqu'un une lettre à cheval. » —
C'est-à-dire : écrire une lettre de reproches ou de sottises.

Locution française.

192. « N'ésser nè a pe nè a cavall. »   Parme, MALASPINA.

« Se trouver à terre le cul entre deux selles. »

Locution française.

« Creder d'esser a cavall e trovars a pe. » Parme, MALASPINA.

193. « Si credea d'esser a cavallo e non havea ancor i piedi in
istaffa. »   Italien, PESCETTI.

« Ainda não sellamos, jà cavalgamos. »   Portugais.

« Aun no ensillais y ya cavalgais. »   Espagnol.

« N'avoir pas encore le cheval et vouloir le seller. »

Proverbe espagnol.

« Wy willen alle ryden, eer wy een peert hebben. »

Ancien flamand, REINSBERG.

« De zadel is gereed, eer het paard gekocht is. »

Hollandais.

194. « Chercher le cheval sur le dos duquel on est monté. »

« De man zocht naar het paard, en hij zat er op. »

Proverbe hollandais.

« Auf der stute reitest du, und die stute suchst du. »

Proverbe lithuanien, SCHLEICHER.

« Hei seekt dat peerd on rött darop. » — Er sitzt auf den schim-
mel und sieht ihn nicht.   Prusse, FRISCHBIER.

« Ye 're like the man that sought his horse, and him on its back. »
                                Proverbe écossais, REINSBERG.

195. « Être mal à cheval = n'être pas bien dans ses affaires. »
                                Locution française, FERAUD.

« Être bien à cheval, être à cheval. » — Avoir fait de bonnes
affaires, être en bonne voie.   Locution française.

« Essere, o stare a cavallo, ed essere sopra un caval grosso, vale
figurat. essere, o stare al disopra, aver vantaggio sopra checchè
sia, essere in buono stato, essere sicuro. »   Italien.

« Rimontare a cavallo, figurat. vale tornare in potenza. »
                                Italien.

196. « Mangiar col capo nel sacco, come il cavallo della carretta;
si dice di quelli che hanno chi pensa al loro vitto (¹). »   Italien.

197. « Aver più mali che il cavallo della carretta, dicesi di chi
abbia addosso molte mascalcie, o doglie ; detto cosi dall' essere per lo
più vecchi, e malandati i cavalli della caretta. »   Italien.

198. « Puttana e caval da vettura — all' huomo poco dura. »
                                Italien, PESCETTI.

199. « Lasciarsi levare, o essere levato a cavallo, si dice di chi
leggermente si muove a credere alcuna cosa. »   Italien.

200. « Fare una cavalletta a uno, vale : ingannarlo con doppiezza
e con astuzia. »   Italien.

201. « Sapere quanto corra il cavallo d'alcuno, vale sapere fin
dove possa arrivare l'abilità d'alcuno. »   Italien.

202. « C'est son cheval de bataille — c'est le meilleur et le plus
fort argument qu'il ait. »   Locution française.

203. « Il enfourche son dada. » — Il est en train de parler de
son idée favorite. Il répète toujours la même chose.

(1) Duez interprète ainsi le proverbe : manger seul et en cachette, manger en loup.

« Être toujours sur le même cheval. » — Vouloir toujours la même chose.   Loc. française, com. par M. Sylvain EBRARD.

204. « E cumme i cavalli verdi. » — Se dit de quelque chose de rare.   Corse, MATTEI.

« Perder se ne possa la semenza, come de' cavalli verdi. »
                                 Italien, PESCETTI.

Cf. ci-dessus, p.41, § 286 et 287.

205. « Because a horse is a fool, he who rides it is not fool. »
                                 Proverbe oji, RIIS.

« If the horse is mad, he who sits upon it, it is not also mad. »
                 Proverbe d'Akra, ZIMMERMANN, I, 159.

206. « Poussez votre bidet (*var.*: poussez votre cheval). » — Loc. pour dire : continuez ce que vous aviez entrepris, continuez de parler, achevez hardiment.

207. « Retire-toi de là, ta jument rue. »
                                 Comédie des proverbes.

208. « Se tenir à cheval comme une paire de pincettes. »
                                 Locution française.

« Cet homme là picque en latin = il se tient de mauvaise grâce à cheval. »   Locution française, MARIN.

« Lateinischer Reiter seyn = se tenir mal à cheval, ne pas savoir bien monter à cheval. »   Allemand, POËTEVIN.

« Er sitzt (zu pferde), wie die kneifzange (feuerzange) auf der Sau. »
                                 Prusse, FRISCHBIER.

« E vi par tratto sù con una forcha da fieno. » D'uno che stà mal a cavallo.   Italien, PESCETTI.

« Ha venduto l'orzo. » — Il a vendu son orge, il secouë le sac, d'vn homme qui bransle et secouë les jambes à cheval.
                                 Italien, DUEZ.

209. « Komz a rez brezonek evel eur gazek. » — C.-à-d. : Tu écorches le breton (m. à m. : tu parles comme une jument).
                 Proverbe breton, *Nouvelles conversations en breton et en français*, Saint-Brieuc, 1857.

Cf. la locution française : parler français comme une vache espagnole.

« Da red' möt em Peerd französisch. » — Wenn man vergeblich sich bemüht einem etwas klar zu machen.

Prusse, FRISCHBIER.

210. « A tart est luis clos, quant li chiual en est hors. »

Proverbe ancien français, REINSBERG.

« I n'est plus saison de fermer l'écurie quand les chevaux sont volés. »   Perche, FRET, *Scènes*, etc., p. 84.

« Quond l'ègo n'onat, es pas houro de borra l'estaple. » — Quand la jument est sortie, il n'est plus temps de fermer l'étable.

Rouergue, DUVAL.

« Den stall zuthun, wenn's pferd davongelaufen ist. »

Proverbe allemand.

211. Vocabulaire des termes de manège, d'élevage, d'hippiatrique, de maréchalerie, etc.

ABATTRE UN CHEVAL. — Le coucher, le maintenir sur un lit de paille, dans une position favorable pour une opération.

ABATTRE LE PIED, ABATTRE LA CORNE. — Enlever une partie de corne qui est sur la face inférieure du sabot.

ABATTRE (s'). — Tomber, en parlant d'un cheval à qui les pieds manquent.

ACHEMINÉ (cheval). — Cheval qui sait aller droit devant lui, qui commence à obéir à la bride et à l'éperon.

ACHEVÉ (cheval). — Cheval parfaitement dressé, qui a passé par tous les degrés de l'école (Terme de manège).

ACTION (avoir de l'). — Se dit d'un cheval qui a de l'ardeur.

ACTIONS. — Allures d'un cheval. — « A vendre un joli cheval, très près du sang, belles actions... » Acclimatation, 14 décembre 1879.

Dans le département d'Eure-et-Loir on dit dans le

même sens qu'un cheval « *a de bonnes ou de mauvaises gestes.* » Recueilli personnellement.

AGACEUR. — Cheval qui donne l'exemple aux autres, boute en train.

AIDES. — Moyens par lesquels un cavalier agit sur son cheval (mains, jambes, jarrets, éperon, étrier). — On dit d'un cheval qui obéit bien à ces moyens : *qu'il connait les aides, qu'il prend bien les aides, qu'il a les aides fines.*

ALEZAN. — Le mot *alezan* sert à caractériser la couleur rouge des poils et des crins du cheval et du bœuf. Un cheval est toujours alezan quand ses poils comme ses crins sont rouges. Suivant sa nuance plus ou moins foncée, l'alezan se distingue en alezan brûlé, clair, doré, foncé, cerise, marron, etc. En ancien français l'alezan était appelé *sor*.

Synonymes étrangers :

Alazan, esp. — **Sauro**, italien, Duez. — **Fuchsroth, rothfüchsig, fuchs**, all. Poët.

L'alezan brûlé était autrefois appelé : *toustade*, ancien français, Duez. — Voy. ci-dessus, p. 137, § 58, un proverbe relatif à l'alezan brûlé.

Synonymes étrangers du terme : *alezan brûlé :*

Alazan tostado, esp. — **Sauro affocato, sauro metallico**, ital. Duez. — **Brandfuchs, schweissfuchs**, all. Poëtevin.

ALLURES. — Train, manière de marcher, marche du cheval. — *Le pas, le trot, le galop, l'amble, le traquenard, le pas relevé* sont de bonnes allures ; *l'aubin* est une allure défectueuse.

AMBLE. — Sorte d'allure du cheval qui est entre le trot et le galop.

Synonymes :

Ambladura, anc. prov. Raynouard. — **Ambiadura, ambio**, italien. — **Zelt, Pass**, all. Poëtevin. — **Tel, telgang**, holl.

Dans le département de l'Allier, le cheval qui va à l'amble est appelé *amrabô.* Texier.

Ancien proverbe : « Cestuy-cy me pense faire perdre mes ambles ? » — Celui-ci pense-t-il me dérouter, me faire perdre mon sangfroid.

Glossaire de l'ancien théâtre français.

AMBLE ROMPU. — On appelle ainsi quelquefois le *traquenard*.

ANDRIN. — Cheval qui a le poil noirastre comme un demy moreau.
Ancien français, DUEZ.

ANGLAISER. — Pratiquer une opération qui consiste à couper les muscles abaisseurs de la queue d'un cheval. Les muscles releveurs se trouvent alors sans antagonistes, et la queue est portée horizontalement.

Synonyme :

Inglesare, italien.

ANIMÉ (cheval). — Cheval qui a les yeux d'une autre nuance que celle du corps.

ARCANSER. — Epauler à droite ou à gauche. — Se dit du cheval qui tire de lourds fardeaux. (Terme des voituriers).
Bullet. de la Soc. protect. des anim. 1860, p. 234.

ARMER (s'). — En terme d'équitation, un cheval s'arme lorsqu'il cherche à se soustraire à l'action du mors de la bride, et qu'il se défend contre son cavalier.

ARRONDIR UN CHEVAL. — Le dresser à manier en rond, au trot et au galop, sans qu'il se jette de côté et en lui faisant porter les épaules uniment et rondement.

ARS (*m.*). — Veine à laquelle on saigne un cheval : il y en a une au bas de chaque épaule, et au plat de chaque cuisse.

Locution : *saigner un cheval des quatre ars*.
La définition et l'étymologie du mot *ars* sont assez obscures. Voyez à ce sujet Littré et Diez.

ARZEL. — Le cheval arzel est un cheval qui a une balzane ou marque blanche au pied de derrière, du côté droit ; les cavaliers superstitieux ne montent jamais de chevaux arzels un jour de combat, ils les croient infortunés.
MARIN, *Dictionnaire français-hollandais*.

Synonymes :

Argillo, ital. Duez. — **Argel**, esp.; port. — Selon M. Devic, de l'arabe **ardjel**, qui sert à désigner le cheval ayant cette particularité.

ASSEMBLER. — En terme de manège, assembler un cheval, c'est le disposer, le préparer à exécuter la volonté du cavalier, lui donner une sorte d'avertissement, pour qu'il se tienne prêt à agir, suivant les ordres qu'il va recevoir.

ATTEINTE. — Coup, plaie, au paturon, à la couronne, ou au boulet, qu'un cheval se donne lui-même avec ses fers ou qu'il reçoit d'autres chevaux.

AUBÈRE. — Certaine nuance de la robe du cheval.

V. Brivet définit ainsi le cheval aubère : c'est le cheval alezan, plus des poils blancs blanchâtres ou grisâtres et il rattache le mot au latin *albus*.

Ce nom vient, selon M. Marcel Devic, de *hobâra*, nom arabe de l'outarde, les couleurs variées de cet oiseau représentant cette nuance.

Synonymes :

Ubiero, italien, Duez. — **Porselein-Paard,** hollandais, Marin.

AUBIN. — Certaine allure du cheval. Dans cette allure défectueuse, le cheval exécute des mouvements de galop avec les membres antérieurs, tandis que les postérieurs ne peuvent opérer que ceux du trot. La faiblesse, la fatigue ou l'usure, sont la cause principale de l'aubin.

AUGE. — Espace qui résulte de l'écartement des deux branches de l'os maxillaire inférieur.

AVANT-CŒUR. — Nom vulgaire donné aux tumeurs de diverses natures qui se développent au poitrail des chevaux. Ces tumeurs peuvent n'avoir aucune conséquence dangereuse et céder à un traitement simple.

Synonymes :

Ancœur, ancien fr., Duez. — **Anticuore, Avanticuore,** italien, Duez.

AVIVES (les). — Inflammation et engorgement des glandes parotides.

Synonymes :

Vives, anc. fr. — **Aviez,** (*f.*) breton, Troude. — **Vivole,** (*pl.*) ital. — **Vide,** (*pl.*) Brescia, Melch. — **Abivas, Adivas,** esp. — **Feifel, Feibel, Vivel,** all. — Ces mots, selon M. Devic, viennent de l'arabe **ad-dhîba,** nom de cette même maladie.

BAI. — Nom par lequel on désigne la robe rouge d'un cheval dont les extrémités et les crins sont noirs.

Synonymes :

Baïard, français. — **Baio, Castagno,** italien, Duez.

BALLONNER. — Se dit d'un cheval qui n'a pas de reins et qui marche en dandinant.

BALZANES. — Marques blanches qui tranchent subitement avec la couleur de la robe ; elles entourent le membre et s'obsservent aux extrémités du cheval, du bœuf, etc.

V. BRIVET, *Nouveau traité des robes et nuances chez le cheval*, etc. Paris, 1844.

On appelle *balzan* le cheval qui a ces taches.

Synonymes :

Bauçan, Bauchan, ancien français. — **Balzano,** italien. — M. Devic rattache ce mot à l'arabe (Voy. son *Dict.* à l'article **Balzan**).

Selon Duez, on appelait autrefois en italien *cervel balzano* un esprit fantastique, une teste éventée, parce qu'on considérait les chevaux alezans comme capricieux.

BARBE *ou* **CHEVAL BARBE.** — Cheval originaire des pays barbaresques.

Synonymes :

Barbero, italien. — **Barber,** allemand.

BARBE (*f.*). — Région osseuse qui se trouve en arrière du menton.

BÉGAYER. — Se dit d'un cheval lorsqu'il secoue la bride en branlant la tête, pour se dégager du mors. (Terme de manège).

BÉGU. — Cheval dont la dent a conservé la cavité formée par son cornet externe après l'époque où elle n'existe plus généralement. C'est vers onze ans que les dernières traces du cornet dentaire externe ont disparu. Le cheval bégu les conserve de manière à paraître plus jeune qu'il n'est réellement. La forme de la dent et une pratique éclairée peuvent seules servir de guide pour juger de l'âge d'un cheval bégu.

BELLE-FACE. — Un cheval qui a la face blanche, quel que soit le fond de la robe, est dit *belle-face.* Cette particularité de sa robe est très caractéristique pour les signalements.

BERCER (se). — Un cheval *se berce* lorsque son corps le porte de droite à gauche, et réciproquement, pendant la marche.

BILLARDER. — Un cheval billarde lorsque ses membres antérieurs, mal articulés, se portent en dehors de la ligne de l'axe du corps, pendant la marche, et surtout au trot.

BLEIME (*f.*). — Contusion, meurtrissure ou rougeur chez le cheval, suivie d'épanchement de sang et de suppuration.

Synonyme :

Blaumähler, allemand, Poëtevin.

BLEU. — Les marchands de chevaux, les postillons, etc., nomment *cheval bleu*, le gris ardoisé ou le gris de fer chez qui la teinte bleuâtre est très caractérisée. — V. Brivet.

BOIRE DANS SON BLANC. — Se dit d'un cheval bai alezan qui a le nez blanc.

BOIRE LA BRIDE. — Se dit d'un cheval qui a le mors trop enfoncé dans la bouche.

BOUCHE (bonne ou belle). — Le cheval *a la bouche bonne* ou *belle*, lorsque celle-ci reçoit du mors une impression modérée.

BOUCHE TENDRE. — Bouche qui souffre trop de l'action du mors.

BOUCHE FRAICHE. — Celle qui écume lorsque l'animal est bridé.

BOUCHE EN ACTION. — Se dit d'un cheval qui mâche son mors et jette de l'écume.

BOUCHE D'UN CHEVAL (égarer la). — En diminuer la sensibilité par brutalité ou ignorance.

BOUCHE (n'avoir pas de). — Être peu sensible au mors.

BOUCHE (être fort en). — N'obéir point au mors.

BOULET (*m.*). — Articulation du canon avec le paturon.

Synonymes :

Bulesia, Bulesio, italien.

BOUTOIR. — Instrument qui sert à parer le pied du cheval et à en couper la corne superflue. Le maréchal appuie le manche du boutoir contre son corps et le pousse en avant avec son ventre.

Synonymes :

Butoban, Toulouse, Poumarède. — **Veegmes,** hollandais, Marin.

BRAS. — Partie du membre antérieur du cheval qui est comprise entre l'épaule et l'avant-bras.

BRASSICOURT. — Cheval dont le genou est naturellement porté en avant de l'axe du membre antérieur et forme une courbe.

BRIDE (coup de). — Secousse que l'on imprime aux rênes pour châtier un cheval qui ne veut pas tourner.

BRIDE (main de la). — Main qui tient les rênes, main gauche.

BRIDE (goûter la). — Commencer à s'accoutumer au mors.

BRONCHADE. — Action de broncher.

BRONCHER. — Mettre le pied à faux. Un cheval peut broncher par maladresse ou par défaut d'aplomb.

BRETAUDER UN CHEVAL. — Lui tailler et raccourcir les oreilles. — Pour l'étymologie de ce mot voy. Diez s. verbo *berta*.

BROUILLER (se). — Se dit du cheval qui règle mal ses mouvements.

BUTER. — Trébucher, heurter du pied contre un obstacle.

Synonymes :

Bucher, Lorraine, J. F. Michel. — **Chopper,** français. — **Chorber,** normand, Delboulle. — **S'achouper,** Suisse romande, Grangier.

CABRER (se). — Se dit du cheval qui se dresse sur les pieds de derrière.

Synonymes :

Cabrà, provençal moderne, Diez. — **Sich baümen,** allemand.

> *Se cabrer* signifie proprement se dresser comme une chèvre. La locution a dû être empruntée à un dialecte du midi de la France ou à l'espagnol.

CAGNEUX. — Nom donné à un cheval dont les pieds sont tournés en dedans, direction opposée à celle des pieds panards. La direction du pied cagneux résulte d'un défaut dans les articulations.

CAP DE MORE. — Cheval dont la tête est noire et le reste du corps d'une autre couleur.

Synonymes :

Mohrenkopf, allemand. — **Cavezza di moro,** italien.

CARACOLER. — Se dit du cheval auquel on fait faire une succession de demi-tours à droite et à gauche avec ou sans changement de main, mais sans suivre de piste.

CARROSSIER. — Cheval propre à atteler à un carrosse.

CERCLES (les). — Renflement circulaire du sabot.

CERISIERS. — « Nom qu'on donne à de petits chevaux de louage, parce qu'ils portent ordinairement les cerises de Montmorency aux marchés de Paris. »

Frédéric SOULIER, Le lion amoureux.

CHANFREIN. — Le devant de la tête d'un cheval.

CHÂTAIGNE. — Produit corné qui s'observe à la face interne des avant-bras, et aux jarrets. — V. Brivet.

CHEVILLE (cheval de). — Celui qu'on attelle devant le limonier.

CILLER. — Un cheval *cille* quand il grisonne aux sourcils, c.-à-d.: à la place occupée par les poils qui les forment. Ce caractère est généralement un indice de vieillesse.

CLAIRIN. — On appelle dans le Bourbonnais *clairin* le cheval qui porte la clochette (*clairin*) et qui sert à rallier les autres chevaux et mulets à la pâture de nuit.

G. SAND, *Les Maîtres sonneurs.*

COAILLER. — Se dit d'un cheval qui remue perpétuellement la queue.

COLIQUES DES CHEVAUX. — Dans le Sud-Ouest de la France on les appelle *aoulivos*. — Voy. *tranchees.*

CORNAGE. — Une certaine maladie des voies aériennes s'annonce par un bruit particulier que fait entendre l'animal en respirant, quand par un moyen quelconque, on a accéléré l'acte de la respiration. Lorsque ce bruit est éclatant, sonore, il constitue le véritable *cornage* ; quand au contraire le cheval ne fait entendre qu'un sifflement léger, quelquefois difficile à reconnaître, on dit qu'il est affecté du *sifflage.*

COUPER (se). — Se dit du cheval qui s'entretaille avec les pieds en marchant.

COURBATU. — Se dit du cheval qui par suite d'un excès de fatigue ou pour d'autres causes, n'a de libres ni la respiration ni le mouvement des jambes.

COURBE. — On donne le nom de *courbe*, dans le cheval, à une tumeur plus ou moins volumineuse qui se développe à la face interne du jarret. Cette tumeur, qui peut être aussi la conséquence d'un coup, d'une blessure, est le plus souvent causée par un excès de travail.

COURBETTE. — Mouvement que fait le cheval en levant également les deux pieds de devant qu'il fléchit aussitôt, pendant qu'il tient les jambes basses.

COURBETTES (battre la poudre à). — Hâter trop les courbettes, les faire trop basses.

COURONNER (se). — Un cheval se *couronne* lorsque dans une chute il se blesse aux genoux ; si la blessure est grave et laisse des cicatrices apercevables, le cheval reste couronné, ce qui le déprécie toujours plus ou moins.

COURTAUD. — Cheval auquel on a coupé la queue.

CRAPAUD. — On donne le nom de *crapaud*, à une maladie particulière observée à la sole du pied du cheval, sous la corne, qui se décolle, tombe, et laisse à nu la surface du pied.

Synonymes :

Crapaudine, français. — **Porri**, italien, Duez. — **Sprothuf,** allemand, Poëtevin.

CREVASSES. — Maladie de la peau qui a son siège dans le pli du pâturon.

Synonyme :

Carpàssi, (*f. pl.*) Parme, Malaspina.

CRINS (à tous). — Cheval dont les crins n'ont pas été coupés.

CROUPE (la). — Partie postérieure du cheval formée par les hanches et le haut des fesses.

Synonyme :

Creuz, allemand.

CROUPE AVALÉE. — Croupe qui tombe trop.

CROUPE COUPÉE. — Croupe fortement avalée.

CROUPE DOUBLE. — Celle qui est divisée par un sillon le long de l'épine dorsale.

CROUPE DE MULET, CROUPE TRANCHANTE. — Croupe qui n'est pas arrondie.

CROUPE (chatouilleux sur la). — On dit d'un homme qui se fâche aisément et sans sujet, qu'il est *chatouilleux sur la croupe* : allusion aux chevaux qui n'aiment pas à porter en croupe.   Locution française, FERAUD.

CROUPE (gagner la). — *Gagner la croupe du cheval de son ennemi* signifie : l'approcher par derrière.
       Locution française, FERAUD.

CROUPE AU MUR (porter la). — Porter un cheval de côté en lui tournant la croupe vers le mur du manège et la tête vers le centre (Terme de manège).

DÉLIBÉRER UN CHEVAL. — L'accoutumer à telle ou telle allure.

DÉLICOTER UN CHEVAL. — Lui ôter son licou.

DENTS COLLETÉES. — Dents incisives qui, par suite d'une maladie, prennent un collet, deviennent branlantes et se déchaussent.

DÉSAJUSTÉ (cheval). — Qui ne fait plus le manège avec la même justesse.

DÉSENCLOUER UN CHEVAL. — Oter le clou qui le faisait boiter.

DÉVIDER. — Se dit d'un cheval, quand, en marchant des deux pistes, ses épaules vont trop vite et que la croupe ne suit pas également.

Synonyme :

Abhaspeln, allemand.

DOS DE MULET. — Dos convexe supérieurement.

DOUBLÉ. — « A vendre un très bon cheval *bien doublé...* »

Acclimatation, 11 août 1878.

« A vendre une petite jument... *bien doublée...* »

Acclimatation, 16 mars 1879.

DOUBLER LES REINS. — Sauter en pliant les reins.

DOUBLER LARGE. — Traverser le manège en ligne droite et revenir droit sur ses pas en changeant de main.

DOUBLER ÉTROIT. — Faire tourner le cheval aux coins, en lui faisant décrire des angles droits.

DRESSÉ (un). — Etat, qualité d'un cheval dressé. — Ex. : *ce cheval a un dressé irréprochable.*

EAU (faire de l'). — (Terme de cocher). Uriner.   POËTEVIN.

Synonyme :

Stallen, allemand, Poëtevin.

EAUX AUX JAMBES. — Les eaux aux jambes sont une maladie spéciale au cheval, à l'âne et au mulet ; mais c'est surtout chez le cheval qu'elle a été observée. Elle consiste dans le suintement d'un liquide grisâtre qui humecte les paturons, les boulets et la région des tendons des membres des animaux.

ÉBROUEMENT. — Sorte de ronflement caractéristique par lequel un cheval exprime sa frayeur ou sa surprise.

ÉBROUER (s'). — Se dit du cheval qui produit ce ronflement.

Synonyme :

Schnauben, allemand.

ÉCHAPPER UN CHEVAL. — Lui rendre la main pour le mettre au galop.

ÉCHAPPÉ. — On dit par exemple qu'un cheval qui n'est que demi pur sang est *échappé de barbe* pour dire qu'il n'est qu'à moitié barbe. POËTEVIN.

EFFETS. — Se dit des mouvements de la main qui servent à conduire un cheval. Il y a quatre effets, *pousser en avant, tirer en arrière*, à *gauche* ou à *droite*.

EFFILÉ (cheval). — Qui a l'encolure fine et déliée.

EFFLANQUÉ. — Qui a les flancs creux ou abattus par suite de travail ou de mauvaise nourriture. — Se dit aussi du cheval dont les flancs se resserrent naturellement vers les cuisses.

ÉGAROTÉ. — Blessé au garrot.

ENCASTELÉ (cheval). — Qui a le talon trop étroit.

Synonyme :

Incastellato, italien.

ENCASTELURE (f.). — Défectuosité du sabot caractérisée par son étroitesse générale.

Synonyme :

Vollhuf, allemand, Poëtevin.

ENCLOUER UN CHEVAL. — Le piquer ou le blesser dans le vif en le ferrant.

ÉNERVER. — Pratiquer la section des muscles releveurs de la lèvre supérieure.

Synonyme :

Einem Pferd die Maus schneiden, allemand, Poëtevin.

ENTRETAILLER (s'). — Se dit du cheval qui se heurte les jambes l'une contre l'autre.

ÉPARVIN. — Tumeur osseuse qui se développe à la partie supérieure et interne du canon du cheval. L'éparvin gagne quelquefois les os plats qui concourent à former l'articulation du jarret. Cette tumeur est plus ou moins volumineuse, et cause souvent des boiteries incurables. On ne connaît pas de moyen de guérir l'éparvin.

On nomme *éparvin sec* un mouvement brusque opéré par la flexion du jarret dans quelques chevaux. Cette contraction spasmodique est observée quelquefois aux deux membres ; souvent elle n'a lieu que d'un côté.

Synonymes :

Esparvain, anc. fr. — **Spavano, Spavenio, Sparavagno, Sparagagno, Alfio,** ital., Duez. — **Spavento,** ital., Diez. — **Esparavan,** esp. — **Spavin,** angl. — **Spat,** allemand.

ÉPAULE FROIDE. — Dans le cheval, l'épaule froide est celle qui jouit de peu de mouvement. Un animal qui a les épaules froides a naturellement les allures raccourcies.

EPAULE GAGNÉE. — Progrès du cavalier qui s'est rendu maître des épaules de sa monture.

EPAULE EN DEDANS. — Manœuvre qui consiste à amener les épaules du cheval dans le manège et à conserver les jambes de derrière sur la piste.

ÉPAULES (trotter des). — Se dit du cheval qui trotte en soulevant pesamment les épaules.

ÉPAULES (s'abandonner sur les). — Se dit du cheval qui ne se campe pas sur les hanches et ne plie pas les jarrets.

ÉPAULEE (bête). — Cheval qui a l'épaule rompue ou démise.

Synonyme :

Buglahm, allemand.

EPIS *ou* MOLETTES. — Poils qui, partant du même point, rebroussent vers la même direction et produisent à peu près la configuration d'un épi de blé.   V. BRIVET.

ÉPONGES. — Tumeurs à la pointe du coude.

ESCACHE. — Mors de cheval de forme ovale.

Synonyme :

Kappenmundstück, allemand, Poëtevin.

ETRANGUILLON. — Esquinancie des chevaux.

Synonymes :

Strangoglioni, italien, Duez. — **Branca,** roumain, Cihac.

ETRAQUER. — « Au mois d'avril ou de mai on commence à *étraquer*, c'est-à-dire à accoutumer au travail le cheval percheron de 15 à 18 mois. »

> Locution du Perche, DUREAU DE LA MALLE, *Notice sur les races domestiques des chevaux*, 1855.

ÉTRÉCIR UN CHEVAL. — Le ramener graduellement sur un terrain moins étendu que celui sur lequel on l'exerçait d'abord. (Terme de manège).

ETRÉCIR (S'). — Se dit du cheval qui, perdant de l'espace pendant ses exercices, s'approche de plus en plus du centre de la volte.

FAILLI (tendon). — On donne le nom de *tendon failli*, en extérieur du cheval, à l'étranglement dessiné par sa dépression sous le genou. Ce défaut est un indice de faiblesse.

FANIÉTER. — Se dit d'un cheval qui appuie trop sur la terre, comme s'il marchait dans la *fange* ou dans un marais.

> Wallon, GRANDGAGNAGE.

FARCIN. — Maladie caractérisée par des engorgements plus ou moins volumineux des ganglions lymphatiques, formant de petites tumeurs sous la peau. Ces tumeurs sont quelquefois isolées, mais le plus souvent elles sont nombreuses et disposées les unes à la suite des autres en forme de chapelet, le long des veines sous-cutanées. Le farcin se présente sous des formes différentes. Il est dit *cordé* si les boutons farcineux sont disposés les uns à la suite des autres, comme une corde, sous la peau ; *volant*, si les boutons isolés disparaissent sur un point pour reparaître sur un autre. Dans tous les cas, cette affection est toujours plus ou moins grave.

Synonymes :

Vermolatico, Vermovolatico, Vermomuro, italien, Duez.

FEINDRE. — Lorsqu'un animal est atteint d'une légère boiterie, on dit qu'*il feint*. Ainsi, un cheval feint quand il boite d'une manière peu sensible.

FERRÉ A GLACE. — Se dit au propre, des chevaux à qui l'on met des fers cramponnés, pour empêcher qu'ils ne glissent sur la glace. Au figuré, il se dit d'un homme très habile dans la matière dont il s'agit. (Feraud.)

FLAGEOLER. — On dit qu'un cheval *flageole* lorsque ses jarrets va-
cillent d'un côté à l'autre en marchant. Ce défaut
dépend d'un mauvais mode d'articulation du membre ou
de la faiblesse des individus ; beaucoup de poulains
flageolent. Ce défaut, chez eux, disparaît à mesure
qu'ils grandissent et prennent de la force.

FORGER. — Un cheval *forge* lorsque, pendant le trot, il touche les
fers de ses pieds de devant avec ceux des pieds de derrière ; on entend facilement le bruit produit par leur
choc.

FORME. — On nomme *formes* les exostoses qui se développent autour
de la couronne des pieds des chevaux.

Synonymes :

Formelle, français, Duez. — Formella, italien.

FOUGUE. — Impétuosité naturelle.

Synonyme :

Koller, allemand.

FOUGUEUX. — Cheval qui a de la fougue.

Synonyme :

Cal aprig, roumain, Cihac.

FOURBURE. — Maladie d'un cheval entrepris des jambes pour avoir
trop travaillé, ou pour avoir bu trop tôt après avoir eu
chaud.

« Il y a une maladie des poulains dans le Bessin
qu'on appelle *fourbure* ou *forbélure des poulains*. Un
des symptômes de cette maladie grave est la claudi-
cation, aussi les paysans disent : *poulain boiteux,
poulain perdu.* »
Mémoire de la Soc. vétérinaire du Calvados, 1834, p. 141.

Synonymes :

Forboiture, ancien français, Duez. — Rapprenditura, Rapprendimento, Rappresa,
italien. — Rähe, allemand.

FOURCHETTE. — Certaine partie du sabot située à la face inférieure.

Synonyme :

Stral, allemand, Poëtevin.

FOURMILIÈRE. — La fourmilière est une maladie du pied du cheval qui a pour cause le décollement de la muraille et de l'os du pied.

FOURREAU. — Peau qui enveloppe le membre génital du cheval.

FRELONNÉ (cheval). — Moucheté de blanc par les flancs, ou devers la croupe et au col vers les épaules.   DUEZ.

FRINGUANT. — Alerte, vif. — On trouve *friguant* dans la phrase suivant :

« Il montait un *friguant* cheval. »
> BRUSSEL, *Virgile travesti*, p. 200.

FROID. — Un animal est *froid* quand il a besoin d'être stimulé au travail. Les étalons sont quelquefois *froids* et paresseux à la monte.

« Pollux avait peut être *du fond* mais il n'avait aucun entrain, il était *froid*. »
Argot du turf. Eug. DELIGNY, *La grande dame et la Normande*, p. 311.

GALOP. — La plus rapide des allures du cheval.

Synonyme :

Galet, Nîmes, Montel, p. 204.

GALOP (Temps de). — Court espace parcouru au galop.

GALOP (Branle de). — Mouvement d'un cheval qui se met au galop et aussi mouvement d'un cheval pendant le galop.

GALOP DE CHASSE. — Galop dans lequel le cheval déploie librement ses membres.

GALOP DE CONTRE TEMPS. — Allure qui ressemble au galop par devant et aux courbettes par derrière.

GALOP ÉTENDU. — Allure dans laquelle le derrière du cheval chasse le devant sans cadence réglée.

GALOP GAILLARD. — Pas composé de courbettes et de cabrioles successives.

GALOPE (la). — « Je monte dessus et en catimini, je lui insinue de l'amadou allumé dans l'oreille, ça le chauffe, c'te bête, ça le met en gaîté, *il danse la galope* et se roule dans la poussière. »   ROCHEFORT, *Les Maquignons*.

GANACHE. — Au propre, c'est la partie de la mâchoire du cheval qui touche le gosier, ou l'encolure. Au figuré, on s'en sert pour exprimer un homme qui a l'esprit pesant. *Il est chargé de ganache. Il a la ganache pesante.*

> LEROUX, *Dictionnaire comique.*

Chargé de ganache, un homme qui a de grosses mâchoires. Et figurément, un homme qui, étant épais de corps, a aussi l'esprit grossier et matériel.

> LEROUX, *Dictionnaire comique.*

Être chargé de ganache, ou *avoir la ganache pesante,* se dit, au *propre,* d'un cheval qui a l'os de la mâchoire inférieure fort gros et revêtu de beaucoup de chair, et au *figuré* (style plaisant et critique) d'un homme qui a l'esprit pesant. — On dit aussi : Cet homme est *une ganache.*

> FERAUD.

GARROT. — Partie du corps qui se trouve au-dessus des jambes du devant.

GENETTE (à la). — Aller à cheval *à la genette* ; avec les étriers forts courts, comme font les Turcs.

> FERAUD.

GENOU DE BŒUF. — Genou du cheval dévié en dedans.

GENOU DE MOUTON — Genou du cheval dévié en arrière. On l'appelle aussi *genou effacé.*

GERME-DE-FÈVE. — Point noir qu'on remarque au milieu de la table d'une dent incisive de cheval, et qui est formé par la cavité du cornet dentaire externe. Dans les chevaux âgés chez lesquels ce point a disparu, les maquignons cherchent à le simuler en burinant, en *contre-marquant* la dent.

GIGOT. — Jambe de derrière du cheval.

GLANDÉ. — Un cheval qui a les ganglions lymphathiques de l'auge engorgés est dit *glandé.*

GOURME. — Maladie des premières voies respiratoires.

Synonymes :

Chioucholo, Gard, com. par M. P. Fesquet. — **Kropf,** allemand. — **Droes, Droezigheid,** hollandais.

GOUSSAUT *ou* GOUSSANT. — Cheval court de reins et vigoureux d'encolure.

GRAS-FONDURE. — Inflammation du bas ventre causée par l'excès du travail ou de la chaleur.

GRIS (Jeter son).— « On dit en Normandie qu'une *jument jette son gris* lorsqu'elle est affectée d'une saillie du col de l'uterus ou d'une portion du vagin. »
Mém. de la Soc. vétérinaire du Calvados, 1831, p. 252.

GRIS ÉTOURNEAU. — Cheval dont la robe a l'aspect du plumage de l'étourneau. — V. Brivet.

GRIS POMMELÉ (1). — Nom donné aux robes des chevaux gris qui ont sur le fond de la robe des plaques arrondies plus ou moins foncées.

Synonymes :

Apfelschimmel, Apfelgrau, allemand.

GRIS TOURDILLE. — Cheval dont la robe a l'aspect du plumage de la grive. — V. Brivet.

HARAS. — Etablissement où l'on entretient des étalons et des juments pour en multiplier la race.

Synonymes :

Garas, ancien français, Duez. — **Razza, Razza di cavalli,** italien, Duez. — **Gestüt,** all. — **Teelt, Stoetery, Fokkery,** hollandais.

HARPER. — On dit qu'un cheval *harpe* lorsque, atteint du vice nommé éparvin sec, il fléchit brusquement les jambes de derrière.

HOUPPE DU MENTON. — Nom donné à la partie centrale et proéminente que l'on remarque au menton du cheval.

IMMOBILITÉ. — Maladie particulière au cheval classée parmi les vices rédhibitoires par la loi de mai 1838. Elle est caractérisée par une espèce de catalepsie incomplète, mais qui rend le cheval impropre aux usages ordinaires de la selle ou du trait.

ISABELLE. — Nom donné à la robe du cheval dont la couleur est d'un jaune café au lait plus ou moins clair, avec les crins et les poils des extrémités foncés.

---

(1) Cette robe est caractérisée par des taches rondes, grisonnées, plus claires au centre et de la grosseur d'une pomme ordinaire ; de là le nom de **pommelé** (V. Brivet).

Sur l'origine de ce mot *isabelle*, voy. *Notes and Queries* du 25 décembre 1880.

JARRETIER. — Cheval qui a les jambes de derrière tournées en dedans. Sur le cheval jarretier voy. un proverbe ci dessus p. 137.

JAVART. — Tantôt ce mot est synonyme de furoncle qui se déclare sur le paturon ou autour de la couronne ; tantôt, au contraire, il indique une altération du tissu corné, et enfin une maladie du cartilage du pied.

Synonymes :

Jardon, Jerdon, ancien français, Duez. — **Chiavardo, Chiouardo, Giarda, Giardone,** italien, Duez. — Les noms français viennent des noms italiens.

JOINTÉ. — Se dit d'un cheval, dans ces phrases : cheval *court jointé*, qui a le pâturon trop court et disproportionné ; *long jointé*, qui a cette partie trop longue. — Feraud.

KOCKLANI. — Variété estimée du cheval arabe.

LADRE (avoir du). — Se dit d'un cheval qui a autour des yeux et au bout du nez des taches dénuées de poils. — Selon V. Brivet, *le ladre* s'entend d'une couleur de la peau qui approche de celle de l'homme.

LAMPAS. — Maladie de la bouche du cheval, dans laquelle une membrane charnue couvre les dents, en tout ou en partie, et empêche l'animal de manger : il faut enlever le lampas ; opération très-facile.

Synonymes :

Palatine, français, Duez. — **Fève,** français. — **Lou palada,** Toulouse, Poumarède. — **Impas,** breton vannetais, Troude. — **Paladinna,** milan., Banfi. — **Lampasco, Palatina, Palatara,** italien, Duez.

LARGE (aller). — Se dit du cheval qui se porte de côté.

LISSE. — Certaine marque qui sert au signalement. Voy. V. Brivet.

LOUVET (poil). — Robe d'une certaine nuance gris jaunâtre.

LUNATIQUE (cheval). — Cheval qui a la vue chargée de temps en temps.

LUNE. — Maladie des yeux qui paraît et disparaît périodiquement, de manière que si l'animal est vendu dans l'intervalle d'un accès à l'autre, l'acquéreur ne peut pas la connaître.

Synonyme :

La luno, Toulouse, Poumarède.

MAIN. — Pied de devant du cheval.

MAIN (AVANT-). — L'avant-main du cheval comprend la partie de son corps qui se trouve placée en avant du cavalier.

MAIN (avoir de la). — Se servir à propos de la bride.

MAIN (être dans la). — Être bien dressé et obéir en tout à son cavalier.

MAIN DE LA LANCE. — Main droite du cavalier.

MAIN DE LA BRIDE. — Main gauche du cavalier.

MAIN (battre à la). — Un cheval bat à la main lorsqu'il agite la tête de manière à tirer fréquemment sur les rênes.

MAIN (tirer à la). — Résister aux aides du cavalier.

MAIN (être hors la). — Être à main gauche du cocher.

MAIN (être sous la). — Être à main droite du cocher.

MAIN (partir de la). — Partir légèrement, prendre bien le galop.

MAL FERU. — Mal du flanc. (Duez).

Synonymes :

Mal feruto, Mal ferito, italien, Duez.

MAL DU FEU. — Vertiges dans la tête.

Synonyme :

Capstòren, Parme, Malaspina.

MAL DE TAUPE. — Dans le cheval, la nuque est exposée à une maladie qu'on appelle *mal de taupe* ; ce mal est quelquefois très grave, à cause de son voisinage de la moelle épinière.

MALANDRES. — Mal qui vient au pli du genou du cheval.

« Quand on veut vanter un cheval pour être sain et net, on dit : *il n'a ni suros, ni malandres.* »

Dict. portat. des proverbes.

MANADE. — Nom donné dans la Camargue aux troupeaux de chevaux élevés et entretenus dans cette île pour dépiquer, battre le blé.

MARQUÉ EN TÊTE. — Qui a l'étoile ou la pelote au front. — Feraud.

MÉMARCHURE. — Entorse que se donne un cheval en faisant un faux pas.

MÉSAIR. — Allure intermédiaire entre le terre à terre et les courbettes.

De l'italien *messaria* (*mezzo* = demi, *aria* = air).

MILLE FLEURS. — Robe aubère qui a des mouchetures rouges et blanches disséminées dans le fond de la nuance du pelage.

MIROITÉ. — Cheval dont la robe présente des reflets arrondis que l'on a comparés à de petits miroirs. — V. Brivet.

MIS POUR. — « A vendre une jument... *bien mise pour* dame... »
Acclimatation, 9 mars 1879.

MOINEAU (cheval). — Auquel on a coupé les oreilles (selon Feraud).

MONTE. — Le mot *monte* est synonyme de celui de *saillie*. Dans l'espèce chevaline, la monte a lieu en liberté ou *à la main* (¹).

MORAILLE. — Instrument composé de deux branches de fer, avec lequel on serre le nez d'un cheval, pour modérer sa vivacité lorsqu'on le ferre, ou qu'on lui fait quelqu'opération.

MORE *ou* **MOREAU.** — Cheval noir.

Synonymes :

Panil, Piémont., Zalli. — **Rapp,** allemand.

MORS. — Ce qu'on met dans la bouche des chevaux pour les gouverner.

MORS AUX DENTS (prendre le). — Saisir les branches du frein avec les incisives. Se dit du cheval qui s'emporte.

MORS A QUELQU'UN (hocher le). — Se dit au figuré. S'opposer à ce qu'il veut, le contredire.

MORVE. — Le cheval qui a la *morve* a la membrane pituitaire (membrane du nez) pâle, ou rouge pâle, avec écoulement par les narines, souvent d'un seul côté, de mucosités

---

(1) Un jour, une servante de ferme ayant à faire la monte *à la main*, se servit, par suite d'une répugnance très justifiable, de son bonnet. Dans l'opération, le bonnet disparut dans le ventre de la jument. L'année suivante celle-ci mit au monde un joli petit poulain coiffé d'un bonnet bien noué par dessous le cou ! — Conte du pays messin, recueilli personnellement.

plus ou moins abondantes, blanches, jaunes ou verdâtres. L'animal a, du reste, toutes les apparences de la santé ; il ne paraît malade que vers la fin de la maladie. La *morve* est contagieuse.

Synonymes :

Les Morves, ancien français, Duez. — **Bormo**, Toulouse, Poumaréde. — **Mormo**, port. — **Muermo**, esp. — **Vorma**, anc. provençal. — **Morvu**, sicilien. — **Ciamorro**, **Cimorro** italien, Duez.

> On dit proverbialement : s'éloigner de quelqu'un comme d'un cheval morveux.
>
> Côte-d'or, com. par M. H. MARLOT.

MOUCHETÉ. — Cheval dont la robe a de petites taches noires ou blanches qui se détachent sur un fond qui fait contraste. — V. Brivet.

MOUSTACHES. — On appelle ainsi deux touffes de poil qui se trouvent à la lèvre antérieure de certains chevaux. — V. Brivet.

MUSEROLE. — Partie de la têtière qui se place au dessus du nez.

NASEAU. — Narine du cheval.

NEIGÉ. — Moucheté de poils blancs.

NET. — Gras, et en bon état. — Sans défaut.

Synonyme :

Lucido, italien.

NOIR JAYET. — Cheval dont le fond de la robe reflète un noir brillant.

NU (cheval). — Sans selle ni bride. *Monter un cheval à nu* se dit aussi *monter à poil.*

Synonymes :

A bisdosso, A bardosso, italien. — **Andé a caval al dös,** Piémont., Zalli.

OMBRAGEUX. — Cheval qui s'effraye de peu de chose. (Proprement : qui a peur de son ombre).

Synonymes :

Cavallo ombroso, ital. — **Caval ombrios,** piémont., Zalli.

> Duez traduit ainsi le mot italien *ombriano* : cheval qui baisse fort la tête en dessous, comme s'il vouloit regarder son ombre.

OREILLES DE COCHON. — Oreilles pendantes

OREILLARD. — *Oreillard*, se dit d'un cheval dont les oreilles sont longues, basses, pendantes, ou mal plantées. Feraud.

PARER LE PIED D'UN CHEVAL. — En ôter la corne avec le boutoir.

PARER. — S'arrêter. (Se dit du cheval.)

PARER SUR LES HANCHES. — Se soutenir sur les hanches en galopant.

PARTIR DE LA MAIN. — Prendre le galop.

PARTIR JUSTE. — Entamer le galop par le pied de devant.

PARURE (chevaux d'une même). — Chevaux de même poil, de même race.

PAS. — La plus lente allure du cheval.

PAS AVERTI. — Pas réglé, dans lequel le cheval semble calculer lui-même la pose de chaque jambe (terme de manège).

PAS DE COQ. — Flexion brusque et sèche du jarret imitant la démarche du coq.

PAS (cheval de). — Cheval qui a le pas allongé et rapide.

PAS RELEVÉ. — On donne le nom de *pas relevé* à une allure parti-culière à certains chevaux nommés *bidets d'allure*. Ces animaux sont recherchés par les marchands de bœufs qui se rendent dans les foires, parce qu'ils progressent rapidement sans fatiguer le cavalier.

PASSAGE (faire le) OU PASSAGER. — Se dit du cheval qui, en tournant ou en marchant de côté, croise les jambes, celles de derrière un peu moins que celles de devant.

PASSER. — ? — « A vendre un cheval... Ce cheval a chassé depuis l'ouverture, *passe* déjà très bien... »
Acclimatation, 9 novembre 1879.

« A vendre poney de selle et de chasse, *passant* bien avec un fort poids... »
Acclimatation, 30 novembre 1879.

PATURON. — Partie du membre située entre le boulet et la couronne.

Synonymes :

Pasturale, italien. — Pasturon, milanais, Banfi.

PAUMON. — Certaine maladie du cheval (Duez).

Synonymes :

Polmone Polmoncello, italien.

PÊCHARD (¹). — On nomme généralement *péchards*, dans le commerce, les chevaux aubères et rouans. — V. Brivet.

PELOTE, PELOTE EN TÊTE. — Marque ou étoile blanche au front d'un cheval.

PESER A LA MAIN. — Se dit d'un cheval qui appuie sur le mors.

PIAFFER. — Le cheval *piaffe* quand il lève alternativement les membres diagonaux, comme pendant le trot, et les laisse retomber sans progresser. C'est une espèce de trot opéré sur place. On dit aussi qu'un cheval piaffe lorsque, s'enlevant des membres antérieurs sous le cavalier, il les laisse retomber à plusieurs reprises et sans avancer. Le cheval retenu lorsqu'il voudrait partir piaffe et témoigne ainsi son impatience.

PIE. — Cheval de diverses couleurs bien tranchées. Dans le commerce on nomme *cheval margot* tout cheval pie. — V. Brivet.

Synonyme :

Cal pag, roumain, Cihac.

PIED COMBLE. — On nomme *pied comble* celui dont la sole, au lieu d'être creuse comme à l'état normal, est bombée et porte sur le sol.

PIEDS NEUFS (faire). — Se dit du cheval aux pieds duquel vient une nouvelle corne. — Facétieusement se dit d'une femme qui accouche.

PINÇARD. — Nom donné aux chevaux qui marchent sur la pince de leurs pieds. Ce défaut se fait surtout remarquer aux pieds postérieurs, et il indique généralement un degré plus ou moins avancé d'usure des membres des animaux.

PINCES. — Nom donné aux dents incisives antérieures du cheval.

On nomme aussi pince la partie antérieure du fer du cheval, comme celle du sabot sous lequel on l'applique.

PINCHARD. — En Normandie, cheval de couleur gris de fer.

PINSANESSE, PINSANEZE. — Ulcère dans la langue du cheval.

Ancien français, DUEZ.

PIQUER UN CHEVAL. — Lui donner de l'éperon.

---

(1) Les mouchetures de cette robe ont été comparées aux fleurs du pêcher. — **V. Brivet.**

PONEY. — Sorte de petit cheval. Au féminin on dit *une ponette*.

> « A vendre une *ponette* russe... »
>
> *Acclimatation*, 23 novembre 1879.

PORTER SON CHEVAL. — Le soutenir de la main et des cuisses.

PORTER BEAU, PORTER EN BEAU LIEU. — Se dit du cheval qui a un beau port de tête.

PORTER BAS. — Se dit du cheval qui laisse tomber la tête.

> « En argot du turf on dit d'un cheval : *il a du portrait*,
> c.-à-d. : il a de la beauté. »
>
> Eug. DELIGNY, *La Grande Dame et la Normande*, p. 289.

POSADE. — Action du cheval qui se dresse sur ses pieds de derrière.

POSE. — Action du cheval qui pose le pied sur le sol.

POUSSE. — Maladie mal définie et multiple qui se trahit par un dérangement spécial dans le mouvement du flanc.

Synonyme :

Bolso, italien. — **Battimu**, sarde logodourien, Spano.

POUSSÉ. — Le cheval *poussé de nourriture*, est celui qu'on a trop laissé manger. — Feraud.

PRENDRE. — On dit qu'une jument *a pris* lorsqu'elle se trouve fécondée. Poitou, AYRAULT.

RABATTRE UN CHEVAL. — Le maîtriser.

RABATTRE LES COURBETTES. — Forcer un cheval de poser à terre, en un seul et même temps, les deux pieds de derrière.

RAIE DE MULET. — Bande brune qui longe l'épine dorsale de certains chevaux, analogue à celle des mulets.

RAMENER UN CHEVAL. — Lui faire baisser le nez, lorsqu'il porte au vent.

RAMINGUE. — Qui résiste à l'éperon, qui refuse à se porter en avant.

Synonyme :

Ramingo, italien, Duez.

RAMPIN. — On nomme *cheval rampin* celui qui, par suite de vice d'organisation ou de fatigue des membres, marche sur la pince de son fer. C'est surtout aux membres postérieurs que l'on observe cette particularité, qui exige une ferrure spéciale bien connue des maréchaux-ferrants.

« Ce défaut est appelé *pied de chapon* dans les Landes. »   DE MÉTIVIER.

RASEMENT. — Usure des dents.

RASER (cheval qui commence à). — Cheval qui ne marque presque plus, dont les incisives ont perdu leurs marques caractéristiques.

RASER LE TAPIS. — Un cheval *rase le tapis*, lorsqu'en trottant ses pieds s'éloignent peu du sol pour le porter en avant.

RETENIR. — On dit qu'une jument *a retenu* lorsqu'elle se trouve fécondée.

RETENIR (se). Se dit des chevaux qui ne veulent point se porter librement en avant.

RÉTIF. — Cheval qui n'obéit pas, qui refuse d'avancer.

Synonymes :

Restio, italien. — **Restin,** milanais. — **Stetig,** allemand.

RÉUNI. — « ... Ils partirent donc ; le jeune homme s'efforçant de se modeler sur son père, qui était bien le cavalier le plus accompli, quand à la position des jambes, à l'assiette du buste, au lié des épaules. Quelles aides fines ! Comme le cheval était *réuni* sous le cavalier, autour duquel on eût pu promener un fil-à-plomb !... »

H. SCLAFER, *Le paysan riche.*

RIVET. — Pointe rivée du clou broché dans le pied d'un cheval.

ROBE. — On donne le nom de *robe* ou de *nuance* à l'ensemble des poils qui recouvrent la surface de toutes les parties extérieures. — V. Brivet.

ROSSIGNOL OU SIFFLET. — Ouverture que les maquignons font au dessus de l'anus du cheval, pour diminuer la pousse.

ROUAN. — Robe du cheval composée de poils rouges, noirs et blancs.

Synonymes :

Ruano, Rovano italien. — **Ruano,** espagnol.

ROUVIEUX. — Espèce de gale qui fait tomber le poil.

RUBICAN. — On nomme *rubican* un cheval dont le fond de la robe offre quelques poils blancs isolés.

RUER. — Se dit d'un cheval qui jette les pieds de derrière en l'air, avec force, en baissant le devant.

Synonymes :

Pinna, Bayonne, Lagravère; Béarn, Lespy. — **Djiba**, Plancher-les-Mines, Poulet.
(**Cf.** le mot français **regimber**.)

> « On dit d'une chose qui ne peut faire ni bien ni mal :
> *Voilà une chose qui ne mord ni ne rue.* »
>   LEROUX, *Dictionnaire comique.*

RUER EN VACHE. — Se dit d'un cheval qui porte le pied de derrière
sous la poitrine jusqu'à la jambe de devant et en frappe
la personne occupée aux pieds de devant.

SABOT. — Corne du pied du cheval.

Synonymes :

Onguiatte, Lunéville, Oberlin. — **Inkiatte**, Ban de la Roche, Oberlin.

SALIERES. — Creux qui se forment au dessus des yeux des vieux
chevaux.

SAUR. — Cheval de poil jaune brun.

SEIMES. — Fentes qui se produisent sur la corne des pieds.

SOIES (les). — Maladie du pied des chevaux (selon Duez).

Synonymes :

Sayes, Ongles fendus, français, Duez. — **Setola**, italien.

SOLANDRE OU SOULANDRE. — Crevasse qui se produit au pli du jarret
et de laquelle découle une humeur âcre.

SOLBATU. — Cheval dont la sole a été comprimée par le fer ou par
l'appui répété de corps durs.

Synonyme :

Volvoetig, hollandais.

SOLE. — Partie de corne qui forme avec la fourchette la surface
plantaire du sabot du cheval.

SOUPE DE LAIT. — Cheval d'un poil blanc tirant sur l'isabelle.

SOUTENIR UN CHEVAL. — Lui tenir la bride serrée pour l'empêcher
de fléchir.

SPINELLE. — Maladie du jarret (selon Duez).

Synonymes :

Spinul, Espinelle, Fusée, français, Duez. — **Spinella**, italien.

SUROS. — Nom donné à des tumeurs osseuses, généralement ovoïdes, qui se développent quelquefois sur les os des membres des chevaux.

TALON. — Partie du pied d'un cheval située en arrière entre les quartiers.

TALON SUR L'AUTRE (porter un cheval d'un). — Lui faire fuir tantôt l'éperon droit, tantôt l'éperon gauche.

TÂTER LE PAVÉ. — Marcher avec hésitation sur le sol.

TIC. — On a donné le nom de *tic* à une manie ou à un besoin éprouvé par certains chevaux de déglutir de l'air, ou de rendre par la bouche des gaz avec un certain bruit. Pour tiquer, l'animal appuie ses dents contre la mangeoire ou contre d'autres corps, ce qui caractérise le tic d'appui.

Synonyme :

Das krippenbeissen, allemand.

TIQUEUR (cheval). — Cheval qui a le tic.

TISONNÉ. — Une tache noire irrégulière, qui semble avoir été faite avec un charbon sur la robe d'un animal, est caractérisée par le mot *tisonné*. Un cheval ou un bœuf sont tisonnés aux membres, à la croupe, à l'encolure, etc., suivant le point où la tache noire se trouve.

TRAC. — Allure en général.

TRACNASER. — Trotter de travers. (Bessin, Joret).

TRANCHÉES (les). — Coliques violentes des chevaux. — Vulgairement *les tranches.*

« *Cheval tranché* — cheval qui a des coliques violentes. »

Voyez *Le Diseur de vérités* pour 1844, p. 79.

TRAQUENARD. — Une espèce d'amble précipité dans lequel chaque pied fait entendre sa foulée. — Cheval qui a cette allure.

TRAVAT. — Cheval qui a des balzanes aux deux pieds du même côté.

TROT. — Allure entre le pas et le galop.

TROT DE BOUCHER. — Allure assez rapide ; c'est un pas entrecoupé par un petit trot.   Landes, DE MÉTIVIER.

TROTTER. — Aller au trot.

Synonyme :

Cavalear, Alpes cottiennes, Chabrand.

TROTTINER. — Avoir un trot très court.

TRUITÉ. — Qui a des taches rousses comme une truite. Il ne se dit
          que des chevaux et des chiens. — Feraud.

UNIR UN CHEVAL. — Le mettre ensemble ; accorder le mouvement de ses
          quatre pieds dans le galop.

VACHE (coucher en). — Position défectueuse d'un cheval couché,
          dans laquelle les coudes portent sur les fers des sabots
          et se blessent.

VASSIVE (jument). — Jument qui n'a pu être fécondée. Locution poi-
          tevine, Eugène Ayrault, *De l'Industrie mulassière*, p. 82.

VESSIGON. — Tumeur molle qui se forme au jarret du cheval.

VIDE (jument). — Celle qui n'a pas été fécondée par l'étalon.

ZAIN. — Nom donné aux chevaux dont la robe n'a pas un seul poil
          blanc. Un cheval noir, bai ou alezan, etc., qui n'a pas de
          poils blancs, est *zain*.

Synonyme :

Zaino, espagnol, portugais, italien.

II.

1. « Per un chiodo si perde un ferro da cavallo ; e per un ferro
si perde un cavallo ; e per un cavallo si perde un cavaliero. »

                                        Italien, PESCETTI.

« Per risparmiare un chiodo, perdè la ferratura. »

                                        Arabe maltais, VASSALLI.

Ces proverbes font allusion à un conte.

2. « Ne meurs, cheval, herbe te vient. »
          Proverbe français du XVe siècle, LEROUX DE LINCY.

« So l' timps qu'l'avône crèhe, li ch'vâ mourt. » — Pendant que
l'avoine croît, le cheval meurt.   Proverbe wallon, DEJARDIN.

« Mentre che l'erba cresce, il cavallo muor di fame. »   Italien.

« Caval deh ! non morire, che l'erba ha da venire. »   Italien.

« Campa, cavallo, che l'erba cresce. »   Italien.

« Bel cavalo, no morir, chè bel' erba à da vegnir. »
Vénitien, REINSBERG.

« Aspetta, cavaddu, chi l'erba crisci ! »   Sicilien.

« Medan gräset gror, dör märren. » — Tandis que l'herbe croît,
la jument meurt.   Proverbe suédois, REINSBERG.

« While the grass groweth, the seely horse starveth. »
Proverbe anglais, REINSBERG.

« An auld horse may dee, ere the grass grow. »
Proverbe écossais, REINSBERG.

« Terwijl het gras groeit sterven de paarden van honger. »
Proverbe hollandais.

3. « Es coumo lou chaval de Poujado, dourmis tout drech. »
Gard, com. par M. P. FESQUET.

4. « Liptopo che strigliava i cavalli stando in letto. »
Italien, PESCETTI.

5. « Entre la patz e la tregno — Marti perdeguit soun eguo. »
Gard, com. par M. P. FESQUET.

« Entre la pax et lo trebo — Mortin perdèt soun ègo. »
Rouergue, DUVAL.

6. « Monsieur, votre beau cheval est mort.
— Hélas ! ce que c'est que de nous ! »
Facétie française, *Grivoisiana*.

« Helas ! qu'est-ce que de nous ! dit le gentilhomme, en apprenant
que le cheval qu'il avoit monté la veille étoit mort. »
Facétie française, MARIN.

7. « Un maquignon vendant un cheval dit : faites le *voir* et je le
garantis sans défaut. Ce cheval étoit aveugle. »
LEROUX, *Dictionnaire comique*.

8. « El caval de Gonela, con 33 schinèle soto la coda. »
Trieste, CASSANI.

« *Esser cmé el cavall del Gonela* — Essere come il cavallo del
Gonnella, che avea cento guidaleschi sotto la coda. Essere tutto
malanni. »

(*Gonéla, m.* = Gonnella, buffone del Duca Borso di Ferrara che aveva una rozza inguidalescata sulla quale faceva i suoi lazzi, e dalla quale ci è venuta la frase).

Parme, MALASPINA.

« Après cela, il fut visiter son roussin, et quoique la pauvre bête eût plus de tares que de membres et plus chétive apparence que le cheval de Gonéla (1) lequel *tantum pellis et ossa fuit...* »

CERVANTÈS, *Don Quichotte.*

« Caval del Gonnella. » — Le cheval de Gonelle, qui avoit toutes sortes de vices.   Locution italienne, DUEZ.

« Ha più diffetti ché l' caval de Gonnella. »   Italien, PESCETTI.

9. « E' come il cavallo dell' ugna bianca. » — Il est comme le cheval à la corne blanche, c.-à-d. : il manque au besoin.

Locution italienne, DUEZ.

10. « Far come il caval turco. » — Faire comme le cheval de Turquie, qui après avoir mangé son avoine donnait du pied au picotin. »   Locution italienne, DUEZ.

« Fare come il cavallo grosso, che dopo avere mangiato la biada, da calcio al vaglio. »   Proverbe italien.

11. « Il cavallo del Ciollo. » — Le cheval de Ciolle, qui se repaissoit de paroles (si pasceva di ragionamenti).

Locution italienne, DUEZ, PESCETTI.

12. « Caval Mariano. » — Une personne qui chemine la teste haute à l'étourdie.   Locution italienne, DUEZ.

13. « Il n'y aura pas grand regret à notre séparation, comme disait la vieille jument au chariot brisé. »

Walter Scot, *Rob Roy*, trad. Defauconpret, p. 300.

14. « Dat is'n hund von'n pierd ! sae' de jung, do rêd' he up'n katt ! » — En voilà un chien de cheval, dit l'enfant qui chevauchait sur un chat !   Frise, HOEFER, *Wie das Volkspricht.*

15. « Il faut avoir le cheval de Pacolet pour aller si vite en ce lieu là. »   Proverbe ancien français.

« *Cheval de Pacolet.* » — C'est un cheval de bois, un cheval volant comme on en voit beaucoup dans les romans de chevalerie.

Glossaire de l'ancien théâtre français.

(1) Bouffon qui vivait au XVe siècle.

« *Esse ségni dé pâcolet* (Être signé, c.-à-d.: marqué par le pacolet) = être ensorcelé. »

« On le dit aussi avec un bon sens : *Vous avez le pacolet* = vous avez du bonheur comme si vous possédiez un talisman. »

Wallon, DEJARDIN.

« *Pacolet* est le lutin des chevaux ; il les panse complaisamment pendant la nuit mais leur embrouille la crinière d'une façon inextricable. »   Morvan, BOGROS.

Sur le *cheval de Pacolet* voyez Leroux de Lincy, *Le Livre des proverbes* et la dissertation de J. Stecher dans le *Bulletin de la Société wallonne* t. II, 2e partie, pp. 55 et suivantes.

16. « Monter sur ses grands chevaux = parler avec hauteur et en colère (¹). »   Locution française, FÉRAUD.

« Piè la cavalina. » — Se mettre en colère.

Piémont, ZALLI.

« Montè sul cavàl mat. » — Se mettre en colère.

Piémont, ZALLI.

« Pro ogni cosa essere a caddu. » — Per ogni cosa essere a cavallo. Dicesi a quelli che subito montano in collera.

Sardaigne, SPANO.

« Es wird bald reiten, 's ross ist schon gesattelt. » — Zornig werden.   Lechrain, LEOPRECHTING.

17. « *Alfana*, une jument étrangère, ou des Indes. » DUEZ.

« *Alfana di Mambrino*, une grande haquenée, comme on dit en se moquant d'une femme excessivement grande. »

Italien, DUEZ.

18. « Quand un Arabe aura tiré de vous ce qu'il voulait, si les positions respectives changent, s'il n'a plus besoin de vous, l'homme naguères humblement pressant vous répondra brièvement, par le vieux dicton : C'est mon cheval qui te connaît, moi, je ne te connais plus. »   DAUMAS, *De la civilité chez les Arabes*

---

(1) Cf. la locution anglaise : To ride the black donkey. — J. C. H. *Slang Dictionary.*

19. « Ce qui vient de la bourse du diable s'en retourne pour ferrer son cheval, encore un des pieds de celui-ci reste-t-il déferré. »
Bretagne, L. F. Sauvé, *Revue celtique.*

20. « C'est comme le cheval du diable qui marche jour et nuit. » — Se dit d'une chose qui ne s'arrête pas.
Côte-d'Or, com. par M. H. Marlot.

21. « Une jeune fille qui rencontre dans sa promenade un cheval blanc qui remue la queue, est sûre de rencontrer son amoureux. »
Pays de Liège, Voy. A. Hock, III, p. 89 et p. 218.

« Das Pferd ist das führnehmste und glückbringendste, was dem Menschen auf seinen Wegen zuerst begegnen kann. »
Duché d'Oldenbourg, Strackerjan.

« Les Arabes considèrent la rencontre d'un beau cheval comme un bon présage. »   Daumas, *Le grand Désert.*

« Einen frommen Bettler, ein Ross, einen Fürst, einen Pfau, einen Elephanten und einen Stier hält man allzumahl für glückbringend, sie mögen ausziehen oder heim kehren. »
Sentence sanscrite, Böhtlingk, § 6,549.

22. « Rêver qu'on monte à cheval présage qu'un deuil est proche dans la maison. »   Côte-d'Or, communiqué par M. H. Marlot.

« Traümt man von Pferden, so bedeutet es immer etwas schlimmes. »
Superstition norwégienne, Liebrecht, *Zur Volkskunde*, p. 327.

« Das weisze Pferd ist eine glückverkündende Erscheinung in Traume. »   Superstition talmudique, Lewysohn.

23. « Un cheval laisse son engrais devant votre porte : signe d'argent. »   A. Hock, t. III, p. 219.

24. « Lorsqu'on va monter à cheval pour une longue excursion, la femme, une négresse ou bien un domestique jette un peu d'eau sur la croupe et les pieds de la monture. C'est un souhait à la fois et un heureux présage. Quelquefois c'est le cafetier qui jette du café sur les pieds des chevaux. »
Daumas, *De la civilité chez les Arabes.*

25. « Si par un hasard quelconque, un cheval rend du sang par le nez, les Persans renoncent à le monter dans la crainte qu'il ne leur arrive préjudice ; ils regardent toujours un pareil incident comme le présage d'un évènement sinistre. »

GOUPIL, *Voyage d'Horace Vernet en Orient.*

26. « Nè la moglie, nè il vino, nè il cavallo non si vuol lodare. »

Proverbe italien, PESCETTI.

« Ne vous avisez jamais, en regardant quoique ce soit, être inanimé, être humain ou être brut, homme ou cheval, enfant ou poulain, de vous récrier sur sa beauté.... Toute exclamation élogieuse est un appel aux esprits malins... »

Superstition générale chez les Arabes, PERRON, *le Nâceri*, p. 258.

27. « Si l'on vous montre un beau cheval, on aura soin qu'il ait une couverture qui lui garnisse la poitrine et surtout les reins et la hanche. On cache ces parties parce que ce sont celles qui sont le plus susceptibles d'être maléficiées par suite de l'influence du *mauvais regard.* »   Superst. arabe, PERRON, *le Nâceri*, p. 260.

28. « Si l'on trouve un fer à cheval dans les champs il faut le rapporter à la maison, cela porte bonheur. »

Croyance générale en France (¹).

« Trouver un fer à cheval sur son chemin porte chance, mais s'il est cassé on pourrait bien avoir une dispute dans la journée. »

Côte-d'Or, com. par M. H. MARLOT.

« Ein gefundenes Hufeisen bedeutet Glück. »

Basse Autriche, BLAAS.

« If you nail a horseshoe that you have picked up over your door it will prevent all witches and evil spirits crossing the threshhold. I have seen several doors that can boast of this protecting talisman. »

West Sussex, Mrs LATHAM.

« Findet einer ein hufeisen mit allen nägeln (aber suchen darf er's nicht) und nagelt es ob seine hausthüre so verbrennt das haus nicht. »   SOUABE, *Zeitsch. f. d. d. Myth.* IV, 48.

« The origin of the superstition of the sailors, of nailing a horse shoe to the mast, is to me unaccountable.... »

Mag. of Natural History, 1832, p. 212.

---

(1) Cependant, M. Sauvé me fait savoir que trouver un fer à cheval est généralement considéré comme un signe de malheur dans le Finistère.

29. « On préserve l'écurie et l'étable contre les attaques du *demovoi* (lutin) en attachant à la porte une image de saint Nicolas. »
Russie, Madame BAGRÉEFF, *Pélerins russes*.

30. « Pour préserver un cheval nouvellement acheté, de l'influence du malin, il faut le faire entrer à reculons dans l'écurie. »
Suisse romande, QUIQUEREZ, *Souvenirs et traditions*.

31. « En Moldavie, pour éloigner les maléfices, on pend au cou des poulains une pièce d'étoffe rouge et une gousse d'ail. »
Voy. Dr E. LÉGER.

« Jungen Pferden und jungen Kälbern bindet man zum Schutz gegen den bösen Blick rothe Bänder um den Hals. »
Superstition masure, TOEPPEN.

32. « La tête d'âne jouit d'une grande réputation en Moldavie, non pas seulement pour produire des maléfices, mais aussi pour les conjurer. *La tête du cheval* a quelquefois le même honneur. Il n'est pas d'enclos servant à enfermer les bestiaux pendant la nuit qui ne soit muni d'une de ces têtes, plantées sur un piquet fourchu. Elles ont la propriété de préserver des loups et des voleurs. »
Moldavie, Dr E. LÉGER.

Sur un usage semblable en Allemagne voyez : Chr. Petersen, *Die Pferdeköpfe auf d. Bauerhäusern, besond. in Norddeutschland. Mit 4 Tfln.* Kiel 1860, br. 8°, 70 pp.

33. « On croit généralement en Roumanie que pour obtenir des chevaux extraordinaires, il faut les élever dans une complète obscurité jusqu'à l'âge de trois ans. Tous les coursiers célèbres qui figurent dans les contes et les ballades populaires tels que *Cal graour, Cal vintech* ont été élevés de cette manière au rapport de la légende. »
ALEXANDRI, *Ballades de la Roumanie*, p. 192.

34. « Mettre un morceau de peau de loutre dans la selle des chevaux, les empêche d'avoir les tranchées. »
Champignelles (Yonne), com. par M. L. BEAUVILLARD.

35. « Il piede del lupo, che a tal uopo religiosamente conservasi, appeso ad uno degli orecchi degli animali equini li guarisce dalle coliche. »
Sicile, CASTELLI.

36. « Si votre cheval se déferre, il suffit de mettre un de vos étriers à l'envers pour que sa corne ne s'use pas. »

Deux-Sèvres, L. DESAIVRE, *Croyances, Présages,* etc.

37. « Se la jument sent l'odour et la fumée de la chandeille esteinte, elle aorterat. »   XIIIᵉ siècle, LITTRÉ, *Supplément.*

« Dans le Sud-Ouest de la France on est persuadé que la fumée d'une lampe éteinte dans l'écurie où se trouve une jument pleine, cause son avortement. »

Mém. de la Soc. vétérinaire du Calvados, 1838, p. 119.

38. « On croit généralement que les chevaux se noient par le fondement. »   Pithiviers, com. par M. L. BEAUVILLARD.

39. « *Préjugé des éleveurs* : Si en naissant les poulains ne boivent pas du lait de vache et si, par la suite, ils viennent à se fracturer un os, le cal ne se formera pas. »

Mém. de la Société vétérinaire du Calvados, etc. 1834, p. 151.

40. « Pour qu'une jument *retienne* on a l'habitnde, aussitôt après la saillie, de lui donner un coup de bâton sur la hanche ou de lui verser un seau d'eau sur la partie postérieure de la croupe. »

Côte-d'Or, com. par M. H. MARLOT.

41. « Si un cheval ou un bœuf a une tumeur circonscrite, douloureuse, on accuse la musaraigne de l'avoir mordu.» (Sud-Ouest de la France.)

Mém. de la Société vétérinaire du Calvados, etc, 1838, p. 118.

42. « Quand un poulain vient de naître, il a la rate dans la bouche. Un moyen infaillible d'en faire un cheval infatigable à la course, c'est de la lui retirer, mais il ne faut pas perdre de temps car c'est la première chose qu'il avale. »

Finistère, com. par M. L. F. SAUVÉ.

43. « Dès qu'un poulain tombe malade, il faut s'empresser de lui brûler l'extrémité de la queue avec un fer rouge. »

Finistère, com. par M. L. F. SAUVÉ.

44. « On ne doit pas arracher mais couper le crin des chevaux sous peine de leur enlever leurs forces. »

Finistère, com. par M. L. F. SAUVÉ.

45. « Quand un crin de jument en chaleur tombe dans un ruisseau, il remonte le courant et devient un serpent. »

Finistère, com. par M. L. F. SAUVÉ.

Cf. *Faune populaire*, t. III, p. 34, § 8.

46. « Pour chasser la fièvre, il n'est point de meilleur remède que le lait de jument blanche. »

Finistère, com. par M. L. SAUVÉ.

47. « Pour guérir de la fièvre il faut boire dans un seau d'eau après qu'un cheval y aura bu. »

Vivarais, H. VASCHALDE, *Croyances et Superstitions*.

48. « Quand un cheval est météorisé (mal subit et mortel quelquefois, qui attaque le cheval mis au paturage après la gelée) le moyen de le guérir est de le promener jusque sur la paroisse voisine ; le mal le quitte aussitôt. »

Vosges, com. par M. X. THIRIAT.

49. « Pour guérir un cheval de la colique, il faut le faire changer de commune en le promenant. »

Deux-Sèvres, B. SOUCHÉ.

50. Formules contre les avives et les tranchées :

« Avives qui êtes vives, je vous prie et je vous supplie que vous vous retiriez de dessus ma bête, ainsi que fit le grand diable d'enfer, au vendredi bénit avant l'eau bénite. »

LEWIS, *Physiologie du Bourbonnais*. Moulins, s. d., in-12.

« Quand cheval a vives, il convient de dire ces trois mots avec patenostres + abgla + abgli + alphara + asy + Pater noster, etc »

XIV° siècle, *Le Ménagier de Paris*. Paris, 1846.

« Cheval noir ou gris (ici il faut indiquer la couleur du cheval) appartenant à ..... si tu as les avives de quelques couleurs qu'elles soient ou tranchées rouges ou en trente six sortes d'autres maux, de cas qu'ils y soient, Dieu te guérisse et le bienheureux saint Eloi.»

Le Médecin des pauvres.

« Cheval (*nommez le poil*) appartenant à N., si tu as les avives, de quelque couleur qu'elles soient, et tranchées rouges et tranchesons, ou de trente six sortes d'autres maux, en cas qu'ils y

soient, Dieu te guérisse et le bienheureux saint Eloy. Au nom du
Père et du Fils et du Saint-Esprit. (Puis dire cinq *Pater* et cinq
Ave, à genoux). »

*Grimoire du Pape Honorius avec un recueil des plus rares
secrets.* Rome, M.DCLXX (¹), 139 pp. in-18.

« Après plusieurs signes de croix le praticien dit : Il est aussi
vrai que tu as les rouges tranchées, que Notre Seigneur est mort le
jour du vendredi saint pour nous racheter, que le jour de Pâques il
est ressuscité et qu'il viendra au grand jugement pour nous juger. »

Pays messin, recueilli personnellement.

« Tranche, tranche, rouge ou blanche, qu'elle fût aussitôt sortie,
que Nicodème entra en paradis entre onze heures et minuit. »

Pays messin, recueilli personnellement.

« Tranche, tranche, rouge ou blanche, Dieu te commande de sortir
du corps de .... aussi vite que Jonas a sorti du corps de la baleine. »

Pays messin, recueilli personnellement.

51. « L'entorse chez les chevaux et les autres animaux domestiques est appelée *la mémairche.* En ce cas on va chercher le
guérisseur qui fait sur la jambe froissée trois signes de croix avec
le gros orteil du pied gauche au commencement et à la fin de la
prière suivante :

« Trois anges sur la mer qui tordent et détordent ; Notre
Seigneur qui retord ; le bon saint Damien qui les met dans ses
joints ; le bon saint Loup, qui les met dans ses nouds. C'est ce
que je vous souhaite de tout mon cœur. »

Côte-d'Or, com. par M. H. MARLOT.

52. « Dans certain village, à la Saint-Eloi, on fait sauter aux
chevaux un large ruisseau. Celui qui parvient à l'autre bord a les
honneurs de la journée ; on dépose une partie de sa crinière sur
l'autel. »   Bretagne, voy. KERARDVEN.

« Saint Eloi est le patron des chevaux. Pour se le rendre propice
il faut lui offrir du crin. »   Finistère, com. par M. L. F. SAUVÉ.

Sur saint Éloi, protecteur et guérisseur des chevaux
voy. Reinsberg Düringsfeld, *Trad. et Lég. de la Belgique,*

(¹) Cette date et ce lieu de publication sont dus à la supercherie. L'exemplaire que j'ai
entre les mains semble appartenir à la fin du XVIIIᵉ siècle.

II, p. 297. Sur saint Étienne jouant le même rôle, voir le même ouvrage, II, 343.

« Saint Eloi est très honoré en Basse-Bretagne. On l'invoque surtout comme protecteur des chevaux et le jour de sa fête on voit sur les routes de longues files de chevaux se dirigeant vers les chapelles qui lui sont dédiées. On les arrose avec l'eau de la fontaine du Saint. on leur en fait boire aussi et on suspend aux murs de la chapelle, à l'intérieur, des crins arrachés à leur queue et souvent même des queues entières. »

    Luzel, *La légende de Saint Éloi.* (Tirage à part du *Bull. de la Soc. acad. de Brest*).

« A la fête de Saint-Eloi, les paysans viennent le dimanche, avec leurs chevaux, faire une course autour de l'église du Mont, pour honorer le Saint des bestiaux. »

    Environs de Verviers, A. Hock, t. III.

« Le premier décembre, jour de Saint-Eloi, les fermiers de la Hesbaye, maîtres et valets, montent sur leurs chevaux pour se rendre à Verlaine et dans les villages où se trouve l'image de saint Eloi, patron des chevaux. Après avoir écouté la messe pour que le saint protège leurs bêtes, ils remontent à cheval et galopent autour de l'église. C'est un jour de fête pour ces animaux ; ils ne travaillent pas de la journée et, de plus, ils ont une double ration. »

    A. Hock, *Œuvres complètes*, t. IV. Liège, 1876, p. 13.

« Quand un cheval tousse ou éternue, on lui dit : que saint Eloi vous assiste ! »   Finistère, comm. par M. L. F. Sauvé.

53. « A Villars (Eure-et-Loir), saint Blaise attire des pèlerins. On allume des cierges à sa statue, pour obtenir la guérison des coliques des chevaux. Il y a, à un kilomètre de l'église, un terrain appelé le *Perron de Saint-Blaise*, où se trouve une pierre brute autour de laquelle on fait circuler les chevaux atteints de tranchées. »

    A. S. Morin, *Le Prêtre et le Sorcier.*

54. « Tous les ans, à Vosselaere (Flandre), il se célèbre une fête très fréquentée, c'est la *bénédiction des chevaux*. Le nombre des chevaux qu'on y amène se monte quelquefois à plusieurs centaines ; pour gagner l'indulgence il faut faire trois fois le tour de l'église à cheval. »

Jules Huyttens, *Messager des Sciences historiques*, 1860, p. 315.

55. « On fait griller le foie d'une vieille jument pour faire périr les chevaux, en l'enterrant sous leurs pieds. »   BARDOU, I, 155.

56. « On appelle *micista*, une poudre, en Barbarie, et parmy les bannis d'Italie, dont une demie livre peut mener un cheval la longueur de cent lieuës sans desbrider. »   Italien, DUEZ.

57. « Secret pour faire tomber un cheval comme s'il était mort : Vous aurez une langue de serpent que vous envelopperez de cire vierge, et vous la mettrez dans l'oreille gauche d'un cheval ; il tombera par terre comme s'il était mort ; et, aussitôt que vous l'aurez ôtée, il se relèvera plus gaillard qu'il n'était auparavant : il ne faut pourtant pas la laisser longtemps, de peur que cela ne nuise au cheval. »
Secrets merveilleux du Petit Albert. Paris, 1815, in-12.

58. « Secret pour faire faire à un cheval plus de chemin en une heure qu'un autre n'en pourra faire en 8 heures : Vous mêlerez dans l'avoine du cheval une poignée de l'herbe appelée Satyrion, que vous hacherez bien menue, vous oindrez le haut de ses quatre jambes en dessous du ventre avec de la graisse de cerf, et, quand vous serez monté dessus prêt à partir, vous lui tournerez la tête du côté du soleil levant, et vous penchant sur son oreille gauche, vous prononcerez trois fois à voix basse les paroles suivantes, et vous partirez aussitôt : *Gaspar, Melchior, Melchisard.* J'ajoute à ceci que si vous suspendez au cou du cheval les grosses dents d'un loup qui aura été tué en courant, le cheval ne sera pas fatigué de sa course. »
Secrets merveilleux du Petit Albert. Paris, 1815, in-12.

59. « Secret pour rendre doux un cheval qui est furieux : On trouve de petites pierres rondes et verdâtres au pied du Mont Cénis qui ont telle vertu, que si vous en mettez une dans chaque oreille d'un cheval furieux, et que vous serriez ses oreilles avec la main, le cheval viendra doux et traitable ; en sorte que non seulement on le montera facilement, mais le maréchal le ferrera sans qu'il regimbe aucunement. »
Secrets merveilleux du Petit Albert. Paris, 1815, in-12.

60. « On pend à la crèche du cheval une pierre percée naturellement, pour le garantir du *foulta* (lutin) qui noue sa crinière. »
Suisse romande, QUIQUEREZ, *Souvenirs et traditions.*

61. « Le cheval est souvent pansé pendant la nuit par le lutin ou par le diable qui lui tresse la crinière de telle façon qu'il est impossible de défaire les crins entremêlés. — Le cheval pansé par le diable est bien nourri, gras, très vif, et a le poil luisant. »

Creuse, communiqué par M. F. Vincent.

« Si un cheval a les crins mêlés ensemble c'est qu'il a servi de monture aux fées qui aiment à courir la nuit assises sur les cous des chevaux dont elles nouent les crins pour en faire des étriers. »

Voyez Lefillastre, *Superstitions populaires du canton de Bricquebec.*

« Pour empêcher le lutin de venir la nuit tresser la crinière des chevaux, il est d'usage de loger un bouc dans les écuries. »

Finistère, com. par M. L. F. Sauvé.

« On appelle *Mestr Iann* un lutin qui entre dans les écuries pendant la nuit pour étriller les chevaux et quelquefois pour leur couper les crins de la queue. » Bretagne, Troude.

« Dem pferde, dem die zwerge ihre besondere gunst zugewendet haben, flechten sie die mähne, und ein solches zwerggeflecht (en norvégien *Tusse Flette*) darf man weder abschneiden noch zu entwirren versuchen. »

Superstition norvégienne, Liebrecht, *Zur Volkskunde*, p. 324.

« Die flechten, welche die walriderske (*espèce de fée*) in die mähnen der pferde macht, sind unauflösich ; man musz sie mit geweihten kerzen ausbrennen oder mit einem kreuzschnitte ausschneiden und dann verbrennen. »

Duché d'Oldenbourg, Strackerjan.

Sur le *lutin des chevaux* voyez encore Mme de Cerny, *Saint Suliac*, etc., p. 54 (¹).

62. « Les lutins des écuries sont d'anciens valets de ferme. De leur vivant, ils négligeaient les chevaux qui leur étaient confiés ; après leur mort, ils sont condamnés à en prendre soin. »

Finistère, com. par M. L. F. Sauvé.

63. « *Cheval malet* = cheval blanc, sellé et bridé qui vient au devant des jeunes gens revenant de la veillée, pour leur faire de mauvais tours. — Le *cheval malet* s'enfuit comme le vent quand

(1) Cf. Amélie Bosquet, *La Normandie merveilleuse*, p. 128.

l'un deux ose se hisser sur son dos. Après une longue course, il s'arrête sur le bord d'une eau profonde dans laquelle il précipita son cavalier. — Pendant que le pauvre garçon s'efforce de regagner la rive, il entend les ricanements féroces du *cheval malet qui a repris sa forme naturelle*, c'est-à-dire qui s'est changé en diable. »

L. DESAIVRE, *La chasse Gallery* dans *Revue de l'Aunis*, 1869, p. 214.

« Quelquefois le lutin se présente sous la forme d'un cheval blanc. Si l'on monte dessus, il s'agrandit d'une façon fantastique et va vous jeter dans la rivière. »

Morbihan, L'abbé MANET, *Histoire de l'Armorique*, I, 215.

Cf. Mme de Cerny, *Saint Suliac, etc., p. 56.*

64. « Dans quelques localités il est question d'un grand cheval noir, incarnation diabolique, qui paît la nuit dans les cimetières en agitant ses entraves en fer avec un bruit sinistre. »

Creuse, communiqué par M. F. VINCENT.

65. « Le follet (lutin) *panse ben la chevaline*, mais il ne donne jamais ses soins à *l'aumaille* et à la *bête asine* parce que Notre-Seigneur naquit entre un bœuf et un âne. »

Bas Berry, JAUBERT.

66. « Dans une légende poitevine, le diable a pour monture un cheval sans tête. »

Voy. *Glaneur poitevin*, première année, p. 118.

67. « Voir un homme ayant teste de cheval est chose fort estrange mais une femme sans malice encore plus. »

NOEL DU FAIL, éd. Assézat, I, 45.

68. « Soleïman (Salomon) avait des chevaux pourvus d'ailes. »

Tradition arabe, PERRON, *Le Nâceri*, p. 77.

« Un individu avait un cheval qu'il aimait à la folie, qu'il admirait, qu'il choyait nuit et jour. Or, une certaine nuit qu'il alla le voir à pas sourds et à une heure inaccoutumée, il l'aperçut avec des ailes aux flancs, déployées comme celles d'un oiseau. L'homme s'arrêta pétrifié. Le cheval à l'aspect de son maître replia soudain et cacha ses ailes et lui dit : « La première fois que tu viendras la nuit me voir, sans que rien me prévienne de ton approche, tu t'en repentiras. »

Tradition arabe du Soudan, PERRON, *Le Nâceri*, p. 171.

« Les gens du peuple, au Dârfoûr, sont persuadés que les chevaux ne sont si rapides à la course, surtout quand ils fondent sur l'ennemi, que parce qu'ils volent avec des ailes véritables, mais invisibles. »

PERRON, *Le Nâcerî*, p. 172.

69. « L'animal miraculeux qui transporta le prophète des Arabes à travers les airs, son voyage nocturne de la Mekke à Jérusalem et de cette dernière ville au ciel, s'appelait *Borâq* ; il avait, dit-on, le corps d'une jument et la tête d'une femme. »

Tradition arabe, PIHAN, *Zoologie du Coran*,

70. « Dans le *Coran* (XXXVIII, 30, 31, 32), il est dit qu'une fois on amena vers le soir devant Salomon des chevaux magnifiques, qui se tenaient sur trois pieds seulement et effleuraient à peine la terre avec le quatrième. L'examen trop prolongé de ces chevaux fit oublier à Salomon l'heure de la prière ; mais bientôt, touché de repentir, il se les fit ramener devant lui, et leur coupa les jarrets et la tête en expiation de sa négligence. »

PIHAN, *Zoologie du Coran*.

71. « Les trésors cachés sont quelquefois gardés par des poulains sauvages qui font grand bruit mais qui ne se laissent pas approcher. »

Dép. de la Manche, com. par M. J. FLEURY.

« Quand on veut *lever un trésor* on emploie d'ordinaire un vieux cheval. On le sacrifie, car on sait *qu'il mourra dans l'année.* »

Département de la Manche, com. par M. J. FLEURY.

72. « Aux yeux du cheval, l'homme paraît un géant. C'est à cause de cela que ce grand animal se laisse si facilement dompter. »

Environs de Pithiviers, com. par M. L. BEAUVILLARD.

73. Sur le conte des *chevaux habitués à tourner la meule* et qui dans la bataille se mettent à tourner sur place au lieu de marcher contre l'ennemi, voy. Liebrecht, *Zur Volkskunde*, p. 110.

74. Voir dans Luzel, *Premier rapport sur une mission en Bretagne*, p. 184, le conte de *l'homme poulain*. Par suite d'un sort cet homme est né avec une tête de cheval qu'il n'a que pendant le jour, ayant pendant la nuit une tête comme tout le monde. Il doit être délivré du maléfice qui pèse sur lui aussitôt qu'il aura un enfant.

75. Sur le conte *du Chevalier qui va à Jérusalem et auquel on prédit qu'il rentrera dans sa ville avec trois hommes et une tête de cheval*, voy. A. Tendlau, *Sprichwörter*, p. 371.

76. Dans un conte kirghiz rapporté par Zaleski, *La vie des Steppes Kirghizes* (¹), Paris, in-fol. 1865, p. 21, un certain cheval joue un rôle important. Il fait échapper son maître aux flèches ennemies en prenant la forme d'un oiseau, et le protège dans toutes sortes d'aventures. Chaque fois que le cheval se lance dans une nouvelle entreprise il se roule à terre à plusieurs reprises pour reprendre des forces.

Dans un grand nombre de contes le héros principal se trouve protégé par un cheval qui a la propriété, ou d'avoir des ailes, ou de se rendre invisible, ou de se transformer en un autre animal.

77. L'ŒUF DE JUMENT.

« Un bonhomme vit un jour au marché une magnifique citrouille. — Qu'est-ce que cela? demanda-t-il. — C'est un œuf de jument, lui répondit-on. — Oh! bien, alors, puisque j'ai besoin d'un cheval, cela ne pouvait pas mieux se rencontrer; il me faut cet œuf. Il acheta en effet la citrouille et l'emporta chez lui. En arrivant, il fit voir à sa femme l'emplette qu'il venait de faire et lui ordonna de couver l'œuf de jument afin d'en faire sortir le petit cheval. La pauvre femme eut beau lui répéter maintes et maintes fois qu'on s'était moqué de lui, elle dut couver l'œuf. Elle le couva longtemps, un mois, deux mois, et le petit cheval n'apparaissait point. A la fin, notre homme commença à s'apercevoir qu'on l'avait trompé. Furieux, il prit la citrouille et courut la jeter dans un buisson. En tombant, elle se brisa et réveilla un lièvre qui dormait tranquillement et qui se mit à détaler. — Cré nom! s'écria le bonhomme en l'apercevant, si j'eusse attendu un jour de plus, j'avais mon petit cheval. »　　　Laas (Loiret), com. par M. L. BEAUVILLARD.

« Un jour un paysan acheta une citrouille. On lui avait fait croire que c'était un œuf de jument. Comme il s'en retournait chez lui, pensant au moyen de le faire couver, l'œuf prétendu lui échappa des mains et dégringola dans un ravin en se brisant en mille morceaux et en dérangeant dans sa chûte un lièvre au gîte. En voyant

(1) Il n'y a dans cet ouvrage, écrit en français, que deux contes, mais ils sont curieux.

l'animal *aux longues oreilles* s'enfuir à toutes jambes, il s'écria :
on m'avait pourtant dit que c'était un œuf de jument, mais c'était
un œuf de mulet, voilà le petit qui se sauve ! »

Côte-d'Or, com. par M. H. MARLOT.

Cf. Lucien Adam, *Les Patois lorrains* p. 445, et A. de la Fizelière, *Lo nicu de jcument,
conte de fauchoux requiet aivau lés prés.* Paris, F. Didot, 1857, in-8, de 8 pp.

78. « Sur quelques sarcophages chrétiens, on voit figurer le cheval
comme emblème de la course de la vie ou de la fin de la carrière ([1]).
Voy. à ce sujet quelques planches de l'ouvrage intitulé : *Disserta-
tiones ad nuper inventum Severæ martyris epitaphium...* a patre
Lupi, in-folio. Panormi, 1724, voir aux pp. 57 et suiv., et encore
Boldetti, *Osservazioni sopra i cimeterij de' santi martiri*, in-folio,
planche de la p. 216, nᵒ 1. On y voit un. cheval accompagné d'une
palme, comme emblème de la récompense qui attend celui qui a bien
fourni sa carrière. » GUENEBAULT.

79. Sur les queues de chevaux placées à l'extrémité des
hampes des étendards, voyez Oscar M. V. Schlechta-
Wassehrd, *Fahnen und Rosschweife bei den Muhamme-
danern* (dans *Zeitsch. d. deutschen morgenländischen
Gesell.* 1857-1858).

80. « Dans certains cas les *compagnons maréchaux* portent des
boucles d'oreille d'or ornées d'un fer à cheval. »

Voy. A. PERDRIGUIER, *Mémoire d'un compagnon.*
Paris, 1855, t. II, p. 9.

81. « ... une bulle papale leur interdit (aux Scandinaves) sous
peine d'excommunication, l'hippophagie, laquelle était pour eux une
occasion de se livrer à des pratiques idolâtres et au culte des faux
dieux. »

H. de CHARENCEY, *Ymos Yima.* Le Havre, 1876, p. 36.

82. « A l'origine de la création des chemins de fer on appelait
la locomotive *la jument noire.* »

Voy. GAUGIRAN, *Vues de Sologne*, II, p. 209.

---

(1) Sur la signification allégorique que présente la figure de ce cheval, voir le *Cours
d'hiéroglyphique chrétienne*, par Cyprien Robert, *Université catholique*, t. VI, p. 437 ; Raoul
Rochette, *Tableau des catacombes*, in-12, p. 232.

On m'assure que cette locution est encore employée couramment dans les environs de Paris.

« La *grand' jement blanche* signifie quelquefois la mer. »
Ouest de la France, L. DESAIVRE, *Croyances, Présages*, etc. p. 22.

83. « *Jeu du cheval fondu* : Plusieurs enfants réunis pour jouer au cheval fondu se divisent en deux troupes, composées, l'une de chevaux et l'autre de cavaliers ou sauteurs. Ceux que le sort à désignés pour être les premiers chevaux se rangent de file l'un au bout de l'autre ; le premier a les mains appuyées sur une table, un banc, une fenêtre de rez-de-chaussée, ou tout autre appui solide ; le second lui serre les reins avec ses bras, et ainsi de suite ; les enfants ainsi baissés, forment une suite d'arcades avec leur dos. Le premier cavalier prend son élan à quelque distance, appuie les mains sur le dos du dernier cheval, et saute le plus loin que ses forces le lui permettent ; le second sauteur se place immédiatement derrière lui et ainsi de suite. Plus ce jeu s'exécute rapidement, plus il procure de plaisir. Lorsque les derniers sauteurs n'ont pas assez de place, il faut qu'ils sautent par dessus la tête des sauteurs précédents. Mais ce tour de force est dangereux, et il est plus prudent de faire descendre les premiers cavaliers afin que les autres prennent place.

La seule précaution qu'il y ait à prendre à ce jeu, c'est de ne pas permettre que les petits enfants s'exercent avec les grands ; pour ceux-ci, c'est sans utilité, et pour les autres, l'effort pourrait devenir trop grand.

« Dans le Languedoc. ce jeu se nomme *cabalet de saint Jordi*. Rabelais l'appelle, selon l'usage de son temps, *jouer au chevau fondu*. Il faut savoir que *fondu* est un terme de marine qui signifie coulé à fond, enfoncé, abaissé. En effet, le dernier sauteur arrivé frappe trois fois dans ses mains pour signaler l'adresse de son parti, dans ce cas, les cavaliers continuent de sauter sur leurs chevaux ; il en est de même si les chevaux *fondent*, c'est-à-dire si ceux qui sont courbés succombent sous le poids des cavaliers. Mais si. au contraire, le jeu manque par la faute des sauteurs qui se laissent tomber de côté, ou ne prennent pas position, ou ne peuvent se soutenir réciproquement, ils forment à leur tour la cavalerie. »

BESCHERELLE, *Les Jeux.*

« A Toulouse *le cheval fondu* est appelé *Saouto Cabalet*. Dans ce jeu, celui qui est le cheval se paisse ayant la tête et les mains

appuyées à un arbre, à un mur ; l'autre saute dessus, et doit s'y tenir
sans toucher terre, jusqu'à ce qu'on ait prononcé certaines paroles.
Le plus souvent on se met en deux bandes. Les chevaux se placent
à la file, en s'appuyant l'un à l'autre. Il faut que ceux de l'autre
bande sautent l'un après l'autre et se tiennent tous à la fois sur les
chevaux, sans toucher terre, pendant qu'on prononce les paroles
sacramentelles comme : *trois chevalets, madame,* qu'on récite trois
fois. Quand on est nombreux, il faut être bon sauteur pour jouer à ce
jeu qui alors n'est pas sans dangers. »

Toulouse, Poumarède.

Ce jeu est encore appelé : *Jeu du cheval mal monté* (Vaudois,
Callet); *jeu du cheval fort* (Bourgogne, Chauvelot); *jeu du cheval
crevé* (Lorraine, J. F. Michel); *cambalète* ou *cavalette tombe* (Sud-Est
de la France, Rolland) ; *jeu de la cavalino* (Alpes cott. Chabrand) ;
batalânou (= bâter l'âne), Forez, Gras; *cavalina*, Piémont, Zalli.

« En anglais, on dit dans le même sens : *to play at leap-frog.* »

Poppleton.

84. Les personnes qui voudront faire une étude complète sur le
cheval au point de vue lexicologique et mythologique devront, outre
le présent article, consulter : Max Jaehns, *Ross und Reiter in Leben
und Sprache, Glauben und Geschichte der Deutschen. Eine Kultur-
historische Monographie.* Leipzig, 1872, in-8, xix-462 pp.

Le premier volume de cet ouvrage contient (¹) : 1° Les noms du
cheval ; 2° les signes extérieurs et les croyances qui s'y rattachent ;
3° ses qualités morales ; 4° l'écurie et tout ce qui concerne l'élève
du cheval ; 5° l'art du maréchal-ferrant ; 6° les maladies du cheval
et les moyens occultes ou non de les guérir ; 7° le commerce du
maquignon ; 8° les différents emplois du cheval de selle ou de trait ;
9° la chevalerie ; 10° les différentes sortes d'attelage ; 11° jeux se
rattachant à l'équitation ; 12° locutions ayant rapport au cheval et
au cavalier ; 13° le cheval dans la mythologie ; coursiers du soleil,
de la tempête ; divinités à cheval, Wodan, les Walkyries, les Elfes,
la Mort, le Diable ; 14° cérémonies du culte, jeux, courses, sacrifice et enterrement du cheval ; 15° symboles juridiques, exécutions
au moyen de chevaux.

On pourra encore se reporter à un article *sur le cheval dans les*

---

(1) Un compte-rendu de ce volume a été fait dans la *Revue critique*, n° du 20 juillet 1872.

langues romanes et en anglais par Brinkmann, publié en allemand dans *Archiv für das Studium der neueren Sprachen*, L, 1-2.

EQUUS ASINUS. — L'ANE.

I.

1. On appelle l'ensemble des ânes, des ânesses et des ânons :

LES BÊTES ASINES, *f. plur.* français.

LES BÊTES ASININES, *f. plur.* ancien français, Littré.

2. D'une manière générale on donne à l'*Equus asinus* les noms suivants :

ASNE, *m.* (= latin *asinus*), ancien français.

ÂNE, *m.* BAUDET ([1]), *m.* BOURRIQUE ([2]), *f.* français.

BÈTE ASINE, *f.* Centre.

ASINE, *f.* Morvan, Chambure.

AINE, *m.* Berry, Littré.

AIN-NE, *m.* Montbéliard, Contejean.

AUNE, ÔNE, *m.* Mâconnais, Littré. — Flavigny (Côte-d'Or), communiqué par M. H. Marlot.

ÂGNE, *m.* wallon.

ANON, *m.* Forez, Gras.

ASÉ, AZÉ, ASE, AZE, AZË, *m.* languedocien. — provençal moderne. — Alpes cottiennes, Chabrand. — Haut Quercy, *Mémoires de la Société de Ling.* t. III, p. 166.

ASOU, AZOU, *m.* béarnais. — Bayonne, Lagravère. — Bagnères-de-Bigorre, com. par M. A. Cazes. — Gers, communiqué par M. A. Lucante.

AË, *m.* Nice, Toselli.

AY, *m.* provençal moderne.

---

(1) « **Baudouin** est le nom populaire de l'âne au xve et xvie siècles, comme **Martin** depuis. De Baudouin dérive le diminutif familier **Baudet**. Dans les branches du roman du Renart qui nous sont parvenues, l'âne s'appelle **Bernard** ou **Timer**, mais les textes plus anciens l'appelaient **Baudouin** comme le montrent les versions allemandes et néerlandaises. » — G. Paris, *Chansons du xve siècle*, p. 137.

(2) **Ce** mot est habituellement employé avec une nuance de mépris.

BOURRI ([1]), *m.* Allier, communiqué par M. Ern. Olivier. — Loiret, communiqué par M. J. Poquet.

BOURRICAUT, *m.* Deux-Sèvres, com. par M. B. Souché.

BOURRIQUET, *m.* français.

BOURRIN, *m.* Beauvoir-sur-Mer, Gallet.

BOURISQUE, Bas Valais, Gilliéron.

POLIN, *m.* Menton, Andrews.

BARDOU, *m.* Aunis, L. E. Meyer. — Deux-Sèvres, communiqué par M. B. Souché.

BARDIN, *m.* Deux-Sèvres, com. par M. B. Souché.

MINISTRE, *m.* français (terme plaisant).

OREILLARD, *m.* argot, suivant différents auteurs.

BRANQUE, *m.* argot, Francisque Michel.

BRANLE, argot, Leclair, *Histoire des brigands d'Orgères.* Chartres, an VIII.

BROUSTO SEGOS (= *ronge haies*), Gers, com. par M. A. Lucante.

SEREINE DE MOULIN, *f.* ancien français, Duez (terme facétieux).

ROSSIGNOL D'ARCADIE, *m.* français (terme facétieux).

SAINT-CHRISTOPHLE DE PÀQUES FLEURIES ([2]), français (terme facétieux), *Ducatiana*, t. II, p. 485.

AZEN, *m.* breton, Troude.

ASTO, les différents dialectes basques, Van Eys.

ASTUA, ASTOÁ, basque, Fabre.

KÉRA, tsigane des pays basques, Baudrimont.

3. Noms étrangers de l'âne :

Ὄνος, grec ancien. — Γάδαρος [3], Γαίδαρος, Γαϊδοῦρι, Γομάρι (proprement bête de somme), grec moderne, Bik. — Κτῆμα (proprement propriété, bien) île de Mélos, Bik. — Asinus, latin. — Asino, Somaro, Bricco (4), Ciuco, Miccio, ital. — Aseno, vénitien. — Asinu, sic.; Corse. — Asin, toscan. — Asen, lombard ; Bergame. — Azen, Brescia, Melch. — Ésen, Reggio. — Asn, Bologne. — Êsan, Romagne. — Ainu, sarde logodourien, Spano. — Aso, Borich, Borieûl, piémontais, Zalli. — Aze, Gênes. — Camaru, Sceccu, Sumeri, sic., Pitré. — Boricc, Parme, Mal. — Méla, Canari de méla, fourbesque de Brescia, Melch. — Canarin da grupia, Cavajér da bast, piémontais,

---

(1) Ce nom de **bourri** a été donné à l'âne parce que son pelage ressemble à de la **bourre** (= mauvais résidu de laine). Voy. Diez, s. v. **burro**.

(2) Ainsi appelé parce qu'il a porté Jésus-Christ comme saint Christophe et qu'il l'a porté le jour des Rameaux.

(3) M. Bikélas suppose qu'il a existé dans le grec ancien une forme Γάδος pour désigner l'âne.

(4) Cf. le français **bourrique**.

(terme facétieux) Zalli. — **Marmòt**, fourbesque de Parme, Mal. — **Burro, Ase**, catal. mod. — **Asno, Borrico, Burro**, esp. — **Asno, Burro, Jumento**, port. — **Magar**, roumain, Cihac. — **Asilus**, gothique. — **Esil**, anc. haut allemand; vieux saxon. — **Esel**, all. — **Ezel**, holl. — **Assen**, f. anglo-saxon. — **Asni**, vieux norrois. — **Asen**, danois. — **Asilas**, lithuanien. — **Osël**, russe. — **Osel**, tchèque. — **Osao**, serbe. — **Donkey**, angl. — **Dickey**, Norfolk, J. C. H. *Slang dictionary*. — **Neddy**, angl. J. C. H. *Slang dictionary*. — **Khara**, sanscrit. — **Zuwell**, tsigane d'Égypte, Petermann's Mittheilungen, II (1862), page 43.

4. L'âne mâle est spécialement désigné par les appellations suivantes :

> BAUDET, *m.* français.
>
> BAUDAT, *m.* pays messin.
>
> BAOUDET, *m.* Creuse, communiqué par M. F. Vincent.
>
> BEUDET, *m.* Warloy-Baillon (Somme), com. par M. H. Carnoy.
>
> ANIMAL, BOURRIQUET (¹), *m.* termes des éleveurs du Poitou, E. Ayrault.

5. Noms donnés à l'âne femelle :

> ÂNE, *f.* (= latin *asina*) pays messin, recueilli personnellement.
>
> ÂNESSE, *f.* français.
>
> ANAUSSE, *f.* environs de Semur (Côte-d'Or), communiqué par M. H. Marlot.
>
> AZENEZ, *f.* bas breton.
>
> ASTAÑA, basque, Fabre.
>
> BAUDE, *f.* Hainaut, Littré.
>
> BAOUDO, *f.* Creuse, communiqué par M. F. Vincent.
>
> BEUDE, *f.* Warloy-Baillon (Somme), com. par M. H. Carnoy.
>
> BARDINE, *f.* Deux-Sèvres, com. par M. B. Souché.
>
> BOURRIQUE, *f.* Allier, communiqué par M. Ern. Olivier.
>
> BOURRIQUO, *f.* Gers, communiqué par M. A. Lucante.
>
> BOUÔRIQUE, *f.* Bessin, Joret.
>
> SAUMA, *f.* Menton, Andrews.
>
> SAOUMO, SAUMO, *f.* Quercy. — Lauragais. — Gard. — Bagnères-de-Bigorre.
>
> SOMMA, SAÔME, *f.* Forez, Gras.
>
> SÔME, *f.* Lyon, Molard.

____

(1) Cf. la locution **bourriqu e r** (= latin coïre) employée dans le bas langage.

MITRE, *f.* Landes, Métivier.

MANON, *f.* MANETTE, *f.* Engeuville (Loiret), communiqué par M. L. Beauvillard.

6. Noms étrangers donnés à l'ânesse :

Asina, Miccia, ital. — **Asna,** Parme, Mal. — **Boricha, Söma,** piém., Zalli. — **Asna, Borrica, Burra,** esp. — **Asna, Burra, Jumenta,** port. — **Magaritza,** roumain, Cihac.

7. Noms donnés au jeune âne :

ÀNON, *m.* français.

ASNICHON, ÂNICHON, *m.* ancien français.

ANESSON, *m.* Bas Valais, Gilliéron.

ASET, AZET, *m.* Périgord, Montel, p. 471. — Gard, com. par M. P. Fesquet.

ASENOU, *m.* béarnais.

ASICOT, *m.* (= tout jeune âne), Gers, com. par M. A. Lucante.

ASIROU, *m.* Lauragais, com. par M. P. Fagot.

AZENET, *m.* BOURISQUET, *m.* POULI, *m.* SAUMIRAT, *m.* languedocien, communiqué par M. P. Fesquet.

POLINET, *m.* Menton, Andrews.

BOURRIC, *m.* BOURRIQUET, *m.* Gers, com. par M. A. Lucante.

BOURRICOT, *m.* Loiret, com. par M. L. Beauvillard. — Allier, communiqué par M. Ern. Olivier.

BOUÔRI, *m.* BOUÔRIQUET, *m.* Bessin, Joret.

BOUROU, *m.* Morvan, Chambure.

CARNON, *m.* CARNIN, *m.* CARNUCHET, *m.* CARNUCHON, *m.* Centre, Jaubert.

CARNUCHE, *f.* (= jeune ânesse), Centre, Jaubert.

TÉTERON, *m.* Poitou, Eugène Ayrault.

FEDON, *m.* (= jeune mâle destiné à la reproduction), (terme d'élevage), Poitou, E. Ayrault.

SAUMETO, SAOUMETTO, *f.* (= jeune ânesse), Gard, communiqué par M. P. Fesquet. — Lauragais, com. par M. P. Fagot.

SOOUMETTO, *f.* (= jeune ânesse), Rouergue, Duval.

SAUMIRET, *m.* Haute-Garonne, Montel, p. 168.

SAOUMIRON, *m.* Gascogne, Cénac-Moncaut, *Litt. pop. de la Gascogne,* p. 382.

8. Noms étrangers donnés à l'ânon :

Asinello, it. — **Aznel,** Brescia, Melch. — **Asnén,** Parme, Mal. — **Asnet, Somöt Somét, Somarel,** Piémont, Zalli. — **Someta** (= jeune ânesse), Piémont, Zalli. —

Sumireddu, sic., Pitré. —**Asnillo, Borriquillo, Borriquito, Burrucho, Rozno**, esp. —
Burrinho, Asninho, Jumentinho, port.

9. « On appelle plaisamment *jeunes hommes* les ânes de 20 à 25
ans. »

10. On dit de l'ânesse qui met bas :

Ànoner, français, Poëtevin.

11. On dit de l'âne qui fait entendre son cri :

Braire, français.
Rechàgner, Laas (Loiret), com. par M. L. Beauvillard.
Erchaner, Centre, Jaubert.
Ricander, bramer, Deux-Sèvres, com. par M. B. Souché.
Carnouner, carnucher, Centre, Jaubert.

Synonymes étrangers :

Ragliare, it. — **To bray**, angl. — **Balken, Ruçhelen**, holl.

L'action de braire est appelée :

Braiment, *m.* français.
Arecanà, canton d'Escurolles, Texier.
Ricandaïe, *f.* Deux-Sèvres, communiqué par M. B. Souché.
Arrantza, basque, Guïpuzcoan, Van Eys.

Synonymes étrangers :

Raglio, Ragghio, it. — **Rugghiitu, Rugghiu**, Corse, Mattei. — **Ragno**, Gênes. —
Orrio de ainu, Sard., Spano. — **Rebuzno**, esp.

L'âne en criant dit :

Hi-han ! français.
Hin han ! français, *Dictionnaire port. des proverbes.*
Ha ha ! Béziers, Montel, p. 519.

Termes étrangers :

En ô ! en ô ! portugais. Coelho, *Contos*, p. 2.

12. On appelle la charge qu'un âne peut porter :

Ànée, *f.* français.

ANNÈE, *f.* Lyon, Molard.

BOURRIQUÉE, *f.* Lorraine, J. F. Michel.

13. Celui qui élève, conduit ou garde les ânes est appelé :

ÂNIER ([1]), *m.* français.

ANAI, *m.* MENOU D'ÂNES, *m.* Auxois, c. par M. H. Marlot.

AZENIÉ, *m.* languedocien.

ASOUÉ, *m.* Bayonne, Lagravère.

Noms étrangers de l'ânier :

Asinaio, ital. — **Asnar**, Parme, Mal. — **Borriquero, Burrero**, esp.

14. « Les oreilles (du baudet mulassier ([2])) longues, larges et le plus souvent pendantes, sont garnies de poils longs et frisés qui portent le nom de *cadenettes,* qualité très estimée. »

Poitou, E. AYRAULT, *De l'industrie mulassière.*

15. « L'abondance des crins qui garnissent la partie postérieure du boulet constitue une des qualités les plus recherchées. Les baudets sont dits *bien talonnés, bien moustachés,* lorsqu'ils la possèdent et que les poils de la couronne s'allongent en mèches qui recouvrent le sabot dans une partie de son étendue. »

Poitou, E. AYRAULT, *De l'industrie mulassière.*

16. « Les haras de baudets s'appellent des *ateliers.* » *Idem.*

« Le baudet mulassier est libre dans sa case, il porte néanmoins un licol en cuir fort par dessus lequel on place la bride au moment où il doit saillir. Le nom de *bride* qu'on donne en Poitou à l'acte de l'accouplement ne peut avoir une autre origine. Le mors de la bride est un morceau de fer grossièrement travaillé, les branches sont très longues, les rênes qui en partent sont également formées d'anneaux en fer, pour qu'elles puissent, étant remuées, faire un bruit de ferraillement qui accompagne *la chanson du palefrenier* appelé aussi *maquignon* ou *maquereau* et qui est invariablement composée des monosyllabes *tra* et *la,* répétés sur tous les tons,

---

(1) On appelait autrefois **rude-ânier** un homme brutal. On lit dans L. Richer, l'*Ovide bouffon,* 1662, p. 94 : Jupin touché de repentir — par cette plainte et doléance — fut assez longtemps en balance — s'il deuoit en parler ou non — a sa rud'asniere Junon.

(2) Ane mâle destiné à la production de la mulasse.

d'où le nom de *trelandage* qu'on lui a donné et qui a pour but
d'accélérer l'érection du baudet. Car, la très grande lascivité de ces
animaux ne se montre réellement qu'avec leur femelle naturelle et
on est souvent obligé de les exciter au coït avec la jument par des
moyens factices qui durent quelquefois plusieurs heures... »

Poitou, E. AYRAULT, *De l'industrie mulassière.*

« Les baudets qui se montrent ardents à la monte sont dits *bons*
ou *francs d'allures*... La monte est appelée *la serte*... »

Poitou, E. AYRAULT, *De l'industrie mulassière.*

« ... On recherche pour l'ânesse le baudet le plus beau, *le mieux
originé*... »

Poitou, E. AYRAULT, *De l'industrie mulassière.*

17. « Harry ! = mot de commandement qui précède le coup de
bâton que l'on donne à l'âne pour le faire aller. »

Landes, MÉTIVIER.

« Son maître (*à l'âne*) ne lui adresse jamais qu'un monosyllabe,
tah ! »   LEWIS, *Physiologie du Bourbonnais.*

Sur les cris dont se sert le conducteur d'ânes pour les
faire marcher, voyez Montel et Lambert, *Chants du
Languedoc*, p. 140.

18. « Méchant comme un âne rouge. » Locution française.

« Traître comme un âne rouge. »   Locution normande.

« Tétu coumo 'n âne rouge... » — Entêté comme un âne rouge.
Creuse, communiqué par M. F. VINCENT.

« Mischan coum' un aze negre. »

Languedoc, com. par M. P. FESQUET.

« Testudasso e malboulento ta pla qu'un ase negre. » — Têtue et
mauvaise comme un âne noir.

Départ. de l'Aude, *La Lauseto*, almanach pour 1877, p. 49.

« ... Ils sont mauvais comme des ânes. »

*D'officier à tambour, joies et douleurs de la
garde nationale.* 1840, in-16.

19. « Sérieux comme un âne qu'on étrille. »

Locution française.

« Sérieux comme un âne qui boit dans un seau. »

Locution française.

20. « Cerco l'oumbro coum' un aze vermenous. »

Gard, communiqué par M. P. Fesquet.

21. « Ase magre ple de moscas. »   Catalan moderne.

« Le mosche van sempre sopra l'asino impiagato. »

Arabe maltais, Vassalli.

22. « Boire en âne. » — C'est laisser une partie de sa boisson dans son verre.

Locution française, Leroux, *Dictionnaire comique.*

23. « Disner à l'asne = pasto senza bere. »

Locution française, Duez, *Dictionnaire français-italien.*

« Faire un repas d'âne. » — Manger sans boire.

Locution française communiquée par M. Sylv. Ebrard.

« Fà lou repas de l'aze. » — C'est-à-dire, sans boire.

Locution languedocienne communiquée par M. P. Fesquet.

24. « Faire du migé dans la bouche d'un âne, c'est boire ayant la bouche pleine. »

Deux-Sèvres, com. par M. B. Souché.

25. « On dit qu'un homme a un vin d'âne, quand il devient hébété après avoir bu. »   *Dictionnaire portatif des proverbes.*

26. « Dilicadu que i s'ainu. » — Delicato come l'asino. Dicesi di uno schizzinoso, prese la simil. dall' asino che è il più pulito nel bevere.   Sardaigne, Spano.

« What is more unclean than the ass ? Yet he will not drink muddy water. »   Bannu, Thorburn.

27. « On ne peut faire boire un âne s'il n'a soif. »

Proverbe français.

« Quand l'ase vòu pas béure, avés béu à sibla. »

Proverbe provençal, *Armana prouvençau* pour 1862.

« La fortuna es couma l'aë coura non à set ; che omai li sublas o plu poù voù beure. »   Nice, Toselli.

« Bé pods xiular si l'ase no vol béurer. »

Catalan moderne.

« Treynta monjes y un abad no pueden hazer cagar un asno con-tra su voluntad. » Espagnol.

« Trenta monaci ed un abate non farebbero bere un asino per forza. » Proverbe italien.

« Tutta Malta non potti fari viviri un asinu pri forza. »

Proverbe sicilien, PITRÈ.

« Centu avvucati nun pòttiru fari viviri un sceccu. »

Proverbe sicilien, PITRÈ.

28. « S'ainu famidu non timet su fuste. » — L'asino affamato non teme il bastone. » Proverbe sarde, SPANO.

« Hungriger esel achtet nicht der schläge. »

Proverbe allemand.

29. « L'aë che à fan, mangea de tout. » Nice, TOSELLI.

« L'asino che ha fame, mangia d'ogni strame. »

Proverbe italien.

« Asino che ha fame mangia per ogni strada. »

Proverbe napolitain.

« Asno que tem fome, cardos come. »

Portugais, PEREYRA.

30. « Les pas de l'âne se règlent sur l'orge. »

Proverbe talmudique, SCHUHL.

31. « Quand il n'y a plus de foin au ratelier, les ânes se battent. » Proverbe français.

32. « Asino che raglia mangia poco fieno. » Italien.

« Sceccu ch' arragghia, 'un mancia pagghia. »

Sicile, PITRÈ.

33. « L'aze aimo mai la palho que l'or. »

Gard, communiqué par M. P. FESQUET.

« Der esel hat lieber stroh als gold. » Allemand.

« Geef een'ezel haver, hij loopt tot de distels. »   Hollandais.

34. « Se io 'no bono ribo, es uno trasso d'aze que la tound. »
Gard, communiqué par M. P. FESQUET.

« Sé i a un bon ribas, éi per un marrit âzé. » — S'il y a une bonne rive, elle est pour un mauvais âne. S'il y a une bonne place disponible, c'est toujours quelqu'un d'indigne qui l'obtient.
Vaucluse, BARJAVEL.

35. « As ases ples lous cardous semblon vessos. » — Aux ânes pleins les chardons semblent vesces.
Armagnac, BLADÉ, *Prov. et Dev.*, p. 127.

« Per l'aze sadoul lou blad es de vesso. »
Gard, communiqué par M. P. FESQUET.

« Quoan l'asou éy hart de bren lou roumen que sab à la besse. »
Béarnais, REINSBERG.

36. « Trop de pasturo o l'aze quand ni fo licheiro. » — Trop de pâture a l'âne quand il en fait litière.
Gard, communiqué par M. P. FESQUET.

37. « C'est un grain de millet (*var*. de mil) dans la gueule d'un âne. »   Proverbe français, *Dict. port. des prov.*

« Ce n'est qu'une fraise dans la gueule d'un âne. »
Pays messin, recueilli personnellement.

« C'est comme une dragée en la bouche d'un âne. »
Proverbe français, DUEZ.

« Gram de milho em bocca de asno. »
Portugais, PEREYRA.

« È come una fava in bocca al leone. » — « È come una fragola in bocca all' orso. »   Proverbes italiens, DUEZ.

« Like a wood apple swallowed by the elephant. »
Proverbe telugu, CARR, § 445.

« A wood apple is very small in an elephant's throat. »
Proverbe telugu, CARR, § 439.

« To jak na psa mucha. » — C'est comme une mouche pour un chien.   Proverbe masure, FRISCHBIER

38. « Cu si mette au mitan doù bren, lu aë lou si mangeoun. »
Nice, Toselli.

39. « Anche un pagliaio è grande, e se lo mangia un asinino. »
Proverbe italien.

40. « Le miel n'est pas fait pour les ânes (*var.* : pour la gueule de l'âne). » Proverbe français.

« Sopa de mel nam se fez pera bocca de asno. »
Portugais, Pereyra.

« La biava l'è nen faita per j'aso. »   Piémont, Zalli.

« Il brodo non si fa per gli asinelli. »   Italien.

« L'orzo non é fatto per gli asini. »   Italien.

« It is not for asses to lick honey. »   Anglais.

« I confegg no i è fagg per i azegn. »   Brescia, Melchiori.

41. « La sella non è fatta per l'asino. »   Proverbe italien.

« Sa sedda istat male ad s'àinu. »   Sardaigne, Spano.

« Sta mal la sella all' asino. »   Italien.

« I cavalli alle selle e gli asini a' basti. »   Italien.

« What have asses to do with green corn ? »
Bannu, Thorburn.

42. « Bramà d'aze noun monto al ciel. »
Proverbe languedocien.

« Brams d'azes non van au ceou. »
Proverbe provençal moderne.

« Bron de saoumo mounto pas ol cel. » — Clameur d'ânesse ne monte pas au ciel. Se dit à propos des plaintes des femmes.
Rouergue, Duval.

« Ragghio d'asino non arriva al cielo. »   Proverbe italien.

« Voce di asino non va al cielo. »   Proverbe italien.

« Ragno d'àze no va in sê, se u ghé va torra in derrê. » — Le braiment de l'âne n'arrive pas jusqu'au ciel, s'il y va il en revient.
Proverbe de Gênes, Reinsberg.

« Rang' d'asn en'va in zil, e vòus d' matt n'va a capétol. »

Bologne.

43. « C'est le mois de may, tous les asnes sont en amour. »

Français, DUEZ.

« El més d'j asén = maggio. » Parme, MALASPINA.

44. « On dit d'un homme débauché que c'est un âne débâté. »

Locution française.

45. « Mal dl' asen = satiriasi, tensione morbosa del pene. »

Parme, MALASPINA.

46. « Per far morcha lous ases, cal fa possa los sooumos los premieiros. » Rouergue, DUVAL.

47. « L'amour fait danser les âgnes. » — L'amour civilise les gens. Proverbe wallon, DEJARDIN.

« L'amour fo dansà lous azes. »

Gard, com. par M. P. FESQUET.

48.   « C'est l'amour qui me tourmente
             Elle m'a rendu langoureux
             Tout comme un âne morveux. »
Pasquille nouvelle sur les *Amours de Lucas et Claudine*.
Alençon, s. d. in-18, 12 pages.

49. « Quando la bricca vuole, l'asino non può; quando l'asino può, la bricca non vuole. »

Italien, PESCETTI.

50. « Amor de asno entra à couces e à boccados. » — L'entrée en amour des ânes est signalée par des coups et des morsures.

Proverbe portugais, PEREYRA.

51. « The ass's friendship is kicking. » — Who is friend with a fool will suffer for it. Bannu, THORBURN.

52. « Guarde-vos de physico experimentador, e de asna ornejador. » Proverbe espagnol.

« Take heed of an ox before, an ass behind and a knave of all sides. » Anglais.

53. « Antes morto por ladroês que por couce de asno. »
                                        Portugais.

54. « Quale asino dà in parete, tal riceve. » Se dit quand on
rend les coups, quand on rend la pareille.   Prov. italien.

55. « Si ti dat a calche s'ainu non hilu torres. » — Se ti dà a calce
l'asino non restituirglielo. Vale : non risponder allo stolto.
                                        Sardaigne, SPANO.

« Si torras su calche ad s'ainu, dolet plus a tie. » — Se restituite
il calce all'asino, duole più a voi. Cioè siete più stolto.
                                        Sardaigne, SPANO.

56. « ... galoppant quem' in baudet qu'a-t-ine mouche-bouïne ([1])
sous la queue. »   Charente, CHAPELOT, *Contes balzatois*.

57. « I s'kitape comme in âgne qu'a on pègne es trô dè cou. »
— Il se débat comme un âne qui a une tête de chardon dans le
derrière.   Prov. wallon, DEJARDIN.

58. « Fregà la cûa al azen. » — Lisciar la coda al diavolo. Far
cortesie a chi non le merità. Gettar via la fatica.
                                        Brescia, MELCHIORI.

59. « L'âne vài tourjou pissâ dins lo gano. » — L'âne va toujours
pisser dans la *gàne* ([2]). En français on dit dans le même sens : l'eau
va toujours à la rivière.
                          Prov. de la Creuse, c. par M. F. VINCENT.

60. « On dit d'un avare, qu'on tirerait plutôt un pet d'un âne
mort, qu'un sou de sa bourse. » Prov. fr., LEROUX, *Dict. com.*

« On ne peut tirer de lui une parole non plus qu'un pet d'un âne
mort. »   Proverbe français.

« On dit d'une chose qu'on méprise qu'elle ne vaut pas le pet d'un
âne mort. »   Prov. fr., *Dict. port. des prov.*

---

(1) C'est une farce que les gamins font souvent de mettre des mouches bovines au
derrière des ânes pour les voir s'emporter.

(2) On appelle **gâne** l'expansion en nappe, de chaque côté d'un cours d'eau, dans le
chemin qu'il traverse (F. Vincent).

61. « Tous ces gens-là parlent comme les ânes lancent des pets. »
— C'est-à-dire : sans savoir ce qu'ils disent.

    Prov. provençal, LUCAS DE MONTIGNY. *Récits variés*, p. 42.

« Lasciar ir le parole, come l'asino i petti. » Ital. PESCETTI.

62. « Val più un grano di pepe, che un stronzolo d'asino. »
                     Italien.

63. « Notre âne a le trou du c.. tout rond et fait des étrons carrés (¹). »   *Théâtre des boulevards,* 1756, t. III, p. 101.

« Lu sceccu havi lu culu tunnu e caca quatrati. »
                Sicile, PITRÈ.

64. « La giouventù es la bellessa de l'aë. » Nice, TOSELLI.

« L'asinu è beddu quannu è picculu. »   Sicilien, PITRÈ.

« Fagher sa resessida de s'aineddu. » — Far la riuscita dell' anisello. Dicesi ad uno che è brutto, mentre piccolo era bello.
                Sardaigne, SPANO.

65. « On n'aura jà bon asne vieux. » Anc. fr., NUCÉRIN.

66. « Ennem allen Essel is schwoor danzen lehren. » — Il est difficile d'apprendre à danser à un vieil âne.
        Waldeck (Basse-Saxe), REINSBERG.

67. « Un' asino di vent' anni è più vecchio ch' un huomo di settanta. »   Italien, PESCETTI.

68. « L'aze maudit — es lou pus poulit. » — L'âne exécré est celui qui arrive à bien.   Gard, c. par M. P. FESQUET.

69. « Wer eile hat, reitet auf keinem esel. »
                Proverbe allemand.

« Er ist zu gebrauchen wie der esel zum laufen. »
                Prusse, FRISCHBIER.

« Eselsgang. » — Incessus lentus.   Allemand, GRIMM.

70. « Trotto d'asino poco dura. »   Proverbe italien.

---

(1) Ceci est évidemment une devinette.

« Cursa d'asiuu pocu dura. »   Sicilien, Pitrè.

71. « Eher überliefe ein esel einen hasen. »   Allemand.

72. « Es kommt nicht auf die grösse an, sonst überliefe der esel den hasen. »   Proverbe allemand.

73. « Que court méy ue lèbe de chèys més que û asou de sept ans. » — Un lièvre de six mois court mieux qu'un âne de sept ans.
                              Béarn, Reinsberg.

74. « Esels arbeit und sperlings futter. » — Faire travailler quelqu'un comme un âne et le nourrir comme un moineau.
                              Proverbe allemand.

« Eseln = travailler comme un âne, faire des travaux pénibles. »
                              Allemand, Grimm.

75. « Faire tourner quelqu'un en bourrique. » — Le tourmenter, l'abrutir.   Locution française.

« Eseln = traiter quelqu'un comme un âne, le tourmenter. »
                              Allemand, Grimm.

76. « De jongste ezel moet het pak dragen. »   Hollandais.

77. « Bo coumo un ase corgat de lattos. » — C.-à-d.: de côté.
                              Rouergue, Duval.
« Vo de coustad coum' un aze cargat de lattos. »
                              Gard, c. par M. P. Fesquet.

78. « Pati coumo lous azes de las gipieiros. » — Souffrir comme les ânes des carrières de plâtre.   Gard, c. par M. P. Fesquet.

79. « Es pressat coum' un aze de vendemio. » — Il est pressé comme un âne aux vendanges.   Gard, c. par M. P. Fesquet.

80. « La surcharge abat l'âne. »   Proverbe français.

« Chi bole carcà troppu u sumere li resta pe a strada. »
                              Corse, Mattei.

« Viel säcke sind des esels tod. »   Allemand.

81. « Aso vei, bast neûv » — Jamais de repos, même quand on est vieux.   Piémont, Zalli.

82. « Drei Dinge tragen, Was man ihnen auflädt: eines weibsbilds-kopf, eines Esels Rücken, eines Mönchs Gewissen. »   Allemand.

83. « Eser l'asino. » — Être le souffre-douleurs.

Locution italienne.

84. « Nul ne sait mieux que l'âne où le bât le blesse. »

Proverbe français.

85. « Pau vau l'aze se pot pas pourtà soun bast. » — Peu vaut l'âne s'il ne peut porter son bât.   Gard, c. par M. P. FESQUET.

86. « Eis ôou desbasta dé l'aze, qué sé counéi la macadure. » — C'est lorsqu'on a enlevé à l'âne son bât que l'on aperçoit bien la meurtrissure qui est dessous.   Vaucluse, BARJAVEL.

87. « Sé pèr travaya l'on vénié rîché, léis azé pourtayén la bas-tière d'or. » — Si pour s'enrichir il suffisait de travailler, le bât des ânes serait d'or.   Vaucluse, BARJAVEL.

« S'à travalhà s'amassavo riquesso, lous azes aurieu bat d'or. »
Languedoc, com. par M. P. FESQUET.

88. « Coma l'aze del moli que porta aytan volontiers lo blat del paure coma del ric. » — Comme l'âne du moulin qui porte aussi volontiers le blé du pauvre comme du riche.
Proverbe ancien provençal, RAYNOUARD.

89. « Asne convié à nopces eau ou boys y doibt aporter. »
Proverbe ancien français (XVᶜ siècle), LEROUX DE LINCY.

« Quannu l'asinu é 'nvitatu a li nozzi, é pri carriari acqua o ligna é lu sò 'nvitu. »   Sicilien, PITRÈ.

« Man ruft den esel nicht nach hofe, denn dass er säcke trage. »
Allemand.

« Men noodt een ezel nooit te gast, of hij draagt er juk of last. »
Hollandais.

« Asenet kommer ikke til hove, uden for at baere saekken. »
Proverbe danois.

90. « L'âne de la montagne porte le vin et boit de l'eau. »

« L'aze de mountagno porto lou vi e beu d'aigo. »
                    Languedocien, comm. par M. P. Fesquet.

« Sono parente dell' asino, che porta il vino e beve l'acqua. »
                    Proverbe italien.

« Far come l'asino che porta il vino e beve l'acqua. »
                    Proverbe italien.

« I povari so spessu cumme i sumeri chi portanu u¹vinu e po
vejenu l'acqua. »   Proverbe corse, Mattei.

« L'asen di capuzzein, ch'bév l'acqua es porta al vein. »
                    Bologne, Reinsberg.

91. « Der Esel trägt das Korn in die Mühle und bekommt
Disteln. »   Allemand.

« Het gaat met hem als met de ezels, die de haver dragen, en
hooi eten. »   Hollandais.

92. « Un âne chargé d'or ne laisse pas de braire. »
                    Proverbe français.

« Un âne paré ne laisse pas de braire. »   Proverbe français.

« An ass is but an ass, though laden with gold. »   Anglais.

93. « L'asino quando lo caricarono di denaro, credendo ch' egli
fosse carico di letame, seguitò a tirare il suo viaggio per il mon-
dezzaio secondo il solito. » — L'homme vil devenu riche agit toujours
vilainement.   Proverbe arabe maltais, Vassalli.

94. « Que perd soun aze e ni recobro lou bast o pas tout perdut. »
                    Gard, comm. par M. P. Fesquet.

95. « Val più la cavezza che l'asino. »   Proverbe italien.

96. « Aco te va coume lou debas à l'ase. » — Cela ne te va pas·
                    Locution provençale.

97. « Vous cognoissez les asnes au bast. »
          Ancien français, *Glossaire de l'ancien théâtre français.*

« Gli asini si conoscono al basto. »   Proverbe Italien.

« Al'pelo si conosce l'asino. »   Proverbe italien.

« L'asinu si conusci a l'oricchi e lu pazzu a lu troppu parrari. »
                              Proverbe sicilien, PITRÈ.

« Aus den worten kennt man den thoren, wie den esel aus den
ohren. »   Allemand.

98. « Qui asinum non potest, stratum caedit. »
                      Proverbe latin, PETRONE, *Sat.* 45, 8.

« Qui ne peut frapper l'âne, frappe le bât. »   Français.

« Chi non può dare all' asino, dà a basto. »   Proverbe italien.

« Quien no puede dar en el asno, da en el albarda. »
                                                  Espagnol.

« Desque no pudo al asno, tornase al albarda. »
                                                  Espagnol.

99. « Com raiva do asno, tornase â albarda. »
                              Proverbe portugais, PEREYRA.

100. « La patience est la vertu des ânes. »
                                          Proverbe français.

« Lo potienc' es uno bouno causo mais lous ases o lo fi ne crèbou. »
— La patience est une bonne chose, mais les ânes eux-mêmes
finissent par en crever.   Rouergue, DUVAL.

101. « A bo varlet aurehio d'aze. »
                              Gard, com. par M. P. FESQUET.

« A bouen varlet aureillos d'aze. » — A bon valet, oreilles d'âne,
c.-à-d. : qu'un bon valet doit écouter les injures patiemment.
       Proverbe provençal, MILLIN, *Voy. dans le midi*, III, 478.

102. « On appelle *Martin-bâton*, le bâton à battre les ânes. On
dit aussi simplement *martin* pour signifier la même chose. »
                      LEROUX, *Dictionnaire comique.*

« Fouità, blad d'aze. » — Coups de fouet, blé de l'âne.
                              Gard, com. par M. P. FESQUET.

« Frutte dell' asino = des bastonnades. »
                                          Italien, DUEZ.

« La feste de l'asne = des bastonnades. »   Français, DUEZ.

« Eventail à bourrique = bâton. »   L. RIGAUD.

103. « Asno que entra en dehesa ajena — volverà cargado de leña. » — C.-à-d.: sera battu.   Proverbe espagnol.

104. « Piccinnos ainos et feminas, si non sunt toccados non faghent nudda. »   Sardaigne, SPANO.

« L'asin non va se non col bastone. »   Italien.

« Donne, asini e noci voglion le mani atroci. »
                                   Proverbe toscan.

« El asno y la muger a palos se han de vencer. »   Espagnol.

« Al ase y mala muller bastonadas se han de fer. »
                                   Catalan moderne.

« Drei Dinge thun nichts, ohne geschlagen zu werden : die Glocke, der Esel und ein fauler Knecht. »   Proverbe allemand.

105. « A dur âne, dur aiguillon. »
                         Proverbe français, NUCÉRIN.

« A rude asne, rude asnier (1). »
                   Proverbe ancien français, Henri ESTIENNE.

« Tel asnon, tel aguillon. »   Ancien français.
« A dur azé dur aguilhon. »   Provençal moderne.
« Asino duro, baston duro. »   Italien.
« To a rude ass, a rude keeper. »   Anglais.

106. « On l'a sanglé comme un âne. » C'est-à-dire on lui a fait un rude traitement, il a été sévèrement condamné.
                         LEROUX, *Dictionnaire comique*.

107. « De petit aiguillon point ou bien grand asnesse. »
                   Proverbe ancien français, NUCÉRIN.

« Manit pounchou pounh un bel aze. »
                   Gard, communiqué par M. P. FESQUET.

(1) **Rude ânier** signifiait autrefois homme grossier, brutal selon Poëtevin. — Cf. ci-dessus d. 211, en note.

108. « Asino punto convien che trotti. »   Italien.

« La puntareddu fa nèsciri lu passu all' asinu. »
Sicilien, PITRÈ.

109. « Manido mousco fo reguinnà un bel aze. » — Petite mouche fait regimber un gros âne.
Gard, communiqué par M. P. FESQUET.

« Uno pichouoto mousco fo peta un bel ase. »
Rouergue, DUVAL.

110. On sait que l'âne symbolise la bêtise et l'ignorance. Pour désigner une sottise on emploie les synonymes suivants :

ÂNERIE, *f.* français.

ASENADO, *f.* languedocien.

Termes étrangers :

Asinaggine, Asinità, Asineria, italien. — Aznada, Brescia, Melchiori.

On dit de quelqu'un qui a peu d'intelligence ou peu d'instruction : *c'est un âne, c'est un âne bâté, c'est une bourrique, il est bête comme un âne*, etc. — Autrefois on disait : *c'est une mâchoire d'âne.*

Cf. les locutions : « Asen calzà e vesti. » Parme, Malaspina. — « Asino battezzato. » Ital.

On trouve dans Plaute le mot *asinus* employé dans le même sens :

« Neque ego homines magis asinos vidi. »
PLAUTE, *Pseud.* 1, 2, 4.

111. « I n'a brav'mint des âgnes qui n' magnet nin dé four. » — Il y a beaucoup d'ânes qui ne mangent pas de foin.
Proverbe wallon.

« Si trovano molti asini, che non portano mai basto. »
Italien.

« Si trovano asini assai senza orecchie grandi. »   Italien.

« Man findet manchen esel mit zwei beinen. »   Allemand.

« Es gehen nicht alle esel auf vier füssen. »   Allemand.

« Man findet manchen esel, der nie säcke trug. »   Allemand.

« Men vindt menigen ezel zonder lange ooren. »   Hollandais.

« Man finder mangt et Aesel, som aldrig bar Saekke. »
Proverbe danois.

112. « ... Monsieur Gilles, votre cul est une bête qui se fait porter par un âne. »   *Théâtre des boulevards*. 1756, I, p. 248.

113. « Leurs camarades sont au moulin, la corde au col et les fers aux pieds. » — C'est-à-dire ce sont des ânes.
Glossaire de l'ancien théâtre français.

114. « Il est bien âne de nature, qui ne peut lire son écriture. »
Proverbe français.

« É asino di natura, qui non sa leggere la sua scrittura. »
Italien.

115. « Egli è un pezzo d'asino cieco che non vede, l'uomo che vede, e non legge. »   Arabe maltais, VASSALLI.

116. « Wer alle möglichen schriftwerke liest und nichts davon versteht, gleicht einem esel, der beständig eine last juwelen trägt und diese, wie man weiss, nie geniesst. »
Sentence sanscrite, BÖHTLINGK.

117. « Le jour du jugement viendra bientôt, les ânes parlent latin. » — Se dit quand quelque ignorant veut parler une langue qu'il n'entend pas.   LEROUX, *Dictionnaire comique.*

« On dit : l'école a couché ouverte, les ânes parlent latin. » — Quand quelque ignorant veut parler latin.
LEROUX, *Dictionnaire comique.*

« Tra zo del fèn che 'l me asen ha parlà latén. » — Tirate giu del fieno per codesto bue. E dicesi per lo più scherz a chi sproposita il latino per ignoranza come offerendo in premio de' bestiali. spropositi una bestiale ricompensa.
Parme, MALASPINA.

« Quannu li scecchi parranu latinu, è signu de bon' annata. »
Noto (Sicile), PITRÈ.

« Quand les ânes parleront latin. » — Se dit, pour marquer un temps fort éloigné.   LEROUX, *Dictionnaire comique.*

118. « On dit d'une chose qu'on ne peut croire : c'est aussi impossible que le *pater* aux ânes. »

Côte-d'Or, com. par M. H. MARLOT.

Cf. Sébillot, *Litt. orale de la Haute Bretagne*, p. 358.

119. « On dit aux enfants que s'ils ne travaillent pas il leur poussera des oreilles d'âne. »   Locution générale en France.

On punit les élèves paresseux en les coiffant du *bonnet d'âne*.

120. « .... Je t'ay presché sept ans pour un caresme, mais cela t'a passé en oreille d'asne. »

Prov. français, *Glossaire de l'ancien théâtre français*.

121. « The ass has grown old, and did not recognize his master's house. » — Means that a born fool never acquires any knowledge.   Bannu, THORBURN.

122. « Faire l'âne pour avoir du chardon. »

Proverbe français.

« Faire l'âne pour avoir du son. »   Proverbe français.

Cf. « Faire la bête pour avoir du foin. » Locution française.

123. « On ne dit guères Martin qu'il n'y ait de l'âne. » — C.-à-d.: il y a toujours quelque chose de vrai dans les cancans.

Proverbe français.

124. « On sait que l'âne est très entêté. On dit proverbialement: entêté comme un âne, ou entêté comme une vieille bourrique. »

« Incornato più che gli asini. »   Italien.

« Tres cosas sunt reversas in su mundu : s'arveghe, s'ainu et i sa femina. »   Sardaigne, SPANO.

125. « L'âne, dit le proverbe, garde longtemps un coup de pied à son maître. » — C.-à-d.: l'âne est rancunier.

Proverbe (poitevin ?), E. AYRAULT, *De l'industrie mulassière en Poitou.* 1867, p. 103.

126. « Quoiqu'on dise, un ânon ne deviendra jamais qu'un âne. »

Proverbe français.

« Que deu bast pourtà, naï embe las cenglos. » — Qui doit le bât porter en a les sangles en naissant.

Gard, comm. par M. P. FESQUET.

« Es filh d'aze, uno ouro del jour bramo. »

Gard, com. par M. P. FESQUET.

« El hijo del asno dos veces rozna al dia. » Espagnol.

« Chi asin nasce semprè è asino. » Italien.

« Cui campa sceccu, 'un pò moriri cavaddu. »

Proverbe sicilien, PITRÈ.

« Aus dem Esel wird kein Reitpferd, magst ihn zaümen wie du willst. » Allemand.

« Een gouden zadel maakt geen ezel tot een paard. »

Hollandais.

« Die tot een ezel geboren is, zal geen paard sterven. »

Hollandais.

« Die eens een ezel wordt, gaat altijd met lange ooren. »

Hollandais.

« Al kleedt men een' ezel in't zatijn, 't zal altijd toch een ezel zijn. » Hollandais.

« Fuime à Palacio, fui bestia y vine asno. » Ancien espagnol.

« Qui ase và a Roma, aixi sentorna. »

Proverbe valencien, REINSBERG.

« Pierde el asno los dientes e non las mientes. »

Espagnol, REINSBERG.

« If an ass goes a travelling, he 'll not come home a horse. »

Proverbe anglais.

« Zendt men een' ezel naar Paris, men krijgt hem weder, even wijs. » Hollandais.

« Zend een' ezel naar Lijfland, hij zal giegagen, als hij t' huis komt. » Hollandais.

« Wenn man den Esel weit schickt, kommt er mit Eselgeschrei wieder. » Allemand.

« Zieht ein Esel über den Rhein, kommt ein I-a wieder heim. »

Allemand.

« Mène un âne à Paris il n'en reviendra pas cheval. »
       Proverbe de la Bohême, *Almanach de Carslbad.*

« If an ass goes to Mecca, when he returns he is the same ass. »
                                        Bannu, THORBURN.

127. « A laver la teste d'un asne on n'y perd que son temps, sa peine et sa lessive. »   Proverbe français, DUEZ.

« Fo mal loba lou cap o l'ase quand l'o gris. » — Il fait mal laver la tête à l'âne quand il l'a grise.   Rouergue, DUVAL.

« Lavas la testo à l'ay, escampas lou lissiéou. »
       Prov. provençal, MILLIN, *Voy. dans le Midi*, III, 478.

« Savonnez un âne noir, vous ne le rendrez jamais blanc. »
                       LAURENT, *L'avocat de l'Isère*, p. 115.

« The ass will not become white from soap. »
                                        Bannu, THORBURN.

« Samuna sa cabitta ad s'ainu, ainu est et ainu s'istat. » — Lavate la testa all' asino, asino è ed asino sarà.   Sardaigne, SPANO.

« Chi lava il capo all' asino, perde il ranno e il sapone. »
                                 Proverbe italien, PESCETTI.

« Chi fa la verba all' asinu, perdu a fatica e u savone. »
                                        Proverbe corse.

128. « Ne pas valoir la peau d'un âne. » — Ne pas valoir grand chose.   Côte-d'Or, com. par M. H. MARLOT.

129. « Paraulos de fenno, bessino d'aze. » — Paroles de femmes, vesse d'âne.   Gard, com. par M. P. FESQUET.

130. « Se ne dà ventiquattro per un pel d'asino. » — On en donne vingt-quatre pour un poil d'âne. Se dit de quelque chose de très mince valeur.   Italien, DUEZ.

131. « L'un asne appelle l'autre roigneux. »
       Proverbe français du XVe siècle, LEROUX DE LINCY.

« Il bove dice cornuto all' asino. »   Italien.

« Dixo el asno al mulo : anda para orejudo. »   Espagnol.

« Ein Esel heisst den andern Langohr. »   Allemand.

« Den Esel schimpft das Maul Langohr. »   Allemand.

132. « Deux orgueilleux ne peuvent être portez sur un asne. »
Proverbe ancien français, NUCÉRIN.

133. « Ὄνος λύρας ἀκούων. »   Proverbe grec.

« Un asne n'entend rien en musique. »   Ancien français.

« Qu'a de commun l'âne avec la lyre ? »   Proverbe français.

« Essere come l'asino al suon della lira. »   Italien.

« Egli e come insegnar a un asino la zolfa »   Italien, PESCETTI.

« Es ist gerade als ob ein Esel einen Dudelsack hörte. »
Proverbe allemand.

« Es schickt sich dazu wie der Esel zum Lautenschlagen. »
Proverbe allemand.

134. « Un aë n'en trova tougiou un autre che lou lauda. »
Nice, TOSELLI.

« Sos ainos si ratant unu cum s'ateru. » — Gli asini si grattano
l'uno coll' altro. (Deux sots se flattent réciproquement).
Proverbe sarde, SPANO.

135. « Chante à un baudet, il te fera un pet. »
Ancien français, LEROUX DE LINCY.

« Chantez à l'âne et il vous ferra (*frappera*) des pieds. »
Ancien français, LEROUX DE LINCY.

« Chantez à l'âne et il vous fera des pets. »   Prov. français.

« Chantez à l'asne il vous respondra des pets. »
Ancien français, DUEZ.

« Au cul de l'asne fais tes chans. » — C.-à-d. : tu fais une chose
inutile.
Œuvres d'Eustache Deschamps, édit. Queux de Saint-
Hilaire, I, p. 206.

« Fogues de be o l' ase, bous pogoro en p.... »
Rouergue, DUVAL.

« Parlas à l'aze, vous faro de petz. »
Languedoc, com. par M. P. FESQUET.

« L'aë coura a ben mangeat, vou tira de caus. »
Nice, TOSELLI.

« Lavare la testa dell' asino col ranno, si rivolterà contro di te
coi calci. » — Lo stolto prende a male il bene a che gli si fa.

Proverbe arabe maltais, VASSALLI.

« Lavare il capo all' asino. » — Faire du bien à un ingrat.

Proverbe italien.

136. « L'asino quando ha mangiato la biada, tira calci al
corbello. »   Proverbe italien.

« L'asén quand l'a magnà el volta el cul alla créppia. »

Parme, MALASPINA.

« L'asen quand l'à mangiat, el volta 'l cül a la treis. »

Bergame.

137. « Doun mai l'ouon gratto lou cap o l'ase, doun mai li prus. »
— Plus on gratte la tête à l'âne, plus elle lui démange.

Rouergue, DUVAL.

138. « L'âne du commun est toujours le plus mal bâté. »

Proverbe français.

« Un aze de mitad — es toutjour mau bastad. »

Proverbe languedocien.

« Tout asè de mitat (var. de coumuno) es toujours mal bostat. »

Rouergue, DUVAL.

« L'ay qu'a doues mestres, la quoue li pelo. »
Prov. provençal, MILLIN, Voyage dans le Midi, III, 478.

« Es geht ihm wie dem Esel, der zwei Brüdern diente ; jeder
mcinte, er sei beim Andern gefüttert worden. »

Allemand, REINSBERG.

« L'aso d'doi padron la cova i peila. »   Piémont, ZALLI.

« Asno de muitos, lobos o comem. »   Portugais, PEREYRA.

139. « Asses have eaten the grain-heep of the many. » — That is,
when there are a number of co-partners in cultivation, each leaves
the duty of watching to his neighbour ; consequently it is neglected
by all.   Bannu, THORBURN.

140. « S'arrêter à toutes les portes comme l'âne du meunier. »

Proverbe français.

« Es coumo l'aze del moulinié, s'arresto à toutos las portos. »

Proverbe languedocien.

141. « Far come l'asino del pentolaio. » — Dicesi di chi si ferma a cicalare con chiunque trova ; perchè l'asino del pentolaio si ferma ad ogni uscio.   Proverbe italien.

142. « Tant vo l'aze al mouli — que n'apprend lou cami. »
                              Gard, comm. par M. P. Fesquet.

143. « E serrato il molino, l'asino tresca. » Cette locution équivaut à : à vos asnes, meusnier ! — Se dit lorsqu'on voit badiner quelqu'un.   Proverbe italien, Duez.

« Wenn kein Wasser auf der Mühle ist, so tanzt der Esel. »
                              Allemand.

« Yo'n temps pel l'ase, un aoutre pel moulinié. » — Il y a un temps pour l'âne et un pour le meunier.   Rouergue, Duval.

144. « Passa sempre dal luogo ove passano gli asini, e non tene pentirai. » — Suivez le chemin battu.
                              Proverbe arabe maltais, Vassalli.

145. « Non ischire si non su caminu de s'ainu. » — Non saper altro che la strada dell' asino. Dicesi di quelli che sanno una sola scienzia, presa la simil. dall' asinello che batte sempre la stessa strada intorno alla macina.   Proverbe sarde, Spano.

146. « Lous azes ribejou. » — Les ânes aiment à passer sur le bord (de la route).   Gard, comm. par M. P. Fesquet.

147. « Un âne ne trébuche pas deux fois contre la même pierre. »
                              Français.

« Far come l'asino, che dove inciampa una volta, più non vi passa. » — Cioè non ricadere negli stessi falli. Proverbe italien.

« L'asino dov' è cascato una volta, non si casca più. » Italien.

« Even an ass will not fall twice in the same quicksand. »
                              Anglais.

« Where ever an ass falleth, there will he never fall again. »
                              Anglais.

« Den Esel führt man nur einmal auf's Eis. »   Allemand.

« Der Esel ist so weise : er tanzt nur einmal auf dem Eise. »
                              Allemand.

« Wo sich der Esel ein Mal stösst, da nimmt er sich in Acht. »
                                                    Allemand.

148. « Il y a bien des ânes à la foire qui se ressemblent. »
                                                Proverbe français.

« Il y a plus d'un âne à la foire. »   Proverbe français.

« Il y a plus d'un âne à la foire qui s'appelle Martin. »
                                                Proverbe français.

« Plus d'un âne s'appelle Martin. »   Proverbe français.

« A la fieiro io fosso azes que si semblou. »
                                                Proverbe languedocien.

« Que y a aü marcat hère d'asous qui s' semblon. »
                                                Béarnais, REINSBERG.

« Egli é più d'un asino al mercato. »   Italien.

« E' và più d'un asin bianco al mulino. »   Italien, PESCETTI.

« Credi tù che non siano altri asini in Pavana? »
                                                Proverbe italien, PESCETTI.

« Molts ases hi ha al mercad que s'assemblan. »
                                                Catalan moderne.

« Es ist mehr als ein Esel, der Martin heisst. »   Allemand.

149. « Que ben l'ase fo lou prés. » — Qui vend l'âne fait le prix.
                                                Rouergue, DUVAL.

150. « L'asino buono si vende nel suo paese. »
                                                Proverbe arabe maltais, VASSALLI.

151. « Il ne faut pas lier les asnes avec les chevaux. »
                                                Français, COTGRAVE.

« On n'attelle jamais un âne et un cheval à la même voiture. »
                                                Proverbe français.

« Arar con l'asino e col bue. » — Labourer avec l'asne et avec le
bœuf, c.-à-d.: distribuer mal les offices.   Italien, DUEZ.

152. « Fauto de bióu, fòu laurà l'aze. »   Languedocien.

« In mancanza di cavalli, gli asini trottano. »   Italien.

« Per bisogno di buoi s'ara con gli asini. »   Italien, PESCETTI.

« Caminhante cançado sobre em asno, se não tem cavallo. »
                                                Portugais.

153. « Piuttosto un asino che porti, che un cavallo che butti in terra. »   Proverbe italien.

« Mais quero asno, que me leve, que cavallo, que me derrube. »
                        Proverbe portugais, PEREYRA.

« Mas quiero asno que me lleve, que caballo que me derrueque. »
                        Proverbe espagnol.

« Pollino que me lleve y no caballo que me arrastre. »
                        Proverbe espagnol.

« Better ride an ass that carries us, than a horse that throws us. »   Proverbe anglais.

« Beter door een' ezel gedragen, dan door een paard in't zand geslagen. »   Hollandais.

154. « Viene asin di monte, caccia caval di corte. »
                        Proverbe italien.

155. « Andar dietro al suo asino. » — Aller son chemin, ne pas tenir compte des critiques. S'entêter dans une idée.
                        Proverbe italien.

156. « Caer del asno. » — Finir par se convaincre, après avoir disputé sans raison.   Proverbe espagnol.

157. « Traire su la bardo la fauto de l'aze. »
                Proverbe languedocien, com. par M. P. FESQUET.

« La culpa del asno, échanla a' la albarda. »   Espagnol.

158. « L'asino non conosce la coda se non quando e' non l'hà. »
                        Italien.

159. « S'ainu s'abbizat de su beranu da qui qu'est passadu. » — L'asino s'avvede della primavera dopo passata. Dicesi di uno che non profitta del tempo e dell' oportunità, presa la simil. dall' asino che nella primavera a vece di profittare dell' erba si dà agli amori, e venuta la state si dà a mangiar l'erba.
                        Sarde logodourien, SPANO.

160. « Bendro un temps que gordoro l'ase que bouldro. » — Viendra un temps où gardera l'âne qui voudra.
                        Rouergue, DUVAL.

« Se io fossi comandante, e tu fossi comandante, chi sarebbe colui che condurebbe gli asini ? »   Prov. arabe maltais, VASSALLI.

161. « Un individu qui prend en médiocre considération des remontrances ou des menaces est effrayé comme un âne à qui on a donné un coup de bonnet. »

Poitou, L. DESAIVRE, *Croyances*, etc.

162. « ... C'est comme moi, quand je vois l'âne du marchand d'encre, je le reconnais tout de suite, je ne m'y trompe jamais. »

TOURNEMINE, *L'école des servantes*, comédie jouée en 1837.

163. « C'est l'âgne da Saint Nicoleie. » — C'est l'âne de saint Nicolas. C'est la bête à bon Dieu, c'est la bonté même.

Proverbe wallon, DEJARDIN.

164. « Val più un asino vivo che un dottor morto. »

Italien.

« È meglio un asino oggi, che un barbero a San Giovanni. »

Italien.

« Beter een levende ezel, dan een dood paard. »   Hollandais.

165. « Better be the head of an ass than the tail of a horse. »

Anglais.

166. « Si celui dont tu as besoin est monté sur un âne, dis-lui : quel beau cheval vous avez là monseigneur ! »

Proverbe arabe, DAUMAS, *Le grand désert*.

« When necessary an ass even is called *father*. »

Bannu, THORBURN.

« Make an ass your father, and use him to the full ; afterwards he is no longer your father. »   Bannu, THORBURN.

167. « Frittu de eranu, s'ainu nde tremet. » — Freddo di primavera, ne trema l'asino. Nella primavera il freddo è più sensibile.

Proverbe sarde, SPANO.

168. « Tenir son âne par la queue. » — Se tenir sur ses gardes.

Proverbe français.

169. « Il n'est que de tenir son asne par le chevestre. »

Ancien français, *Glossaire de l'ancien théâtre français*.

170. « Qui bâte la bête la monte. »

Proverbe français, LEROUX, *Dictionnaire comique*.

171. « A qui est l'asne, si le tienne par la queue. »

Ancien français, NUCÉRIN.

« A qui est l'asne si le garde. »   Ancien français, NUCÉRIN.

« Cau o l'aze deu l'embastà. » — C'est le maître de l'âne qui doit
le bâter.   Gard, com. par M. P. FESQUET.

« Di chi è l'asino, lo pigli par la coda. »   Italien, PESCETTI.

« Non dispantana l'asino, se non colui, di chi egli è. »
                                       Italien, PESCETTI.

172. « L'asina è mia, e la cavalcherò quando vorrò e la menerò
ove mi suonerà il capriccio mio ; orsu dunque, tu da me cosa
pretendi? » — Risposta solita a darsi ai disturbatori che contrastano
i diritti altrui, per dir loro, che ognuno è padrone delle sue
proprietà è puo disporre a suo piacimento.
                              Proverbe arabe maltais, VASSALLI.

173. « Qu'embe saumo lauro noun pot avedre bo garach. »
                              Gard, com. par M. P. FESQUET.

« Chi arerà la terra cogli asini, e farà rompere le zolle colle donne,
non prenderà cotone. » — Chiunque impiega deboli operai, o non
sceglie i collaboratori pel suo mestiere, oppure impiegherà subal-
terni inabili, o per disgrazia malvaggi ; non riuscirà certamentẽ con
onore nelle sue imprese. Ecco il senso del proverbio : perchè nè
l' asino ha forza sufficiente per arare, come il bove, nè la donna è
fatta per frangere le zolle ne' campi.
                       Proverbe arabe maltais, VASSALLI.

174. « The ass does not know how to laugh. » — That îs, does
not appreciate a good joke.   Bannu, THORBURN.

175. « A tempus riet s'ainu. » — A tempo ride l'asino. Dicesi
ironicamente quando uno risponde inopportunamente.
                                             Sardaigne, SPANO.

176. « Qui femme croit et asne meine — son corps ne sera ià
sans peine. »   Proverbe ancien français, NUCÉRIN.

« Que fenno e saumo meno — o prou de peno. »
                 Proverbe languedocien, com. par M. P. FESQUET.

« Que fenno è saoumo meno — se trouobo pas sans peno. »
                                             Rouergue, DUVAL.

177. « Sos factos anzenos imbezzant s'ainu. » — I fatti altrui
invecchiano l'asino. Dicesi di uno che si prende briga degli affari
altrui.   Proverbe sarde, SPANO.

178. « Finzas s'ainu hat sa virtude sua. » — Anche l'asino ha la sua virtù. Dicesi di uno que sebbene inutile, è buono a qualche cosa.

Proverbe sarde, SPANO.

179. « Sos bestires component finzas s'ainu. » — I vestiti fanno comparir anche l'asino.   Proverbe sarde, SPANO.

180. « Su caminu curzu imbezzat s'ainu. » — Il cammino corto invecchia l'asino. Ha molti sensi, e dicesi quando uno lavora sempre una stessa cosa.   Proverbe sarde, SPANO.

181. « A trabagliare si narat ad s'ainu. » — A lavorare si dice all' asino. Sogliono cosi rispondere quelli che sono diligenti nel lavoro e che non hanno bisogno di stimolo.

Proverbe sarde, SPANO,

182. « Beaucoup d'hôtes est indifférent à l'âne de l'hôtellerie. »

Proverbe wolof, DARD, p. 136.

183. « Remuer la tête ne sépare pas les oreilles d'avec l'âne. »

Proverbe wolof, DARD, p. 143.

184. « Se tu vuoi de gli asini, vattene compra. » — Dicesi a coloro che ci s'appoggiano addosso.   Italien, PESCETTI.

185. « Fiez vous y et puis y attachez vostre asne. »

Glossaire de l'ancien théâtre français.

186. « Em morrer o asno não perde o lobo. »

Proverbe portugais.

187. « Quand touteis les ases de Rustreù mourrien, héritarié pas d'uno sounailho. » — C'est ce que dit quelqu'un qui n'a pas de succession à attendre.

Prov. provençal, LUCAS DE MONTIGNY, *Récits variés*, **p. 26.**

« Tous les ânes du Mirbalais crèveraient que je n'hériterais pas d'une bâtére (*var.*: d'une tétére) ».

Deux-Sèvres, com. par M. B. SOUCHÉ.

188. « Il n'a ni cheval, ni âne, ou, il n'a ni âne ni mulet. » — Se dit d'un homme qui n'a point d'équipage.

Dictionnaire portatif des proverbes.

189. « O ti manca l'asino, ò ti manca il menatore. »

Italien, PESCETTI.

190. « Aver legato l'asino a buona caviglia. » — Vale : dormire profondamente, senza pensiero alcuno.   Proverbe italien.

191. «... Ce n'est point à lui qu'on apprendra à négliger les signes du temps ; quand tous ânes auront longues oreilles, il saura bien s'en procurer une paire pour ne point offenser ses voisins. »
Pays de Caux, d'HÉRICAULT, *Les paysans d'Azelonde.*

192. « Asina, o pietra asinina, è una pietra, che secondo alcuni Autori, dicono trovarsi nella testa dell' *Asino selvaggio*, e che sia ovale quanto una ghianda, di color bianco, che tira al cedrino, con certe crepature, e che sia dolce e molle. Gio. Lorenzo Anania fa menzione di questa pietra dicendo, che in Candia nell' Isola, detta *Sichilo*, sieno pregiati gli Asini selvaggi ove sono moltissimi ; perchè vi si trova in essi una tal pietra utile al dolore de' fianchi, ed al mal caduco. »
ROBBIO, *Dizionario delle Gemme.* Napoli, 1824.

193. « Le gypse lenticulaire est d'un beau jaune de miel et réfléchit la lumière, d'où son nom de *miroir d'âne.* »

II.

1. « Quand Saint-Antouéno mounto soubrè so sooumeto, penden noou jours répéto. » — Quand saint Antoine monte sur son ânesse (c'est-à-dire : s'il fait bien froid le jour de la fête de ce saint) pendant neuf jours l'ânesse ruera, c'est-à-dire il fera froid.
VASCHALDE, *Proverbes du Vivarais*, p. 23.

2. « Alla prova si scortica l'asino. »   Italien.

3. « Ein esel unter den affen. »   Allemand.

« Wat zal de ezel onder de apen ? »   Hollandais.

4. « L'asino puta e Dio fa l'uva. »   Proverbe napolitain.

5. « Les chevaux courent les bénéfices et les ânes les attrapent. »
Proverbe français.

« Lous chivaus courron, lous azes prenon. »
Proverbe provençal moderne, REINSBERG.

« Lous chivals coûrou, e' lous âzës prenou. »   Languedocien.

6. « Een ezel geeft nog gaarne een' dooden leeuw een' schop. »
Hollandais.

7. « Vestirsi di pelle d'asino. » — Estre rude et cruel, ne faire plaisir à personne. Italien, DUEZ.

8. « Càda feira val menos como burro de Vicente. »
Portugais, PEREYRA.

9. « Je rentrais chez moi plus las que l'âne à Pierrin quand il revenait de la foire. »
Proverbe du Jura, TOUBIN, *Récits jurassiens*, p. 152.

10. « Un asino non mangia l'altro. » Proverbe italien.

Cf. *Faune populaire*, t. I, p. 25, § 25; t. IV, p. 36, § 236.

11. « Furtuna è amica d'asini e di pazzi. » Sicilien, PITRÈ.

« Hoe grooter ezel, hoe grooter geluk. » Hollandais.

12. « Qui mi cadde l'asino. » Italien.

« L'é a que dov s'arnê l'êsan. » Romagne.

« L'é qué dov cascò l'asen. » Bologne.

13. « Ab asinis ad boves transcendere. »
Latin, PLAUTE, *Aulul.* 2, 2, 58.

« Sich vom pferd auf den esel setzen. » — Se dit de quelqu'un dont la fortune décroit. Allemand.

« Sich auf den esel setzen. » Allemand.

« Es kommt niemand gern vom pferd auf den esel. »
Allemand.

« Hij springt van den os op den ezel. » Hollandais.

« Come disse quel che cadde da cavallo all' asino ; a ogni modo io voleva scendere. » Italien, PESCETTI.

14. « Si pensa d'esser sopra un buon cavallo, e non è sopra un tristo asino. » Italien, PESCETTI.

15. « L'aze de Granari mouriguet de l'enterigo. » — L'âne de Granari mourut d'un agacement de dents.
Gard, communiqué par M. P. FESQUET.

16. « Coda d'asino non fà crivello. »   Italien, PESCETTI.

« You cannot make a sieve of an ass's tail. »   Anglais.

« Aus des esels wadel wird kein sieb. »   Allemand.

17. « All' asino morto, biada alla coda. » — Il est trop tard.
                              Proverbe italien.

« Asno morto cevada ao rabo. » — L'abondance arrive trop tard.
                              Proverbe portugais.

« Al asno muerto la cebada al rabo. »   Espagnol.

« Morto l'asino va pel maniscalco. »   Italien.

18. « A far del bene agli asini, sant' Antonio l'ha per male. »
                              Italien.

19. « The ass would not die, and the dog would not leave it. » —
The dog might easily have found a dead donkey. The meaning is,
that a greedy man, in the hopes of making a little gain, often loses
the opportunity of making a fortune.
                              Bannu, THORBURN.

20. « As he looked and looked the horse turned out a donkey. » —
By close inspection the true state is known.
                              Proverbe telugu, CARR, § 895.

21. « L'asino che non ha fatto la coda in trent' anni, non la farà
ma' più. »   Italien, PESCETTI.

22. « Auf den sack schlagen und den esel meinen. » — Menacer
indirectement quelqu'un. Faire une leçon.   Proverbe allemand.

« Gott schlägt oft auf den sack, damit der esel es empfinde. »
                              Proverbe allemand.

23. « Wer von drohen stirbt, dem soll man mit eselsfürzen zu
grabe laüten. » — Les menaces ne doivent pas étonner un homme
de cœur.   Proverbe allemand.

24. « The ass was calling the weaver, and the weaver the ass ;
the wolf heard, and tore the ass to pieces. »
                              Bannu, THORBURN.

25. « The braying donkey came and spoiled the grazing donkey's
business. » — When the one that was outside brayed, the other
that was inside answered and was consequently discovered and
driven out of the field.
                              Proverbe telugu, CARR, § 672.

26. « Saint Martin fait toujours du foin pour son âne. »
Proverbe franc-comtois, PERRON.

27. « Ce que saint Martin ne manjue se manjue sis anes. » — Ce que saint Martin ne mange, son âne le mange.
Proverbe français du XIIIe siècle, LEROUX DE LINCY.

28. « Que per aze de mouli se louogo — aze de mouoli se trouobo. »
Espalion (Aveyron), AFFRE.

« Cu per aë si loga — per aë deu servi. »
Nice, TOSELLI.

« Que per aze si logo, per aze deu servi. »
Proverbe languedocien.

« He that makes himself an ass, must not take it ill if men ride him. »
Proverbe anglais.

« Wer sich zum esel macht, der muss säcke tragen. »
Allemand.

« Wer sich zum esel macht, dem will jeder seine säcke auflegen. »
Allemand.

29. « Wenn man den esel nennt, kommt er auch gerennt. »
Proverbe d'Altenburg (Saxe), REINSBERG.

Cf. *Faune populaire*, t. I, p. 118, § 7.

30. « Es coumo l'aze de capitou, suses quand vies venir lou bast. » — Il est comme l'âne du chapitre, il sue quand il voit venir le bât.
Proverbe provençal, MILLIN, *Voy. dans le Midi*, t. III, p. 478.

« L'aë de Blacas de veire lou bast sudava. »
Nice, TOSELLI.

31. « A hoza de corvu non morit ainu. » — A voglia di corvo non muore asino. Vale, le cose accadono non secondo le nostre voglie.
Proverbe sarde, SPANO.

32. « Like going to Benares and bringing an ass's egg. » — An absurd exploit.
Proverbe telugu, CARR, § 612.

33. « Si le cose si facessero due volte, l'asino sarebbe nostro. »
Proverbe italien.

34. « Gris *ou* soul comme un âne. »
Locution française.

16

« Saoul comme la bourrique du diable. »
                    Côte-d'Or, communiqué par M. H. MARLOT.

« Saoul comme la bourrique du cinq cent diable. »
                    Le Diseur de vérités pour 1844, p. 64.

« Plus soul que la bourrique du diable. »
                    Paul FÉVAL, *Madame Stapler* (roman).

« Soul comme la bourrique à Robespierre. »

Dans cette locution moderne on a substitué Robespierre
au diable.

35. « Brider l'âne par la queue. » — Faire quelque chose à
rebours et de travers, s'y prendre sottement.   Loc. française.

« ... Christophe Nez Crochu qui bride son âne par la queue, crainte
de lui casser les dents. »
                    Le contrat de mariage (facétie s. l. n. d.).

36. « The oxen ate up the crops, and they cut off the ears of
the donkeys. » — Être puni pour les fautes d'autrui.
                    Bannu, THORBURN.

37. « The ass tried to get horns and lost his ears. »
                    Bannu, THORBURN.

38. « Blanc corbel trouveras avant, et un asne cornu devant et
la mer partie de mi (partagée par le milieu) que tu trouves un bon
ami. »   Proverbe ancien français.

« Quannu mai s'ha vistu asini cu li corna? »
                    Sicilien, PITRÈ.

39. « Er ist nicht schuld daran, dasz die Esel keine Hörner
haben. » — C.-à-d.: il n'a pas inventé la poudre, c'est un niais.
                    Proverbe allemand, MEDIKUS.

40. « Es ist gut dass der Esel kaan Hörner hot ! » — Il est
heureux que l'âne n'ait pas de cornes, (car il serait alors terrible
pour l'homme).   Proverbe juif allemand, TENDLAU.

41. « Si vedranno prima volar gli asini. » Italien, PESCETTI.

« E' gli si darebbe a credere che gli asini volassero. »
                    Italien, PESCETTI.

« Creder che un asen vôla. » — Credere una cosa impossibile.
Parme, MALASPINA.

« S'ainu bolat. »   Sardaigne, SPANO.

« Primeiro voarà hum asno pera o ceo. »
Portugais, PEREYRA.

42. « Asinus in tegulis. » — Quelque chose d'extraordinaire.
Proverbe latin, PETRONE, *Sat.* 45, 8.

43. « Lega l'asino dove vuole il padrone, e s'e' si scortica, suo danno. »   Proverbe italien.

« Prende s'ainu inue narat su padronu, et si morit, est a contu de su padronu. »   Sardaigne, SPANO.

« Taca l'aso dova veûl 'l padron, s'el luv lo mangia sö dan. »
Piémontais, ZALLI.

44. « Si tous disent que tu es un âne : brais. »
Proverbe français.

« Se uno, dos ó tres ti dicen que eres asno, ponte un rabo. »
Proverbe espagnol.

« If any one say, that one of thine ears is the ear of an ass, regard it not ; if he say so of them both, procure thyself a bridle. »
Proverbe anglais.

« If one, two and three say, you are an ass, put on the ears. »
Anglais.

« Si quelqu'un vous appelle âne, mettez un bât sur votre dos. » — Faites votre profit de ce qu'on vous reproche et amendez-vous.
Proverbe talmudique, SCHUHL.

« Si un seul homme te dit que tu as des oreilles d'âne, n'y fais pas attention ; mais si deux te le disent, attache-toi une bride. »
Proverbe talmudique, SCHUHL.

45. « Chi asino è e cervio esser si crede, al saltar della fossa se ne avvede. »   Italien.

« Chi asino è e cervio esser si crede, perde l'amico e danar non hà (disse Mescolino da Siena) ».   Italien, PESCETTI.

46. « Nous plaiderons. — Sur quoi ? — Sur l'ombre de l'âne. »
Locution grecque, ARISTOPHANE, *Les Guêpes.*

Les commentateurs racontent à ce propos l'anecdote
suivante :

« Un jour Demosthène ne pouvant fixer l'attention des Athéniens
sur une affaire sérieuse, se mit à leur conter une fable. Un jeune
homme avait loué un âne pour aller à Mégare. Au milieu du
chemin la chaleur était extrême, il voulut se mettre un moment à
couvert sous le ventre de sa monture. Le conducteur prétendit qu'il
n'avait pas loué l'ombre de l'âne et la dispute s'échauffa, etc. —
Les Athéniens étant devenus fort attentifs à ses paroles, Demosthène
en profita pour leur démontrer la puérilité de leur conduite.... »

Voyez ARISTOPHANE, traduction Artaud, p. 166, en note.

« Disputar dell' ombra dell' asino. »   Italien.

47. « *Caron:* qui vient ici dans l'asile du repos et de l'oubli,
vers la toison de l'âne (¹)?... »

ARISTOPHANE, *Les grenouilles*, trad. Artaud.

« Demander de la laine à un âne. »   Français.

« Dall' asino non cercar lana. »   Italien.

« Den Esel scheren. » — Faire un travail sans utilité.

Proverbe allemand.

« Vom Esel kann man nicht Wolle fordern. »   Allemand.

48. « Pour un point Martin perdit son asne. »

Proverbe ancien français.

« Par un soul poynt perdi Bretoun sa asnesse. »
Ancien français, LEROUX DE LINCY, *Le livre des proverbes*,
appendice III.

« Par un point Baudet perdit son asne. »

Ancien français, NUCÉRIN.

« Pour un poil Martin perdit son asne. »

Ducatiana, II, p. 454.

« Per un punto Martin perse la cappa. »   Italien.

« Pr'un puntu persi l'asinu la strigghia. »   Sicilien, PITRÈ.

Cf. ci-dessus p. 188, § 5.

______

(1) C.-à-d. :vers quelque chose qui n'existe pas.

Pour l'explication de quelques uns de ces proverbes voy. Leroux de Lincy, *Le livre des proverbes*, à l'article *Martin* et Pitrè, *Fiabe, Novelle e Racconti pop. sic.*, nᵒ CCXCIII et les notes qui suivent.

49. « Ce que pense l'asne ne pense l'asnier. »

Proverbe vieux français.

« L'asino e'l mulattiero non hanno lo stesso pensiero. »

Proverbe italien.

« Sette ne pensa l'asino et otto l'asinaio. »   Italien.

« Una cosa pensa l'asinu, quattru e cinen lu vurdunaru. »

Sicilien, Pitrè.

« L'asinu pensa all' oriu e lu patruni a la strata. » Sicilien, Pitrè.

« Der Esel und sein Treiber denken nicht überein. »

Allemand.

« Zeven dingen peinst de ezel, en de ezelsdrijver acht. »

Hollandais.

50. Sur le thème de la fable de Lafontaine : *Le meunier, son fils et l'âne*, voy. un article de K. Gödeke, intitulé *Asinus vulgi*, dans *Orient und Occident* I, 531-560 et dans la même collection 1, 733-735 un autre article de Gildmeister sur le même sujet. — Voyez encore F. Godefroy, *Histoire de la littérature française, Les Poètes du XVIIᵉ siècle*, p. 295.

Dans une variante savoyarde de 1603, le père moqué partout prend le parti d'aller noyer son âne :

Per empechi le gen de rire
Mon âno ira à la revire
Avoy onna pira ou cou.

Revue savoisienne, 1878, p. 75.

51. Sur la fable de Lafontaine *L'âne portant des reliques*, voy. M. Queux de Saint-Hilaire, dans l'édition qu'il a donnée des Œuvres d'Eustache Deschamps, I, 371.

52. Sur les oreilles d'âne du roi Midas voy. dans Bernhard Schmidt, *Griechische Märchen* (Leipzig, 1877), le conte nᵒ 4 et les observations de M. Koehler sur ce conte dans l'article 298 de la *Jenaer Literaturzeitung* de l'année 1878. — Voy. encore Ad. Coelho, *Contos portugueses* p. 177 et A. de Gubernatis, *Myth. zool.*, I, p. 404.

53. Sur le thème de *l'âne couvert de la peau du lion,* voyez Liebrecht, *Zur Volkskunde,* p. 119 et Lancereau, *Pantchatantra,* 1871, p. 383.

54. Dans un conte basque de M. Webster (*Basque Legends,* p. 45), un âne échappe au loup qui veut le manger en demandant à écouter une messe avant de mourir.

55. Dans un conte du Bannu (Thorburn, p. 222) l'âne que le loup veut manger, lui offre avant de mourir, de lui apprendre à monter à cheval. Une fois le loup sur son dos l'âne prend le galop et va droit au village où son cavalier est fort mal traité.

56. Dans un conte grec moderne (Hahn, II, 106) l'âne menacé par le loup lui offre d'être maire du village. Arrivé au village le loup est battu.

57. « Chercher son âne et être dessus. » Proverbe français.

« Fa coumo aqueou que sercavo soun ay et l'ero dessus. »
Prov. provençal, MILLIN, *Voyage dans le Midi,* III, 478.

« Tu sé come colui che cercava l'asino e v'era sopra. »
Proverbe italien, PESCETTI.

« Er sucht den esel und sitzt darauf. » Allemand.

Sur le paysan, qui faisant le compte de ses ânes oublie celui sur lequel il est, voyez Pitrè, *Proverbi siciliani,* IV, p. 362.

58. Sur le conte de l'âne qui boit la lune dans un seau, voyez *Orient und Occident,* I, 144.

59. Sur l'homme qui se substitue à un âne (tandis que ses compagnons emmènent l'animal pour le vendre) et qui persuade au conducteur que le charme qui l'avait transformé en bourrique est rompu, voyez Ad. Coelho, *Contos popul. portuguezes,* p. 149 et Chapelot, *Contes balzatois.*

60. Sur le conte de l'âne maraudeur qui veut faire

entendre sa belle voix malgré les conseils de son ami le chacal, voyez Lancereau, *Pantchatantra*, p. 387.

61. Dans un conte du Bannu (Thorburn, p. 209) on dresse un âne à tourner les feuillets d'un livre et l'on donne à croire qu'il sait lire.

62. Voyez dans Madame Elvire de Cerny, *Saint-Suliac et ses traditions*, Dinan, 1867, p. 13, la légende des ânes qui ravageaient le jardin d'un monastère et que saint Suliac, pour les punir, immobilisa la tête retournée sur le dos.

63. Dans un conte breton une princesse est métamorphosée en ânesse. Ses oreilles sont traversées par une épingle qui les réunit par les pointes. Il suffit de retirer cette épingle pour que l'enchantement cesse. Voyez Luzel, *Veillées bretonnes*, 1879, pp. 125 et 127.

64. — L'ANE RÉTIF OU L'UN PORTANT L'AUTRE.
Scène unique.

« *Le paysan monté sur son âne :* Aye donc, marche donc, maudit roussin ! avez-vous vu un entêté comme celui-là ? Mon petit chouchou, voyons, marche, je te donnerai de beaux chardons en arrivant. (*L'âne fait quelques pas.*) Ce que c'est que de prendre les gens par la douceur. (*L'âne s'arrête.*) Comment, mon garçon, tu t'arrêtes ; allons, hue ; allons, hue donc, diacau ; marche, mon petit poulot ; ah ! tu ne veux pas aller ; il est entêté comme un âne rouge. (*Il lui donne des coups de poing.*) Tiens, tiens, tiens ; oh ! j'ai mal au bras de le frapper ; il a le dos dur comme du fer. J'use tous les jours un bâton à le rosser. Mais comment faire ? ma femme m'attend et ma soupe aussi, et j'ai une faim accompagnée d'une soif ! (*Il bat encore son âne, l'âne le jette à terre.*) Ah ! coquin, tu me jettes à terre, tu me paieras cela à la maison. Comment faire pour m'en aller ; c'est qu'il ne veut pas marcher ! Je vois bien ce que c'est, il faut que je le porte. (*Il se baisse et le met sur son dos.*) Ah ! qu'il est lourd ; je suis dans le cas d'en attraper le torticolis. (*L'âne crie.*) Hihan ! hihan ! oui, fais hihan tant que tu voudras, tu es bien sûr de ne pas souper. (*Il sort.*). »

Répertoire du théâtre transparent à l'instar des ombres chinoises. Paris, in-18, s. d. de 71 p.

65. « Y r'semble au baudet de Jean Beaurain, y rit d' ses bêtises ! » — Cette locution a pour origine l'exclamation d'un bon paysan du siècle dernier, né à Huplandre, près Boulogne, dont l'âne, ayant fait une chûte qui cassa tous les œufs portés au marché, se mit à braire en se relevant : C'est chà, té ris encor' d' tes bêtises, fit-il.   Boulogne-sur-Mer, com. par M. E. DESEILLE.

66. « Un villageois demande à son compagnon et voisin son âne à prêter, lequel lui fit réponse qu'il ne l'avait point en sa maison et qu'il y avait bien deux jours qu'il l'avait prêté à un grand Pâquet son cousin. Or en disant cela, l'âne commença à ricaner et à mener si grand bruit qu'on eût dit que le loup le tenait aux fesses. Comment ! dit alors le villageois vous disiez l'avoir prêté au grand Pâquet votre cousin. Vertubleu, répond le voisin, croyez-vous plutôt à mon âne qu'à moi. »

Les facétieuses rencontres de Verboquet. Troyes, in-32, 1795.

Sur ce conte voyez un article de M. R. Kœhler dans *Orient und Occident*, I, 438.

67. « Que vendez-vous, Monsieur, disait un paysan à un marchand appuyé sur son comptoir ? Je vends des têtes d'ânes, répondit le marchand avec un air chagrin. Pargouai, répartit le paysan, vous en avez donc un grand débit, car il ne vous en reste plus qu'une. »

Polissoniana. Amsterdam, 1725.

68. « Les échevins faisoient pêcher dans un fossé de la ville. Lorsqu'on voulut retirer le filet, on sentit qu'il contenoit quelque chose de très pesant et l'on crut que c'étoit au moins un brochet d'une grandeur extraordinaire. Les échevins furent d'avis d'envoyer chercher le maire pour lui procurer ce spectacle intéressant. Cependant les pêcheurs tiroient le filet avec beaucoup de peine. Enfin, il parut un pied avec un fer. La curiosité anima le courage ; on souleva ce prétendu poisson. Les quatre fers parurent distinctement et tout le corps entier d'un âne. Aussitôt on cria: *brochet ferré ! allez dire à M. le Maire que ce n'est qu'un âne.* »

CHEVIGNARD DE LA PALLUE, *Les ânes de Beaune.* Genève, 1783, in-18, p. 11,

Cf. Sébillot, *Contes de la Haute-Bretagne,* 1re série (1880), p. 247.

69. « A Beaune un âne s'est mordu cruellement l'œil gauche en voulant prendre du foin à son râtelier. »

CLÉMENT-JANIN, *Sobriquets de la Côte-d'Or.* 1876, 2e partie, p. 11.

70. « Adieu la mère aux ânes (¹). — Adieu mon fils. »
Facétie, Polissoniana. Amsterdam, 1725.

71. « Sur le bord de la route de la Grande-Chartreuse se trouve un rocher à pic. Un muletier de Provence se rendant un jour à la Grande-Chartreuse avec ses mulets chargés, l'un de ces mulets fit un faux pas et roula dans l'abîme ; voyant rouler sa bête le muletier dit sans s'émouvoir :

I faudrait plus d'un miou (mulet)
Pour boucher ce trou.

Par suite on a appelé le gouffre béant : le trou ou le pas de l'âne. » BOURNE, Description de la Grande-Chartreuse, p. 29.

72. Francisque Michel, dans son Dictionnaire d'argot rapporte le passage suivant :

« Les meusniers aussi ont une mesme façon de parler que les cousturiers, appelant leur asne le grand Diable, et leur sac Raison. Et rapportant leur farine à ceux auxquels elle appartient, si on leur demande s'ils en ont point prins plus qu'il ne leur en faut, respondent : Le grand Diable m'emporte, si j'en ay prins que par raison. Mais pour tout celà ils disent qu'ils ne desrobent rien, car on leur donne. » (Les Bigarrures et Touches du seigneur des Accords, édition de M. D. CVIII, in-12, folio 61 recto).

73. « Les armes de Bourges représentent un âne dans un fauteuil, et par allusion, toutes les fois qu'on voit un homme de peu de mérite se planter dans un fauteuil en compagnie, pendant que d'autres personnes qui sont plus que lui sont assises sur des chaises on dit par ironie, il représente les armes de Bourges. »
LEROUX, Dictionnaire comique.

« Arma di Catania, un' asino in una catedra. » Italien, DUEZ.

74. « When the Arabs see the ass turn tail to the wind and rain they exclaim : lo ! he turneth his back upon the mercy of Allah ! »
R. BURTON, A pilgrimage to Mecca.

75. « Quand un âne vient à braire on dit : ton âne demande son couteau. »
Jouarre (Seine-et-Marne), communiqué par M. H. CARNOY.

---

(1) Ces paroles sont mises dans la bouche d'un gamin interpellant une femme qui conduit des ânes.

76. « Quand un âne se met à braire on engage une personne à ôter sa coiffure, sous un prétexte quelconque et puis on se moque d'elle en disant qu'elle a salué un âne. »

Facétie communiquée par M. S. EBRARD.

77. Sur la prose de l'âne : *Orientibus partibus adventavit asinus* que l'on chantait autrefois à la fête de l'âne ou des fous, voyez *Annales archéologiques de Didron*, juillet 1847 ; De Busserolles, *Notice sur les fêtes des ânes et des fous qui se célébraient au moyen-âge dans un grand nombre d'églises et notamment à Rouen, Beauvais, Autun*, etc., in-8, s. d.

78. « L'âne a eu souvent l'honneur de porter Jésus-Christ, par exemple lors de son entrée à Jérusalem. En signe de reconnaissance, Notre Seigneur l'a marqué au dos du signe de la croix. »

Tradition générale en France.

« L'âne est le seul animal respecté par la foudre. Il a sur le dos une croix de poils plus foncés que le reste de sa robe. Jésus-Christ lui a accordé ces avantages parce que c'est monté sur cet animal qu'il a fait son voyage d'Égypte. »

Rouvray Saint-Denis (Eure-et-Loir), comm. par M. J. POQUET.

79. « L'homme pervers sera transformé (dans l'autre monde) en âne et celui qui n'a pas été rusé le montera. »

Proverbe mandchou, KLAPROTH.

80. « La bourrique a tourné le foiron. » — La chance a tourné.

Bas langage, L. RIGAUD.

81. « Un médecin polonais, qui voyageait en Palestine, fut appelé un jour pour aller donner ses soins à un riche arabe qui avait été pris d'une forte colique. Arrivé à la demeure du malade, il fut introduit dans une chambre où régnait une odeur insupportable ; là il vit plusieurs femmes accroupies autour d'un lit oriental d'où sortaient deux longues oreilles d'âne. Poussé par un sentiment de curiosité, le docteur s'approcha, et ayant soulevé à demi les immenses couvertures empilées, il mit à découvert le museau de l'animal ; se croyant l'objet d'une mystification, il se retourna vers le harem, jurant qu'il irait se plaindre au pacha et que l'on paierait

cher cette plaisanterie. Mais quel fut son étonnement lorsqu'il entendit, tout à coup, paraissant sortir du corps de l'âne, une voix humaine s'écrier en turc : « Par Mahomet, que je souffre ! » tout aussitôt le docteur jeta de côté les couvertures, et ayant coupé la peau d'âne, il en retira le malheureux arabe, qui était sur le point d'être asphyxié et qui, grâce au remède, se trouva bientôt rétabli. Il paraît qu'un santon, consulté sur le moyen de guérir le malade, avait ordonné d'écorcher vivant un pauvre âne de trois ans, et de le coudre dans sa peau. Ce traitement insensé avait été suivi à la lettre, et depuis six heures l'infortuné patient étouffait dans l'ignoble défroque, où il serait infailliblement mort sans l'arrivée du médecin européen. »   PIEROTTI, *Notions sur qq. anim. de la Palestine*. 1869.

82. « Pour guérir les *oreillons* (tuméfaction de la glande parotide) il faut faire boire l'enfant malade dans un vase qui vient de servir à abreuver un âne. »   BESSIÈRES.

Cf. ci-dessus, p. 195, § 47.

83. « Les Transylvains plantent sur le point le plus élevé d'un édifice qui vient d'être construit, une tête d'âne pour empêcher les sorciers de faire tomber la foudre sur la maison. »
Dr E. LÉGER, *Voyage en Moldavie*.

84. « Monter sur l'âne — montar sopra l'asino, *metaph.* fallire, far bancarotta. »   DUEZ, *Dictionnaire français-italien*.

Sur la punition qui consiste à faire promener quelqu'un sur un âne, voyez Liebrecht, *Zur Volkskunde*, pp. 387, 429 et 509.

85. « Einem Eselsohren aufsetzen. » — Faire les cornes à quelqu'un avec les doigts.   Allemand.

« Einem den Esel stechen. » — Den zeige und kleinen finger gegen ihn ausstrecken, während die übrigen drei eingebogen werden ; asinibus auribus manu effictis illudere.
Allemand, GRIMM.

86. « Einen auf den Esel setzen, bringen. » — Faire mettre quelqu'un en colère.   Allemand.

87. « ... J'avais remarqué que l'âne pris à Jaffa avait les oreilles comme déchiquetées. J'en voulus savoir la cause, et voici ce qui

me fut raconté ; il est d'usage, quand un animal a été trouvé paissant dans le pâturage d'autrui, que celui à qui appartient le champ inflige une punition à l'imprudent maraudeur. D'ordinaire, il lui coupe un bout d'oreille. L'entaille est plus ou moins considérable, selon la gravité du dommage. Quelquefois, au lieu du bout, c'est le rebord de l'oreille du coupable que déchire l'impitoyable sécateur. Le nombre des entailles, en indiquant celui des rechutes, constitue à la bête une défaveur qui la dégrade au moral et la déprécie matériellement. Un âne, flétri de cette marque, passe pour un relaps entêté, dont le caractère n'est pas sûr, ou pour un sot, qui n'a pas su prévenir par une prompte fuite l'outrage d'un pareil châtiment. »

PIEROTTI, *Notions sur qq. animaux de laPalestine*. 1869.

88. — LE TESTAMENT DE L'ANE.

Chanson.

Mon âne est chu dans un fossé
    Hé hé,
La pauvre bête est morte,
Hi han, hi han !

Elle avait fait son testament
    Hi han !
Avant d' rendre l'âme
Hi han, hi han !

Je donne à mes petits enfants
    Hi han !
Mon bât et ma croupière
Hi han, hi han !

Je donne au notaire que voici
    Hi hi !
Mes deux longues oreilles,
Hi han, hi han !

Je donne à M. le curé
    Hé hé !
Le trou de mon c.. pour boire
    Hi han, hi han !

      Eure-et-Loir, recueilli personnellement.

Cf. Bujeaud, *Ch. de l'Ouest*, I, p. 61 ; Cénac-Moncaut, *Litt. pop. de la Gascogne*, p. 456 ;
Wenzig, *Westslawischer Marchenschatz*. 1870, p. 219 (chanson tchèque).

89. — L'ANE MANGÉ AU MOULIN.

Chanson.

Quand Margoton s'rend au moulin,
Filant sa quenouille de lin,
Ell' monte sur son âne.
Ah ! l'âne ! ah ! l'âne ! ah ! l'âne !
Ell' monte sur son âne Martin
Pour aller au moulin.

Quand le meunier la voit venir,
De rire il ne peut se tenir ;
« Attache là ton âne ;
« Ah ! l'âne ! ah ! l'âne ! ah ! l'âne !
« Attache là ton âne Martin
« A la port' du moulin. »

Pendant que le moulin moulait,
Le meunier la belle embrassait ;
Le loup a mangé l'âne ;
Ah ! l'âne ! ah ! l'âne ! ah ! l'âne !
Le loup a mangé l'âne Martin
A la port' du moulin.

« J'ai douze écus dans mon gousset,
« Prends-en cinq et laisse m'en sept ;
« T'achèteras un âne ;
« Ah ! l'âne ! ah ! l'âne ! ah ! l'âne !
« T'achèteras un âne Martin
« Pour venir au moulin. »

Le mari, la voyant venir,
De gronder ne put se tenir ;
« Ce n'est pas là mon âne ;
« Ah ! l'âne ! ah ! l'âne ! ah ! l'âne !
« Ce n'est pas là mon âne Martin
« Qui t' portait au moulin.

« Mon âne avait les quatr' pieds blancs,
« Et les oreill's se rabattant ;

« On m'a changé mon âne ;
« Ah ! l'âne ! ah ! l'âne ! ah ! l'âne !
« On m'a changé mon âne Martin
« A ce maudit moulin.

« Le bout de sa queue était noir,
« Je suis volé ; c'est clair à voir ;
« Longtemps j' pleur'rai mon âne ;
« Ah ! l'âne ! ah ! l'âne ! ah ! l'âne !
« Longtemps j' pleur'rai mon âne Martin
« Qui m' portait au moulin. »

— « Ne sais-tu pas, pauvre nigaud,
« Que les bêtes changent de peau ?
« C'est ce qu'a fait ton âne :
« Ah ! l'âne ! ah ! l'âne ! ah! l'âne !
« C'est ce qu'a fait ton âne Martin
« En allant au moulin. »

Richard, Chansons populaires de France.

Variante :

Mariann' s'en allant au moulin
Pour y faire moudre son grain,
Ell' monta sur son âne,
Ma p'tite mamsell' Marianne,
Ell' monta sur son âne Martin
Pour aller au moulin.

Le meunier qui la voit venir
Ne peut s'empêcher de lui dire,
Attachez-là votre âne,
Ma p'tite mamsell' Marianne,
Attachez-là votre âne Martin
Qui vous mène au moulin.

Pendant que le moulin tournait
Avec le meunier ell' riait,
Le loup mangea son âne,
Pauvre mamsell' Marianne,
Le loup mangea son âne Martin
A la port' du moulin.

Le meunier qui la voit pleurer
Ne peut s'empêcher d' lui donner
De quoi ravoir son âne,
Ma p'tite mamsell' Marianne,
De quoi ravoir un âne Martin
Pour aller au moulin.

Son père qui la voit venir
Ne peut s'empêcher de lui dire,
Ce n'est pas là notre âne,
Ma p'tite mamsell' Marianne,
Ce n'est pas là notre âne Martin
Qui allait au moulin.

Notre âne avait les quatr' pieds blancs
Et les oreill's à l'avenant,
Et le bout du nez pâle,
Ma p'tite mamsell' Marianne,
Oui le bout du nez pâle, Martin
Qui allait au moulin.

DUMERSAN, *Chansons et Rondes enfantines*. Paris, 1846.

Cf. *Mém. de la soc. de Cambrai*, t. XXVIII, p. 520 ; Tarbé, *Romancero de Champagne*, II, p. 255 ; Puymaigre, *Ch. pop. du pays messin*, p. 349 ; Cénac-Moncaut, *Litt. pop. de la Gascogne*, p. 321 ; Moriz Haupt, *Französische Volkslieder*, 1877, p. 76 ; Sébillot, *Littérature orale de la Haute Bretagne*, p. 272 ; Bujeaud, *Chansons de l'Ouest*, t. I, p. 107.

90. — L'ANE ET LE LOUP.

Chanson.

Eh ! Eh ! Eh !
Mon père avait un âne
Qui s'app'lait Jamais Soûl. (*bis*)

Eh ! Eh ! Eh !
I' l'envoyait à l'herbe
Deux heures avant le jou. (*bis*)

Eh ! Eh ! Eh !
Dans son chemin rencontre
Eh ! Compère le loup. (*bis*)

Eh ! Eh ! Eh!
Où vas-tu compèr' l'âne
Deux heur' avant le jou ? (*bis*)

Eh ! Eh ! Eh !
J' viens t'inviter d'la noce
Qui s'fait demain cheux nous.   (*bis*)

Eh ! Eh ! Eh !
Tu mang'ras d'la galette,
Du pâté tout ton soûl.   (*bis*)

Eh ! Eh ! Eh !
Quand le mond' fut à table,
Tout l' mond' criait : « Au loup ! »   (*bis*)

Eh ! Eh ! Eh !
I' sauta par la f'nêtre,
Et se cassa le cou.   (*bis*)

Le Charme (Loiret), com. par M. L. BEAUVILLARD.

Cf. Montel et Lambert *Ch. pop. du Lang.*, I, p. 471, 473 ; Cénac Moncaut, *Litt. pop. de la Gascogne*, p. 459 ; Bujeaud, *Ch. de l'Ouest*, II, 319 et 321.

Variante : Noté en 6/8 au lieu de 6/4, conformément à l'usage moderne.

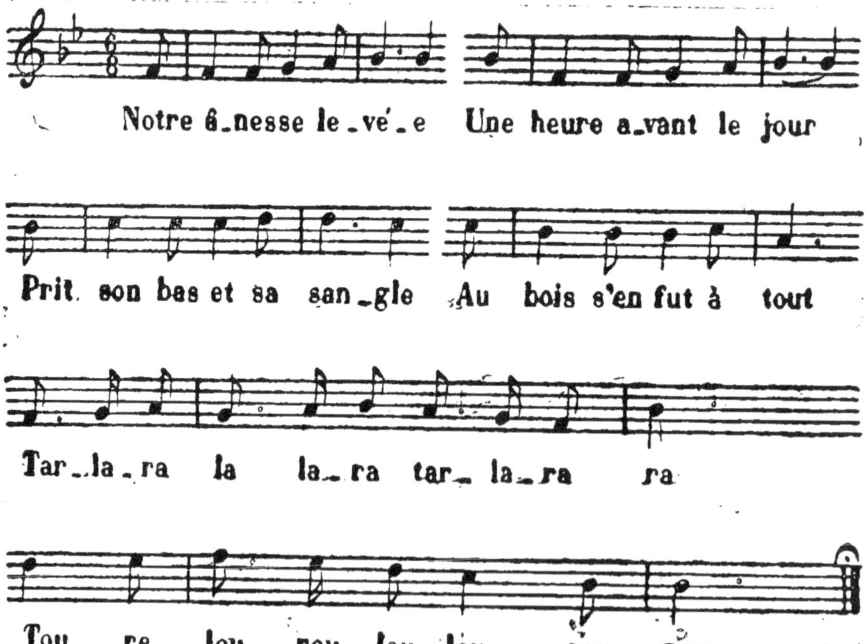

Notre ânesse levée,
Une heure avant le jour
Prit son bas et sa sangle
Au bois s'en fût à tout ;

Tarlara, la, lara, tarlara, ra,
Tourelourou, lou, lourou, rou.

Prit son bas et sa sangle
Au bois s'en fût à tout ;
En son chemin rencontre
Son compère le loup.
Tarlara......

En son chemin rencontre
Son compère le loup ;
Où vas-tu ma commère ?
Je te mangeray tout.
Tarlara.....

Où vas-tu ma commère ?
Je te mangeray tout ;
Non feras, mon compère,
Tu viendras avec nous.
Tarlara....

Non feras, mon compère,
Tu viendras avec nous
Je m'en vas à la nôce,
Tu en seras étou.
Tarlara.....

Je m'en vas à la nôce
Tu en seras étou ;
Quand il fut à la nôce
Il s'assit au haut bout.
Tarlara.....

Quand il fut à la nôce
Il s'assit au haut bout,
Madame l'épousée
Je m'en vas boire avec vous.

Ballard, *Les Rondes, etc.* Paris, p. 268, in-12, 1724.

91. — NOTRE ANE.

Ronde.

Notre âne, notre âne
A bien mal à la têt';
Madam' lui fit faire
Un bonnet pour ses fêt',
Un bonnet pour ses fêt'
Et des souliers lilas, la, la,
Et des souliers lilas.

Notre âne, notre âne
A bien mal à son cou :
Madam' lui fit faire
Un collier de velours.
Un collier de velours ;
Un bonnet pour ses fêt',
Et des souliers lilas, la, la,
Et des souliers lilas.

Notre âne, notre âne
A bien mal aux oreill'
Madam' lui fit faire
Un' pair' de bouc' d'oreill';

Un' pair' de bouc' d'oreill',
Un collier de velours,
Un bonnet pour ses fêt'
Et des souliers lilas, la, la,
Et des souliers lilas.

Notre âne, notre âne,
A bien mal aux épaul' ;
Madam' lui fit faire
Un' paire d'épaulett' ;
Un' paire d'épaulett',
Un' pair' de bouc' d'oreill',
Un collier de velours,
Un bonnet pour ses fêt'
Et des souliers lilas, la, la,
Et des souliers lilas.

Notre âne, notre âne,
A mal à l'estoma ;
Madam' lui fit faire
Un très beau cataplass' ;
Un très beau cataplass',
Un' paire d'épaulett',
Un' pair' de bouc' d'oreill',
Un collier de velours,
Un bonnet pour ses fêt',
Et des souliers lilas, la, la,
Et des souliers lilas.

Notre âne, notre âne,
A bien mal à son ventr' ;
Madam' lui fit faire
Un' salade aux orang' ;
Un' salade aux orang'
Un très beau cataplass',
Un' paire d'épaulett',
Un' pair' de bouc' d'oreill',
Un collier de velours,
Un bonnet pour ses fêt',
Et des souliers lilas, la, la,
Et des souliers lilas.

> Notre âne, notre âne,
> A bien mal à ses jamb' ;
> Madam' lui fit faire
> Un' culott' de velours ;
> Un' culott' de velours,
> Un' salade aux orang',
> Un très beau cataplass',
> Un' paire d'épaulett',
> Un' pair' de bouc d'oreill',
> Un collier de velours,
> Un bonnet pour ses fêt',
> Et des souliers lilas, la, la,
> Et des souliers lilas.
>
> Notre âne, notre âne
> A bien mal à ses pieds ;
> Madam' lui fit faire
> Des souliers en papier ;
> Des souliers en papier,
> Un' culott' de velours,
> Un' salade aux orang',
> Un très beau cataplass',
> Un' paire d'épaulett',
> Un' pair' de bouc' d'oreill',
> Un collier de velours,
> Un bonnet pour ses fêt'
> Et des souliers lilas, la, la,
> Et des souliers lilas.

Le Charme (Loiret), com. par M. Louis BEAUVILLARD.

Variante (fragment) :

> Notre âne, notre âne,
> Il a mal à la patte.
> Madame lui a fait faire
> Un joli patatoire,
> Et des souliers lilas, la, la,
> Et des souliers lilas !
>
> Notre âne, notre âne,
> Il a bien mal au ventre.
> Madame lui a fait faire
> Un joli ventrouilloire,

Et des souliers lilas, la, la,
Et des souliers lilas !

E. Zola, *L'Assommoir* (roman).

Cf. Blavignac, l'*Emprô genevois*, p. 93.

92. — L'ANE RETROUVÉ PAR MORCEAUX.
Chanson.

Quand le pauvr' homme revint du bois (*bis*).
Et rencontra la tête de son âne
Que le loup n'avait pas mangée :
« Ma pauvre tête, ma pauvre tête
Toi qui chantais si bien les vêpres
    La bredondaine
Les vêpres et les rogations
La bredondaine, la bredondon. »

Quand le pauvre homme revint du bois (*bis*).
Et rencontra l'oraille de son âne
Que le loup n'avait pas mangée :
« Pauvre oraille ! pauvre oraille !
Toi qui portais si bien la muraille
    La bredondaine
La muraille et les murons
La bredondaine, la bredondon. »

Quand le pauvr' homme revint du bois (*bis*).
Et rencontra l'échine de son âne
Que le loup n'avait pas mangée :
« Pauvre échine ! pauvre échine !
Toi qui portais si bien la farine
    La bredondaine
La farine, aussi les sons
La bredondaine, la bredondon. »

Quand le pauvr' homme revint du bois (*bis*).
Et rencontra la queue de son âne
Que le loup n'avait pas mangée :
« Pauvre queue ! pauvre queue !
Toi qui chassais si bien les mouches
    La bredondaine
Les mouches et les moussillons
La bredondaine, la bredondon. »

Sâone-et-Loire, rec. pers.

Variante :

Parlé. Quand le pauvr' homme revint du bois
Et rencontra la tête de son âne
Que le loup n'avait pas mangée :
« Ma tête ! ma pauvre tête !
Tu ne chanteras plus les vêpres !!
Chanté. Ni vêpres, ni Te Deon (*Te Deum*)
La bredondaine, *(bis)*.
Ni vêpres, ni Te Deon
La bredondaine, la bredondon. »

Parlé. Quand le pauvr' homme revint du bois
Et rencontra le pied de son âne
Que le loup n'avait pas mangé :
« Ah ! pied ! mon pauvre pied !
Tu ne marcheras plus dans la crotte
Chanté. Dans la crotte jusqu'au talon
La bredondaine *(bis)*.
Dans la crotte jusqu'au talon
La bredondaine, la bredondon. »

Parlé. Pauvr' homme en revenant du bois
A rencontré le dos de son âne
Que le loup n'avait pas mangé :
« Ah ! dos ! mon pauvre dos !
Tu ne porteras plus les sacs
Chanté. Du moulin à la maison
La bredondaine *(bis)*.
Du moulin à la maison
La bredondaine, la bredondon. »

Parlé. Quand le pauvr' homme revint du bois
Et rencontra la quieue de son âne
Que le loup n'avait pas mangée :
« Ah ! quieue ! ma pauvre quieue !
Tu n'chasseras plus les mouches
Chanté. Tout à l'entour du troufignon
La bredondaine *(bis)*.
Tout à l'entour du troufignon
La bredondaine, la bredondon. »

Saône-et-Loire, rec. personnellement.

Variante :

Quand l' bonhomm' revint du bois (*bis*).
Trouvit la peau de son âne
Que le loup avait mangé !
  Ah ! pauvre bête !
Qui n'ira plus jamais paître
Tout autour de ce buisson,
La verdon, la verdondaine,
Tout autour de ce buisson
La verdon, la verdondon.

Quand l' bonhomm' revint du bois (*bis*).
  Trouvit le pied de son âne

Que le loup avait mangé !
　Ah ! pauvre pied !
Qui n' s'ra plus jamais ferré
De la main d' aucun forg'ron
La verdon, la verdondaine
De la main d' aucun forg'ron
La verdon, la verdondon.

Quand l' bonhomm' revint du bois　(*bis*).
Trouvit la quoue de son âne
Que le loup avait mangé !
　Ah ! pauvre quoue !
Dont i n'est plus qu'un p'tit bout
Tu n' chass'ras plus le mouch'ron
La verdon, la verdondaine
Tu n' chass'ras plus le mouch'ron
La verdon, la verdondon.

Quand l' bonhomm' revint du bois　(*bis*).
Trouvit l'échin' de son âne,
Que le loup avait mangé !
　Ah ! pauvre échine !
Qui n' portera plus de farine
Du moulin à la maison
La verdon, la verdondaine
Du moulin à la maison
La verdon, la verdondon.

Quand l' bonhomm' revint du bois　(*bis*).
Trouvit la tête de son âne
Que le loup avait mangé !
　Ah ! pauvre tête !
Qui malgré tout son air bête
N'écoutait point les sermons
La verdon, la verdondaine
N'écoutait point les sermons
La verdon, la verdondon.

Quand l' bonhomm' revint du bois　(*bis*).
Trouva l'oreill' de son âne
Que le loup avait mangé !
　Ah ! pauvre oreille !
Qui n'avait pas sa pareille

> De Guichen jusqu'à Baulon
> La verdon, la verdondaine
> De Guichen jusqu'à Baulon
> La verdon, la verdondon.

Ronde du canton de Bain (Ille-et-Vilaine), com.
par M. Ad. ORAIN.

Variante (fragment) :

Chanté.   Quand le bonhomme revint du bois
La berdon, la berdon, la berdondaine
Quand le bonhomme revint du bois
La berdondaine, la berdondon,
Il trouva la queue de son âne
La berdon, la berdon, la berdondaine
Il trouva la queue de son âne
La berdondaine, la berdondon.

Parlé.   Queue, pauvre queue
Tu n' serviras plus d'émoucheux

Chanté.   Tout à l'entour du troufignon
La berdon, la berdon, la berdondaine
Tout à l'entour du troufignon
La berdondaine, la berdondon.

Seine-et-Oise, recueilli personnellement.

Cf. Bujeaud, *Chants de l'Ouest*, I, 63. — Montel et Lambert, *Chants populaires du Languedoc*, I, 464, 468, 470.

93. — JE VOUS VENDS MON ANE ET MA MULE (*Jeu*).

« Ceux qui savent ce jeu doivent se charger de le commencer, tant pour en régler la marche et juger si les réponses sont valables ou condamnables, que pour l'annoncer à tous les joueurs ; celui qui est chargé de la fonction de juge annonce le jeu en ces termes :

« Mesdames et messieurs, ânes et mules à vendre, procédons à l'encan. Puis, s'adressant à l'un des hommes ou des dames, il dit : Monsieur ou Madame, offrez votre bête.

« Si c'est une dame qui commmence, elle doit dire au cavalier qui est après elle : Je vous vends ma mule.

« Le cavalier répond : Par où voulez-vous que je la prenne pour l'emmener ?

« La réponse de la dame doit être : Par où vous voudrez.

« Si l'on ne dit cependant que ces quatre mots, le juge du jeu prononce : *en fourrière !* et l'acheteur a droit de prendre la dame par la main, par les cheveux, par l'oreille, enfin partout où il lui plaît, sans blesser la bienséance. Il la fait lever, en lui disant: Venez vous-en, belle mule ; je vais vous loger. Il la conduit dans un coin, en lui disant : Vous ne sortirez pas de là que vous n'ayez gagné votre avoine.

« Le cavalier revient dans le cercle à sa place, et s'adressant à la dame qui est après lui, il lui dit à son tour . je vous vends mon âne.

« La dame lui demande à son tour : Par où voulez-vous que je le prenne pour l'emmener ? Si ce cavalier répond simplement comme la première dame, *par où vous voudrez*, le juge prononce : *en fourrière !* et la dame le prend de même par où elle veut, en disant : Venez bel âne, je vais vous loger. Elle le conduit dans un autre coin, ou derrière une porte, ou dans un cabinet, où elle le consigne par ces mots : Vous ne sortirez pas de là que vous n'ayez gagné votre son : et elle revient ensuite à son tour vendre sa mule au cavalier qui la suit.

« La manière d'éviter la fourrière est d'ajouter un simple mot qui doit précéder la réponse, de cette manière : *Ah ! par où vous voudrez. Oh ! par où vous voudrez. Mais, par où voudrez. Dame, par où vous voudrez*, etc. Ce sont ceux ou celles qui ignorent cette petite finesse qui sont conduits en fourrière, et qui, pour en sortir, doivent exécuter une pénitence, que ceux qui sont restés au jeu leur ordonneront, lorsqu'il sera fini ; d'où il arrive que ceux qui savaient bien le jeu s'étant servi de l'un des quatre mots, *ah ! oh ! mais, dame*, ont entendu le juge prononcer de son tribunal, à la tête du cercle, au lieu du mot en *fourrière*, ceux-ci : *laissez-le à l'écurie.*

« Ainsi, à la fin du jeu, tous ceux qui sont restés à l'écurie, c'est-à-dire sur leur chaise, font venir devant eux, au milieu du cercle, chacun de ceux qui sont en fourrière, et lui commandent, à leur volonté, une pénitence que l'autre doit accomplir aussitôt. Après quoi il reprend sa place avec les autres, et ordonne conjointement une pénitence à ceux qui viennent après, jusqu'au dernier, par qui le jeu se termine.

« Ce que ce jeu offre d'amusant est la position de tous ceux qui sont en fourrière à chaque portion de l'appartement, dont le conducteur a le droit de varier les attitudes et de les rendre agréables ou pénibles, suivant sa volonté, en les plaçant soit dessus ou dessous une table, debout ou assis, ou même à genoux, dans un coin, ou derrière une porte, devant ou loin du feu, sur une bergère, sur un canapé, un bras étendu, ou les bras croisés, ou enfin de toute autre manière possible, et dans laquelle on est obligé d'attendre la fin du jeu, jusqu'à ce qu'on soit appelé par le juge pour comparaître au milieu du cercle, et y subir la pénitence.

« Quoique ce jeu n'exige aucun effort d'esprit ou de mémoire, il est au rang des jeux d'esprit, à cause du tact qu'il exige pour ne pas abuser de la manière de conduire en fourrière ceux qui en ignorent la règle, ainsi que pour la place où on les met et l'attitude qu'on leur fait prendre, la manière qu'on peut se permettre avec un homme ne pouvant convenir avec une dame, et la politesse et les égards qu'il faut y mettre supposant esprit, éducation et usage du monde. »

Petit savant de société. Paris, s. d. in-32, tome II.

94. — L'ANE SAVANT.

Pénitence de jeu.

« Celui qui ordonne cette pénitence se réserve généralement d'être le maître de l'âne savant. Celui-ci est toujours un cavalier ; après qu'il s'est mis à quatre pattes, son maître lui commande de dévoiler les défauts des assistants.

— Allons, mon âne, dites-moi quelle est la dame la plus coquette de la société ?

« L'animal va de l'une à l'autre personne, flairant les robes, et s'arrêtant devant celle qu'il veut indiquer comme étant la plus coquette, en hochant plusieurs fois la tête.

« Et ainsi des autres demandes. »

L'art de s'amuser en société. Paris, 1868, p. 79.

95. « *Zugar a l'asnén—*fare all' asino. » Giuoco nel quale si nota di celato un numero non maggiore di quello de' giocatori e si fa poscia con ischerzi che taluno de' compagni lo nomini perchè cosi perda una posta. Parme, MALASPINA.

96. « *All' asino* — jeu de cartes, appelé en français *à l'homme.* » Italien, DUEZ.

97. « Fare a scarica l'asino. » — Premier sens : Jouer aux dames rabattues. Deuxième sens : se décharger sur quelqu'un, mettre sur le dos d'autrui ses propres fautes. Italien, DUEZ.

98. « Anidou porte chair et chair le porte, hélas ! ce pauvre anidou il n'a ni chair ni ous (os). (¹) » — La selle que l'on met sur l'âne. Devinette du Loiret communiquée par M. J. POQUET.

EQUUS MULUS. — LE MULET (²).

I.

1. L'ensemble des mulets, mules et muletons, est appelé :

LA MULASSE, *f*. Poitou.

LA MULETAILLE, *f*. ancien français, Duez.

2. Le mâle est appelé :

MUL, *m*. (= lat. *mulus*), Alpes cottiennes, Chabrand. — Lauragais, communiqué par M. P. Fagot.

MIOUL, *m*. Narbonne, Montel et Lambert, p. 442.

MIOU, *m*. Gard, communiqué par M. P. Fesquet.

MUOUR, *m*. Alpes cottiennes, Chabrand et Rochas.

MULET, *m*. français.

MULÈT, *m*. languedocien, provençal moderne.

MILET, arrondissement de Saint-Dié, L. Adam.

MULOT, *m*. Côte-d'Or, communiqué par M. H. Marlot. — Neufchâteau (Vosges), L. Adam.

MUET, *m*. Bagnard, Cornu.

MOÉLÉ, *m*. Bas Valais, Gilliéron.

MIOULAS *m*. (= gros mulet), Gard, com. par M. P. Fesquet.

3. La femelle est appelée :

MULO, *f*. provençal moderne. — languedocien. — béarnais.

MULE, *f*. français.

---

(1) Quel est le sens du mot *anidou ?* — Une énigme littéraire dont la solution est *selle de cheval* commence ainsi : « Maigre dos porte chair et chair aussi le porte. » Berthelin, *Recueil d'énigmes*. Paris, 1746, p. 4.

(2) C'est le produit de la jument avec le baudet. On sait que le mulet et la mule sont inféconds. — Le mulet produit par l'accouplement du cheval avec l'ânesse s'appelle *bardeau* ou *bardot* en français, *mulari* ou *bougre* dans le Poitou d'après une communication de M. L. Desaivre.

MIOLO, *f.* Gard, communiqué par M. P. Fesquet.

MUOURO, *f.* Alpes cottiennes, Chabrand et Rochas.

MUA, *f.* Bagnard, Cornu.

MIOULASSO, *f.* (= grosse mule) Gard, com. par M. P. Fesquet.

4. Dans leur jeunesse les mulets portent les noms suivants :

MULETON, *m.* français.

MULOT, *m.* Deux-Sèvres, communiqué par M. B. Souché.

TÉTON, *m.* (jusqu'à six mois) Faucigny, Leschevin, *Voyage à Genève et à Chamouni*, p. 337.

TETRON, *m.* TETROUNE, *f.* (jusqu'à six mois), Deux-Sèvres, com. par M. L. Desaivre.

JETON, *m.* JETONNE, *f.* GITON, *m.* GITONNE, *f.* (depuis le sevrage jusqu'à un an), Poitou, Vendée.

DOUBLON, *m.* DOUBLONNE, *f.* (= petit mulet, petite mule d'un an), Poitou, E. Ayrault.

DOUBLERON, *m.* DOUBLERONNE, *f.* Deux-Sèvres, communiqué par M. L. Desaivre.

5. On appelle quelquefois *ministres* les mulets et les ânes. On en donne l'explication suivante :

« Les mulets de bât qui, dans les guerres d'Afrique, portaient les munitions et les bagages des colonnes expéditionnaires à travers les plaines et les montagnes, où aucune route n'était tracée, étaient chargés de sacs de toile sur lesquels on lisait l'inscription suivante : MINISTÈRE DE LA GUERRE. Mais les soldats, à force de lire ces mots, avaient fini par les abréger, et disaient du mulet, quand ils le voyaient arriver au campement apportant leur pitance : « Voilà le ministre ! »

6. « On appelle *rafar* un mulet de plus de cinq ans. »

Gard, communiqué par M. P. Fesquet.

7. Celui qui conduit les mulets est appelé :

MULETIER, *m.* français.

MELATIÉ, *m.* Gard, communiqué par M. P. Fesquet.

8. Robes de la mulasse :

« Parmi les noms que l'on donne aux mulets d'après la couleur de

leur robes, nous citerons : *bouchard* = noir zinc ; *boyard* = noir
avec des lavures blanchâtres au nez, au pourtour des ouvertures
naturelles, au plat des cuisses et des avant-bras ; *caille* = alezan
brûlé avec miroitures ; *biche* = alezan très clair, café au lait ;
robin = bai avec toutes ses nuances ; *péchard* = aubère ; *pigeau*
ou *pigaille* = couleur pie. »
Poitou, E. AYRAULT, De l'industrie mulassière.

9. Les mulets ont souvent sur le dos une raie de couleur
plus foncée que le reste de la robe, qu'on appelle *raie de
mulet*.

10. Sur les cris dont on se sert pour faire marcher les
mulets, tels que *arri!* etc., voyez Montel et Lambert,
p. 274 ; voyez aussi Diez, s. v° *arriero*, mot espagnol.

11. « On dit que quelqu'un est *rembourré comme un bât de
mulet* quand il a beaucoup d'habits les uns sur les autres et lorsque
cela le grossit beaucoup. »   LEROUX, *Dict. comique.*

12. « Quand un homme fait attendre un autre à la porte, ou à
quelque rendez-vous, jusqu'à l'impatienter, on dit qu'*il le fait garder le mulet.* »   LEROUX, *Dict. comique.*

« Far la mula del medico — attendre. »   Loc. italienne.

13. « *Ferrer la mule* se dit des valets et des servantes qui pro-
fitent de quelque petite chose en achetant les denrées, qu'ils
comptent au maître ou à la maîtresse un peu plus cher qu'on ne
les leur a vendues. »   Ancienne locution française.

14. « Il fredonne comme le cul d'un mulet. » — Se dit quand on
veut se moquer de quelqu'un qui croit bien chanter.

15. « Demeurer à pied entre deux mulets. »
Loc. française, Comédie des proverbes.

16. « Es emplumassado coum' uno miolo limounieiro. » — Elle
est couverte de plumes comme une mule mise au limon (qui marche
la première).   Gard, com. par M. P. FESQUET.

17. « A vieille mule frein doré. » — Se dit par reproche à une
vieille femme qui se pare ou se farde.
LEROUX, Dictionnaire comique.

« A mula velha cabeçadas novas. »   Portugais, PEREYRA.

18. « Tu inviti una mula spagnuola a i calci. »
        Italien, PESCETTI.

19. « Non si può strigliare e tener la mula. »   Italien.

20. « Entêté comme un mulet. »   Proverbe français.

« Fantasque (ou têtu) comme une mule. »   Prov. français.

« Fantasque comme la mule du pape. »   Prov. français.

« Il est quinteux comme la mule du pape, qui ne boit et mange qu'à ses heures. »   Proverbe français, RABELAIS.

« Testùd coum' un mioù. »   Gard, com. par M. P. FESQUET.

« Entêté comme un mulet rouge. »
        Poitou, DESAIVRE, *Croyances*, etc.

21. « Fier comme un mulet de Provence. »
        Côte-d'Or, com. par M. H. MARLOT.

« Entêté comme un mulet de Provence. »
        Locution française, com. par M. S. EBRARD.

22. « È piu vizioso d'una mula spagnuola. »
        Italien, PESCETTI.

23. « Il travaille comme un mulet, il est chargé comme un mulet. » — Se dit lorsque quelqu'un porte de grands fardeaux et qu'il est de grande fatigue.   LEROUX, *Dict. comique.*

24. « Testa di lucerta, collo di grua, gambe di ragno, pancia di vacca, groppa di valdracca vuole haver la bella mula. »
        Proverbe italien, PESCETTI.

25. « La rancune d'un mulet dure sept ans selon les uns, trente ans selon les autres. »   Doubs, com. par M. B. SOUCHÉ.

26. « Et tu crois à ce sortilège ? — Moi ! pas plus qu'à la vertu du derrière de la mule du pape.... »
        Edouard CORBIÈRE, *Le Négrier.* Paris, 1834, in-8.

27. « La mule ne produit pas, elle ne souffre pas de la douleur de son petit. »   Proverbe basque, FABRE.

« Le mulet stérile que peut-il me donner ? »
        Proverbe talmudique, SCHUHL.

« *Marc'h-mul*, cheval-mulet (= impuissant, propre à rien) est un terme d'injure fréquemment employé dans le Finistère. »

Com. par M. Sauvé.

28. « Une bonne chèvre, une bonne mule et une bonne femme sont trois mauvaises bêtes. »

Prov. français, *Théâtre des boulevards*, 1756, I, p. 8.

« Bonne mule, mauvaise bête. »　　　　　Proverbe français.

« Bono miolo, marido bestio. »

Languedoc, comm. par M. P. Fesquet.

« Bono fenno, bono cabro e bono miolo, tres maridos bestios. »

Languedoc, com. par M. P. Fesquet.

« Mulo, buon mulo, ma cattiva bestia. »　　　Italien, Pescetti.

29. « Il se faut garder du devant d'un toreau, du derrière d'une mulle et de tous costez d'une femme. »

Glossaire de l'ancien théâtre français.

« Beware of the forepart of a woman, the hind-part of a mule and all sides of a priest. »　　　　　Anglais.

30. « Nè mulo, nè molino, nè fiume, nè forno, nè signore per vicino. »　　　　　Italien.

31. « Amigos e mulas fallecem a duras. » — Les amis et les mules nous laissent en plan, quand il y a des difficultés.

Portugais.

32. « Il lui arrivera comme aux mulets, il périra par les jambes. »

Proverbe français.

33. « Ne te fie à mule qui rit, — ni à femme qui de l'œil fait signe ; — car l'une des pieds te férit, — l'autre des ongles t'esgraffine. »

Glossaire de l'ancien théâtre français.

« D'uno miolo que fo hi — d'uno fenno que parlo loti-mesfiso ti. » — D'une mule qui fait *hi*, d'une femme qui parle latin, méfie toi.

Rouergue, Duval.

« Dio mi guardi da mula che faccia hin hin ; da Bora, e da Garbin ; da donna che sappia latin. »　　Italien, Pescetti.

« Mula que faz him e molher que falla latim, raramente ha bom fim. »

Portugais, Pereyra.

34. « ... Tout d'in cot, ine idée sortit de sa tête quem' ine crotte sôrt du tiu d'ine mule.... »   CHAPELOT, *Contes balzatois.*

35. « Autant vaudroit. . . . .
Ou enseignier a harper dix mulès
Que de. . . . . »
        Anc. fr. *Œuvres d'Eustache Deschamps* (édit. Queux de
        Saint-Hilaire), I, 210.

36. « Qui monte la mule la ferre. »   *Dict. port. des pror.*

37. « Qui nasce mulu un diventu mai cavallu. »
                                            Corse, MATTEI.

38. « Mutuum muli scabunt (¹). »   Latin, AUSON. *Idyll.* 12.
« Un mulet frotte l'autre. »
                Proverbe français, *Dict. portatif des proverbes*

39. « Mulum de asino pingere, — für : Gleiches mit Gleichem, wenn Original und Copie nicht viel von einander abweichen, oder wenn Ungereimtheiten durch Ungereimtheiten dargestellt, oder Lügen durch Lügen verborgen werden. — (Latin) Tertull. adv. Valent. 19 *fin.* »   W. FREUND, *Wörterbuch der Lateinischen Sprache.*

II.

1. « Le mulet avait été choisi par Joseph pour porter la sainte famille en Égypte ; mais tandis que le bon vieux lui mettait le bât, la sotte et impertinente bête lâcha contre lui une de ses ruades habituelles, et Joseph en ayant été contusionné maudit l'animal. Depuis lors, il est resté impuissant, et c'est à la malédiction du respectable vieillard que le mulet doit de n'avoir ni ancêtres, ni lignées, et ainsi d'être exclu de la famille. Voilà pourquoi il est toujours en colère contre tout le monde et que, rejeté de tous, il n'aime personne. »
Tradition arabe, PIEROTTI, *Notions sur quelques animaux
        de la Palestine.* 1869.

2. « Dans l'Inde on croit que la mule qui conçoit meurt par suite infailliblement. On lit par exemple dans les *Indische Sprüche* de Böhtlingk : Der Mann, der einen durch Gewalt zur Unterwerfung

(1) Se dit de ceux qui se flattent réciproquement.

gebrachten Feind freundlich aufnimmt, zieht sich den Tod zu, wie ein Maulthierweibchen, das eine Leibesfrucht aufnimmt (¹). »

3. E. Souvestre dans *Les derniers paysans* parle de *la mule d'égarement* qui se laisse monter par le premier venu, puis disparait pour toujours avec lui.

4. Dans un conte lorrain il est question d'une *mule* qui fait sept lieues d'un pas. Voyez Cosquin, notes qui suivent le numéro XIX de ses *Contes populaires lorrains*.

5. « Parlas trop, aurez pas ma miolo. » — Vous parlez trop, vous n'aurez pas ma mule.   Gard, com. par M. P. FESQUET.

6. « La mula di Balestraccio. » — Nell' andar a mulino portava il sacco e'l padrone ; ma nel tornare, quand' era vicino a casa, voleva che Balestraccio portasse lei.
                                        Proverbe italien, PESCETTI.

« La mula di Palestraccio. » — La mule de Palestrace qui portoit son maître en allant au moulin et au retour elle vouloit qu'il la portast. — D'un qui veut qu'on lui rende la pareille.
                                        Proverbe italien, DUEZ.

7. « La mula vuol un pane. » — Diciamo quando havendoci due ò tre levato uno d'attorno pur torna a molestarci.
                                        Italien, PESCETTI.

« La mula vuol un pane. » — L'importun revient demander quelque chose.   Italien, DUEZ.

8. On appelle les Silésiens *Eselsfresser*. On raconte que les Silésiens mangèrent la première ànesse qu'ils virent, croyant à cause de ses longues oreilles, que c'était la grand-mère de tous les lièvres. — Voy. Grimm, *Deutsches Wörterbuch*, s. vᵒ *eselsfresser*.

Voyez ci-dessus p. 203, § 77, un conte dans lequel un niais prend un lièvre pour un petit mulet.

(¹) En Europe il arrive quelquefois que la mule conçoit, mais elle avorte toujours et l'on ne dit pas qu'elle en meurt. (Voir l'excellent ouvrage de E. Ayrault).

9. « De l'ome riche la fenno mouris, d'un pauve ome la miolo. »
— L'homme riche perd sa femme et un pauvre diable sa mule. »

Gard, communiqué par M. P. FESQUET.

Comparez les proverbes suivants :

« Pus leu mouririé l'aze d'un paure ome. »

Gard, communiqué par M. P. FESQUET.

« A lu riccu cci mori la mugghieri, a lu poviru lu sceccu. » —
Al ricco muore la moglie che gli spesa, al povero l'animale che gli
dà da vivere.   Proverbe sicilien, PITRÈ.

Cf. ci-dessus, p. 145, § 101.

10. « Elle est coiffée comme la mule à Robespierre. » — Se dit
en Lorraine, d'une femme coiffée de travers.

LAROUSSE, *Grand dictionnaire universel.*

11. « Il eust bien prouvé à fine force d'arguer que vous eussiez
disné, encore que vous n'eussiez rien mangé que votre mors de
bride, comme les mules du palais. »

NOËL DU FAIL, édition Assézat, II, 6.

12. « On nous prendra pour l'ambassade de Biaron, trois sans
(*cent*) chevaux et une mule. »

Ancien français, *Comédie des proverbes.*

13. « Egli ha incinghiata la mula. » — Dicesi da' giocatori di chi
ha in mano buon giuoco.

Locution italienne, citée par MELCHIORI.

TABLE DES MATIÈRES.

NOMS LATINS.

NOMS FRANÇAIS.

FIN DE LA TABLE.

PAUL LEPRÊTRE ET Cie IMPRIMEURS A DIEPPE, GRANDE-RUE, 133.